JN063170

北海道の教員採用試験過去問シリーズ⑭

2025年度版

北海道・札幌市の 論作文・面接

過去問

協同教育研究会 編

協同出版

はじめに～「過去問」シリーズ利用に際して～

　教育を取り巻く環境は変化しつつあり，日本の公教育そのものも，教員免許更新制の廃止やGIGAスクール構想の実現などの改革が進められています。また，現行の学習指導要領では「主体的・対話的で深い学び」を実現するため，指導方法や指導体制の工夫改善により，「個に応じた指導」の充実を図るとともに，コンピュータや情報通信ネットワーク等の情報手段を活用するために必要な環境を整えることが示されています。

　一方で，いじめや体罰，不登校，暴力行為など，教育現場の問題もあいかわらず取り沙汰されており，教員に求められるスキルは，今後さらに高いものになっていくことが予想されます。

　本書の基本構成としては，論作文・面接試験の概要，過去数年間の論作文の過去問題及びテーマと分析と論点，面接試験の内容を掲載しています。各自治体や教科によって掲載年数をはじめ，論作文の書き方や面接試験対策を掲載するなど，内容が異なります。

　また原則的には一般受験を対象としております。特別選考等については対応していない場合があります。なお，実際に出題された順番や構成を，編集の都合上，変更している場合があります。あらかじめご了承ください。

　みなさまが，この書籍を徹底的に活用し，教員採用試験の合格を勝ち取って，教壇に立っていただければ，それはわたくしたちにとって最上の喜びです。

協同教育研究会

CONTENTS

|第1部| 論作文・面接試験の概要 ……………… 3

|第2部| 北海道・札幌市の
論作文・面接実施問題 ……… 9

▼2024年度論作文実施問題 ………………… 10

▼2023年度論作文実施問題 ………………… 13

▼2022年度論作文実施問題 ………………… 16

▼2020年度論作文実施問題 ………………… 18

▼2019年度論作文実施問題 ………………… 20

▼2018年度論作文実施問題 ………………… 23

▼2017年度論作文実施問題 ………………… 26

▼2016年度論作文実施問題 ………………… 29

▼2015年度論作文実施問題 ………………… 32

▼2014年度論作文実施問題 ………………… 34

▼2013年度論作文実施問題 ………………… 36

▼2012年度論作文実施問題 ………………… 38

▼面接試験実施問題 ……………………… 41

第1部

論作文・面接試験
の概要

論作文試験の概要

■論作文試験の意義

　近年の論作文では，受験者の知識や技術はもちろんのこと，より人物重視の傾向が強くなってきている。それを見る上で，各教育委員会で論作文と面接型の試験を重視しているのである。論作文では，受験者の教職への熱意や教育問題に対する理解や思考力，そして教育実践力や国語力など，教員として必要な様々な資質を見ることができる。あなたの書いた論作文には，あなたという人物が反映されるのである。その意味で論作文は，記述式の面接試験とは言え，合否を左右する重みを持つことが理解できるだろう。

　論作文には，教職教養や専門教養の試験と違い，完全な正答というものは存在しない。読み手は，表現された内容を通して，受験者の教職の知識・指導力・適性などを判定すると同時に，人間性や人柄を推しはかる。論作文の文章表現から，教師という専門職にふさわしい熱意と資質を有しているかを判断しているのである。

　論作文を書き手，つまり受験者の側から見れば，論作文は自己アピールの場となる。そのように位置付ければ，書くべき方向が見えてくるはずである。自己アピール文に，教育評論や批判，ましてやエッセイを書かないであろう。論作文は，読み手に自分の教育観や教育への熱意を伝え，自分を知ってもらうチャンスに他ならないのである

　以上のように論作文試験は，読み手(採用側)と書き手(受験者)の双方を直接的につなぐ役割を持っているのである。まずはこのことを肝に銘じておこう。

■論作文試験とは

　文章を書くということが少なくなった現在でも，小中学校では作文，

　大学では論文が活用されている。また社会人になっても，企業では企画書が業務の基礎になっている。では，論作文の論作文とは具体的にはどのようなものなのだろうか。簡単に表現してしまえば，作文と論文と企画書の要素を足したものと言える。

　小学校時代から慣れ親しんだ作文は，自分の経験や思い出などを，自由な表現で綴ったものである。例としては，遠足の作文や読書感想文などがあげられる。遠足はクラス全員が同じ行動をするが，作文となると同じではない。異なる視点から題材を構成し，各々が自分らしさを表現したいはずである。作文には，自分が感じたことや体験したことを自由に率直に表現でき，書き手の人柄や個性がにじみ出るという特質がある。

　一方，作文に対して論文は，与えられた条件や現状を把握し，論理的な思考や実証的なデータなどを駆使して結論を導くものである。この際に求められるのは，正確な知識と分析力，そして総合的な判断力と言える。そのため，教育に関する論文を書くには，現在の教育課題や教育動向を注視し，絶えず教育関連の流れを意識しておくことが条件になる。勉強不足の領域での論文は，十分な根拠を示すことができずに，説得力を持たないものになってしまうからである。

　企画書は，現状の分析や把握を踏まえ，実現可能な分野での実務や計画を提案する文書である。新しい物事を提案し認めてもらうには，他人を納得させるだけの裏付けや意義を説明し，企画に対する段取りや影響も予測する必要がある。何事においても，当事者の熱意や積極性が欠けていては，構想すら不可能である。このように企画書からは，書き手の物事への取り組む姿勢や，将来性が見えてくると言える。

　論作文には，作文の経験を加味した独自の部分と，論文の知識と思考による説得力を持つ部分と，企画書の将来性と熱意を表現する部分を加味させる。実際の論作文試験では，自分が過去にどのような経験をしたのか，現在の教育課題をどのように把握しているのか，どんな理念を持ち実践を試みようと思っているのか，などが問われる。このことを念頭に置いた上で，論作文対策に取り組みたい。

5

面接試験の概要

■■ 面接試験の意義

　論作文における筆記試験では，教員として必要とされる一般教養，教職教養，専門教養などの知識やその理解の程度を評価している。また，論作文では，教師としての資質や表現力，実践力，意欲や教育観などをその内容から判断し評価している。それに対し，面接試験は，教師としての適性や使命感，実践的指導能力や職務遂行能力などを総合し，個人の人格とともに人物評価を行おうとするものである。

　教員という職業は，児童・生徒の前に立ち，模範となったり，指導したりする立場にある。そのため，教師自身の人間性は，児童・生徒の人間形成に大きな影響を与えるものである。そのため，特に教員採用においては，面接における人物評価は重視されるべき内容であり，最近ではより面接が重視されるようになってきている。

■■ 面接試験とは

　面接試験は，すべての自治体の教員採用選考試験において実施されている。最近では，教育の在り方や教師の役割が厳しく見直され，教員採用の選考においても教育者としての資質や人柄，実践的指導力や社会的能力などを見るため，面接を重視するようになってきている。特に近年では，1次選考で面接試験を実施したり，1次，2次選考の両方で実施するところも多くなっている。

　面接の内容も，個人面接，集団面接，集団討議(グループ・ディスカッション)，模擬授業，場面指導といったように多様な方法で複数の面接試験を行い，受験者の能力，適性，人柄などを多面的に判断するようになってきている。

　最近では，全国的に集団討議(グループ・ディスカッション)や模擬授

業を実施するところが多くなり，人柄や態度だけでなく，教員としての社会的な能力の側面や実践的な指導能力についての評価を選考基準として重視するようになっている。内容も各自治体でそれぞれに工夫されていて，板書をさせたり，号令をかけさせたりと様々である。

　このように面接が重視されてきているにもかかわらず，筆記試験への対策には，十分な時間をかけていても，面接試験の準備となると数回の模擬面接を受ける程度の場合がまだ多いようである。

　面接で必要とされる知識は，十分な理解とともに，あらゆる現実場面において，その知識を活用できるようになっていることが要求される。知っているだけでなく，その知っていることを学校教育の現実場面において，どのようにして実践していけるのか，また，実際に言葉や行動で表現することができるのか，といったことが問われている。つまり，知識だけではなく，智恵と実践力が求められていると言える。

　なぜそのような傾向へと移ってきているのだろうか。それは，いまだ改善されない知識偏重の受験競争をはじめとして，不登校，校内暴力だけでなく，大麻，MDMA，覚醒剤等のドラッグや援助交際などの青少年非行の増加・悪質化に伴って，教育の重要性，教員の指導力・資質の向上が重大な関心となっているからである。

　今，教育現場には，頭でっかちのひ弱な教員は必要ない。このような複雑・多様化した困難な教育状況の中でも，情熱と信念を持ち，人間的な触れ合いと実践的な指導力によって，改善へと積極的に努力する教員が特に必要とされているのである。

■ 面接試験のねらい

　面接試験のねらいは，筆記試験ではわかりにくい人格的な側面を評価することにある。面接試験を実施する上で，特に重視される視点としては次のような項目が挙げられる。

①　人物の総合的評価　面接官が実際に受験者と対面することで，容姿，態度，言葉遣いなどをまとめて観察し，人物を総合的に評価することができる。これは面接官の直感や印象によるところが大きい

7

が，教師は児童・生徒や保護者と全人的に接することから，相手に好印象を与えることは好ましい人間関係を築くために必要な能力と言える。

② 性格・適性の判断　面接官は，受験者の表情や応答態度などの観察から性格や教師としての適性を判断しようとする。実際には，短時間での面接のため，社会的に，また，人生の上でも豊かな経験を持った学校長や教育委員会の担当者などが面接官となっている。

③ 志望動機・教職への意欲などの確認　志望動機や教職への意欲などについては，論作文でも判断することもできるが，面接では質問による応答経過の観察によって，より明確に動機や熱意を知ろうとしている。

④ コミュニケーション能力の観察　応答の中で，相手の意思の理解と自分の意思の伝達といったコミュニケーション能力の程度を観察する。中でも，質問への理解力，判断力，言語表現能力などは，教師として教育活動に不可欠な特性と言える。

⑤ 協調性・指導性などの社会的能力(ソーシャル・スキル)の観察　ソーシャル・スキルは，教師集団や地域社会との関わりや個別・集団の生徒指導において，教員として必要とされる特性の一つである。これらは，面接試験の中でも特に集団討議(グループ・ディスカッション)などによって観察・評価されている。

⑥ 知識・教養の程度や教職レディネスを知る　筆記試験において基本的な知識・教養については評価されているが，面接試験においては，さらに質問を加えることによって受験者の知識・教養の程度を正確に知ろうとしている。また，具体的な教育課題への対策などから，教職への準備の程度としての教職レディネス(準備性)を知る。

第2部

北海道・札幌市の
論作文・面接
実施問題

※2021年度の論作文試験は，新型コロナウイルス感染症の拡大
防止の観点から中止となりました。

2024年度　論作文実施問題

【社会人特別選考・2次試験】　800字以内・60分

●テーマ

　急激に変化する時代の中で，学校教育における教師のあるべき姿として，「環境の変化を前向きに受け止め，教職生涯を通じて学び続けている」ことや，「子供一人一人の学びを最大限に引き出すとともに，子供の主体的な学びを支援する伴走者としての能力を備えている」ことなどが求められています。

　このことについて，あなたはどのように考え，社会人として培った経験や専門性を生かし，教師としてどのように努力しますか，具体的に述べなさい。

●方針と分析

（方針）

　教師としての役割を果たすために学び続けること，子どもの学びを最大限に引き出すことの重要性について簡潔に論じたうえで，社会人として培った経験や専門性をどのように生かして努力し，教育活動に当たっていくか具体的に述べる。

（分析）

　令和2年5月，教育公務員特例法が改正され「新たな教師の学びの姿」が制度化されることとなった。その審議の過程で「教師は高度な専門職であり，学びは自主的・自律的に行われるべきこと」「社会の変化を前向きに受け止めて学び続けることが必須となっていること」などが確認された。こうした考えに立脚して構想されたのが，新たな教師の学びの姿である。また，教育基本法第9条で「学校の教員は，自己

10

の崇高な使命を深く自覚し，絶えず研究と修養に励み，その職責の遂行に努めなければならない」と規定されている。また，教育公務員特例法の第21条でも「教育公務員は，その職責を遂行するために，絶えず研究と修養に努めなければならない」とされている。

　そうした状況の中で，平成24年8月「教職生活の全体を通じた教員の資質能力の総合的な向上方策について」という中央教育審議会の答申が出され，その中で「学び続ける教員」という言葉が使われている。具体的には，教育委員会と大学との連携・協働により教職生活の全体を通じた一体的な改革，新たな学びを支える教員の養成と，学び続ける教員を支援する仕組みの構築(『学び続ける教員像』の確立)が必要とされている。

　また，平成27年12月「これからの学校教育を担う教員の資質能力の向上について」という中央教育審議会の答申でも「学び続ける教員」という項目を設けて「学ぶ意欲の高さなど，我が国の教員としての強みを生かしつつ，子供に慕われ，保護者に敬われ，地域に信頼される存在として更なる飛躍が図られる仕組みの構築が必要である」として，「学び続ける教員」を支援することの重要性を指摘している。つまり，教員が教員であるためには，常に学び続けなければならないのである。

　令和3年1月の中央教育審議会答申「『令和の日本型学校教育』の構築を目指して～全ての子供たちの可能性を引き出す，個別最適な学びと，協働的な学びの実現～」では，求められる教員の姿として「環境の変化を前向きに受け止め，教職生涯を通じて学び続けている」「子供一人一人の学びを最大限に引き出す教師としての役割を果たしている」「子供の主体的な学びを支援する伴走者としての能力も備えている」の三つを掲げている。その具体的な姿を論文に表現したい。

●作成のポイント

　60分という時間制限はあるが，序論・本論・結論という一般的な三部構成で展開していく。

　序論では，教師として「学び続ける」ことの意味や意義について，

子どもの学びを最大限に引き出す伴走者としての教師の役割などを踏まえて論じる。社会的な背景や学校教育の現状などを踏まえるとともに，可能であれば中央教育審議会の答申などにも触れたい。

　本論では，序論で述べた「学び続ける」という考え方に即して何をしていくか，2つから3つの視点から具体例を挙げて論述する。その方策は様々考えられるが，まずは学校内外で開催される様々な研修会への主体的な参加が考えられる。また，日常的な業務を遂行する中で，管理職や先輩教師から指導・助言を受けることも重要な方法である。さらに，目の前の子供との時間を共有したり，共に活動したりすることで児童生徒の理解を深めることも教師としての重要な学びと考えることができる。

　結論では，北海道の教師として児童生徒のために学び続けて，自己研鑽を続けていくという決意を述べて，論作文をまとめる。

2023年度　論作文実施問題

【社会人特別選考・2次試験】　800字以内・60分

●テーマ

> 　「予測困難な時代」といわれる中，社会全体が，答えのない問いにどう立ち向かうのかが問われており，学校教育においては，目の前の事象から解決すべき課題を見いだし，主体的に考え，多様な立場の者が協働的に議論し，納得解を生み出すことなど，児童生徒の資質・能力が偏りなく育成されるよう「主体的・対話的で深い学び」の実現が求められている。
> 　このことについて，あなたはどのように考え，社会人として培った経験や専門性を生かし，どのように努力しますか，具体的に述べなさい。

●方針と分析

(方針)

　新学習指導要領の趣旨を踏まえて，「主体的・対話的で深い学び」をどのように捉えるか，まず自身の考えを述べる。次に，その実現のために取り組むべきことについて，アクティブ・ラーニングの手法などの具体的な実践例を挙げて論述する。

(分析)

　新学習指導要領では，「主体的・対話的で深い学びの実現に向けた授業改革」が挙げられている。また，豊かな創造性を備え持続可能な社会の創り手となることが期待される児童生徒に対して，生きる力を育むため，(1)知識及び技能が習得されるようにすること，(2)思考力，判断力，表現力等を育成すること，(3)学びに向かう力，人間性等を涵

養すること，の三つの資質・能力を示している。この「学びに向かう力」に関して，総則編では「主体的に学習に取り組む態度も含めた学びに向かう力や，自己の感情や行動を統制する力，よりよい生活や人間関係を自主的に形成する態度等が必要となる」としている。

　PISAなどの国際的な学力調査では，日本の子どもは学びの意味や意義の理解が薄く，「学びに向かう姿勢・態度」に課題があると指摘されている。課題解決のためには，日々の授業の中に子どもたちが主体的に学ぶ内容へ改善していくことが不可欠と言える。そのための視点が，新学習指導要領で提言されている「主体的・対話的で深い学び」である。具現化のためには，たとえばアクティブ・ラーニングの手法が有効とされ，問題解決的な学習，学ぶことに対する興味関心を高める工夫，自己の学習活動を振り返り次につなげる主体的な学び，対話性を重視したグループ・ペア活動や発表活動などが実践的取組として挙げられよう。

●作成のポイント

　ここでは，序論・本論・結論の三部構成で論述する。

　序論では，なぜ，子どもたちが主体的に学ぶ授業にしていかなければならないのか，「主体的・対話的で深い学び」の実現が求められる背景と重要性について述べる。「子どもたちが主体的に学ぶ授業の実現のため，次の2点の方策(取組)を行う」などと結んでおくと，本論への展開がしやすいだろう。

　本論では，課題解決に向けた具体的な方策を2本程度の柱を立てて論じる。その際，受験する校種，教科等に即して子どもの問題意識を大切にするという視点で述べるとよい。社会人として培った経験や専門性を生かしどのように努力するか，という視点も忘れてはならない。たとえば，「1. 子どもたちの問題意識を大切にした，問題解決的な学習の重視」「2. 対話性に着目した，グループ活動と発表活動の重視」などのような方策を柱として，タイトルを付けておくと効果的である。タイトル(見出し)は，読み手に対して親切なだけでなく，書き手にと

っても論点の焦点化が図られ，的を絞った論述になりやすいという点で有効である。

結論では，北海道の教師として児童生徒のために自己研鑽を続けていくという決意を述べて，論作文をまとめる。

序論，本論，結論の比率は，このテーマの場合，概ね3：5：2程度を目安とし，初めに構想の時間をしっかり確保してから，論作文を書き進めるようにしたい。

2022年度　論作文実施問題

【社会人特別選考・2次試験】　800字以内・60分

●テーマ

> 　学校がその目的を達成するため，学校や地域の実態等に応じ，教育活動の実施に必要な人的又は物的な体制を家庭や地域の人々の協力を得ながら整えるなど，家庭や地域社会との連携及び協働を深めることが求められています。
>
> 　このことについて，あなたはどのように考え，社会人として培った経験や専門性を生かし，どのように努力しますか，具体的に述べなさい。

●方針と分析

（方針）

　学校がその目的を達成するため，家庭や地域社会との連携及び協働を深めることの重要性をまず考察する。そのうえで，社会人としての経験を生かしながらその連携及び協働にどのように取り組むかについて具体的に考察する。

（分析）

　最初に，家庭や地域社会との連携及び協働を深めることについて，自分がどのように実践したかを考察する。この考察に当たっては，「地域創生に向けた高校魅力化の手引～高校と地域の連携・協働を進めるために～」(北海道教育庁学校教育局高校教育課　2020(令和2)年12月)を参照されたい。本資料は，国における地方創生の施策の方向性や，「北海道総合教育大綱」，「北海道教育推進計画」，「第2期北海道創生総合戦略」などを踏まえ，地域創生に向けて高等学校の果たす役割や，北海道における高校の魅力化の具体的な取組例を示したものであ

16

る。資料中には，これからの子どもは高い志や意欲を持つ自立した人間として，他者と協働しながら未来を創り出し，課題を解決する資質・能力を身に付けることが求められていること，そして，このような資質・能力は地域とのつながりや多様な人々との関わりの中で，様々な経験を重ねながら育まれる旨が述べられている。また，学校には，地域創生の観点から，地域コミュニティとして，地域の将来の担い手となる人材を育成する役割を果たしていくことが期待されるとし，そのため，地域は，実生活・実社会について体験的・探究的に学習できる場として，学校と協働して，子どもたちの学びを豊かにしていく役割を果たす必要がある旨が述べられている。

　こうした内容を踏まえ，家庭や地域社会との連携が必要不可欠である旨を自分なりに論述した上で，次に社会人としての経験を生かしながら，どのようにその連携及び協働に取り組むかを具体的に考察する必要がある。この考察に当たっても，本資料に掲載されている様々な実践例が参考になるだろう。たとえば，地域創生やSDGsの観点からの探究活動の実践例や，地域の企業等と連携したキャリア教育の充実についての実践例が紹介されている。これらに基づき，自身にとって，これまでの社会人としての経験がもっとも活用できる具体的な取組を考察したい。

●作成のポイント

　論文構成は，序論・本論・まとめといった一般的なものでよいであろう。

　序論では，家庭や地域社会との連携を深めることの必要性を，300字程度で説明したい。

　本論では，その連携についてどのように取り組むか，自分のこれまでの経験等をふまえて400字程度で具体的に論述したい。

　最後に，まとめとして，これからの人材育成のために，学校と家庭や地域社会との連携及び協働の推進に尽力したいという意欲を100字程度で示したい。

2020年度　論作文実施問題

【社会人特別選考・2次試験】800字以内・60分

●テーマ

> 　今日，学校教育においては，学習指導要領を踏まえ，実践的指導力や専門性の向上に主体的に取り組むとともに，強い使命感・倫理観と子どもへの深い教育的愛情を常に持ち続ける教員が求められています。
>
> 　このことについて，あなたはどのように考え，社会人として培った経験や専門性を生かし，どのように努力しますか。具体的に述べなさい。

●方針と分析

（方針）

　教員に求められる専門性の向上，強い使命感や倫理観を持ち続けることなど，教員として自らの資質能力を向上させていくことの重要性を論じたうえで，今後これまでの社会人としての経験を生かしてどのように取り組んでいくか具体的に述べる。

（分析）

　教員の研修について，教育基本法の第9条では「法律に定める学校の教員は，自己の崇高な使命を深く自覚し，絶えず研究と修養に励み，その職責の遂行に努めなければならない」と示され，教育公務員特例法第21条には「教育公務員は，その職責を遂行するために，絶えず研究と修養に努めなければならない」とある。教員の研修は，法令で規定された義務となっている。この問題に取り組むに当たっては，その現代的な意味を整理しておく必要がある。

18

グローバル化の進展や科学技術の進歩など社会の著しい変化は，教育で目指すべき人間像を変容させてきている。その結果，教員には，これからの社会を生き抜くための力を育成するため，新たな学びに対応した指導力を身につけることが必要となっている。また，学校現場における諸課題の高度化・複雑化により，教員が日々の指導に困難を抱えており，指導力の育成強化が必要となっている。

一方，団塊の世代の大量退職に伴って大量の教員が退職し，多くの経験の浅い教員が学校に配置されている現状がある。それは，学校の教育力を低下させているという現状を生み出している。

こうしたことを踏まえたうえで，教員として自らの資質能力を向上させていくことの意味，キャリアアップを図ることの重要性について，社会人としての経験を生かして論述することが必要である。

●作成のポイント

設問は，教員にとって自らの資質能力を向上させていくことについて論じることである。序論では，このことについて，社会的な背景や学校教育の現状などを踏まえるとともに，社会人として培った経験や専門性に基づいて，どのような資質能力の伸長を図るかも含めて論述する。また，研修に関わる法令の条文などを引用することも効果的である。

本論では，序論で述べた自らの資質能力を向上させていくことの考え方やその内容に即して何をしていくか，2〜3の視点から具体的な取り組みを論述する。その方策は様々考えられるが，中央教育審議会の答申などで述べられている「グローバル化」「21世紀を生き抜くための新たな学び」「学校における課題の高度化・複雑化」といった課題に対応できる方策であることが望ましい。

結論は，本論で書けなかったことにも触れながら，これからの日本，北海道を担っていく子どもを育てるために，自らの資質能力の向上を図るという強い決意を述べてまとめとする。

2019年度　論作文実施問題

【社会人特別選考・2次試験】800字以内・60分

●テーマ

> グローバル化が一層進むなかで，これからの時代に生きる子ども
> たちが世界で活躍していくためには，英語力やコミュニケーション
> 力の向上，他言語・文化に対する理解，日本人としてアイデンティ
> ティの涵養等，グローバル化に対応した教育が求められています。
>
> このことについて，あなたはどのように考え，社会人として培っ
> た経験や専門性を生かし，教師としてどのように努力しますか。具
> 体的に述べなさい。

●方針と分析

(方針)

　グローバル化が進むなか，グローバル化に対応した教育をどのよう
に推進するか，これまでの社会人としての経験や専門性を生かして，
教師として努力する内容について具体的に述べる。

(分析)

　テーマの中の「社会人としての経験や専門性を生かし」と述べられ
ていることから，グローバル化対応にふさわしい経験や専門性を有し
ている場合は，それが強みになるが，それらの経験や専門性が乏しい
場合は弱みになる。その場合は，弱みを強みに転換する必要がある。
弱みを強みに転換するためには，第一に，今日の英語教育の方向性に
ついて理解する必要があるであろう。

　新学習指導要領では，小学校3学年から外国語活動を導入し，小学
校5学年からは，外国語科として聞くこと，話すこと，読むこと，書

くことを指導することになっている。

さらに中学校・高等学校の英語指導では，一層のコミュニケーション能力の育成が求められている。

第二には，北海道教育委員会及び札幌市教育委員会の教育施策や学校教育の重点について調べることも重要である。

平成30年度の北海道の教育施策では，グローバル化への対応を喫緊の課題として，英語教育の充実とふるさとを想い，グローバルな視野で，共に生きる力の育成を掲げている。その中で，児童生徒の海外派遣や相互交流の施策も企画している。

また，札幌市の学校教育の重点では，国際理解教育として，外国語教育の充実，異文化理解の深化，帰国，外国人児童生徒等に対する教育の充実を掲げている。

これらのことから，グローバル化に対応した教育では，英語教育の充実と共に，コミュニケーション力，主体性，創造性，チャレンジ精神，異文化理解，日本人としてのアイデンティティ，他との連携・協働等の資質・能力が重視される。これらの中から，自分の強みを見つけ出すことは容易であろう。論文では，自分の強みをもとにグローバル化への対応策を講ずるとよい。

●作成のポイント

文章構成は，序論・本論・結論の3段型構成がよい。

序論では，グローバル化対応の重要性と自分の強みを生かした対応について述べる。

本論1では，自分の強みを具体的に示して，それをグローバル化対応につなげる。人間関係形成能力，コミュニケーション能力，趣味・特技，チャレンジ精神等々は，いずれもグローバル社会では重要な資質・能力であり，それらは自分だからできる個性的なグローバル化対応に繋がる。

本論2では，自分が担当する教科の中で，グローバル化に対応した教育の推進に努める。社会，理科，音楽，図画工作(美術)，保健体育

等のすべての教科における国際理解教育は推進される。その中で，自分の強みを発揮するとよい。

　結論では，今日求められている教科横断的な視点に立って，教育活動全体でグローバル化対応の教育に取り組む決意を述べる。

2018年度　論作文実施問題

【社会人特別選考・2次試験】800字以内・60分

●テーマ

> 社会環境の急激な変化に伴い，児童生徒を取り巻く環境も大きく変わる中，「生きる力」を育み，健やかな成長を図るためには，学校・家庭・地域のそれぞれが責任と役割を果たし，これまで以上に連携・協力することが求められています。
> このことについて，あなたはどのように考え，社会人として培った経験や専門性を生かし，教師としてどのように努力しますか。具体的に述べなさい。

●方針と分析

(方針)

「生きる力」を育み，児童生徒の健やかな成長を図ることを目的にした学校・家庭・地域の連携・協力についての自分自身の考えを述べ，教師としてどのように努力するかにつき論述する。

(分析)

「生きる力」の定義については，2点資料が挙げられる。

まず中央教育審議会答申「幼稚園，小学校，中学校，高等学校及び特別支援学校の学習指導要領等の改善及び必要な方策等について」(平成28年12月21日)が挙げられる。同答申第1部第3章より，「生きる力」を「予測困難な社会の変化に主体的に関わり，感性を豊かに働かせながら，どのような未来を創っていくのか，どのように社会や人生をよりよいものにしていくのかという目的を自ら考え，自らの可能性を発揮し，よりよい社会と幸福な人生の創り手となる力」と捉えることが

23

できる。

　２点目は「北海道教育推進計画（改定版）」(平成25年3月，北海道教育委員会) である。同計画の第1章7(2)には，子どもたちが心身ともに健やかに育ち，変化の激しい時代にあっても，それぞれの夢や希望に向かって挑戦し，成長し続けていけるようにするには，「子ども一人一人に，『社会で自立して生き生きと活躍できる力を育む』とともに，『すべての人がお互いを尊重し，相互に支え合い，よりよい社会を築いていこうとする意欲を育んでいくこと』が重要」とある。これらを踏まえて，自分なりに「生きる力」をどのように捉えているか記述するとよい。

　「生きる力」を育むにあたり，「学校・家庭・地域」のうち「学校」が果たすべき責任と役割については，前述の「北海道教育推進計画 (改定版)」が参考になる。同計画の第2章では重視すべき5つの「基本目標」とその実現をめざす12の基本方向が示されている。それぞれの「基本目標」につき，「第3章施策項目」はその目標達成のための具体的な施策が示されている。本問では教師としてどのように努力するのかにつき問われており，それは具体的な取り組みについての論述が求められていると考えられる。この具体的な取り組みの考察につき，同計画で示されている具体的な施策が参考になると思われる。学校が果たすべき責任と役割にどのようなものがあるか。その中で，自身は経験・専門性を踏まえてどのように努力していくか具体的に示したい。

　なお募集要項より，「社会人特別選考」募集の目的は，「様々な分野において優れた知識や技術を有する社会人を，教員として迎え入れることにより，学校教育の多様性への対応や活性化を図ること」にあることが明記されている。従って「学校教育の多様性」や「活性化」といったキーワードを盛り込むのも有効だろう。

●作成のポイント

　本課題には800字の字数制限がある。この制限は一般的な制限といえる。そこで，一般的な構成である「序論」「本論」「まとめ」の三段階構成によるのがよい。

　「序論」は「生きる力」を育み，児童生徒の健やかな成長を図ることを目的にした学校・家庭・地域の連携・協力についての自分自身の考えを端的に述べ，本論につなげたい。字数は150字程度でよいであろう。

　「本論」では教師としてどのように努力するかにつき，具体的に論述する。その際，自身が社会人として培った経験や専門性について言及しながら論述し，説得力をもたせる。字数は550字程度がよいであろう。

　最後に「まとめ」として記述したことに熱心に取り組むなど教職に対する熱意をしめしたい。字数は100字程度でよいであろう。

2017年度　論作文実施問題

【社会人特別選考・2次試験】800字以内・60分

●テーマ

　今日，学校教育には，学校生活と社会生活や職業生活を関連付け，将来の目標と学業を結び付けることで，児童生徒の学習意欲を喚起し，進路選択に目的意識を持つことの大切さを教えるキャリア教育の充実を図ることが求められています。

　このことについて，あなたはどのように考え，社会人として培った経験や専門性を生かし，教師としてどのように努力しますか。具体的に述べなさい。

●方針と分析

(方針)

　「キャリア教育の充実」について，①自分がどのように考えているか，②社会人として培った経験や専門性を生かして教師としてどのように努力するかについて論述する。

(分析)

　「北海道教育推進計画(改定版)」は「基本目標1　社会で活きる実践的な力の育成」の施策項目の1つに「キャリア教育の充実」をあげる。その「現状」を解説している箇所で，高校普通科において在学中に1回以上インターンシップを経験した生徒の割合は平成20年度から横ばいで推移していること，また「今後の学校におけるキャリア教育・職業教育の在り方について(答申)」(平成23年1月，中央教育審議会)が「体験活動が重要」という側面のみをとらえて，職業体験活動の実施をもってキャリア教育を行ったものとみなしたりする傾向があると指

摘していることを示している。そこで，「生きる力」の基礎に立ち，発達の段階に応じて「基礎的・汎用的能力」を育成するキャリア教育を学校の教育活動全体を通じて計画的，組織的に推進していく必要があるとする。

加えて，「すべての子どもたちに未来を切り拓く力を育むキャリア教育」(平成25年3月，北海道教育委員会)には，キャリア教育計画の全体計画の作成や年間指導計画の作成について詳細に説明されている。この年間指導計画作成についての説明において「キャリア教育の視点から既にある「宝」を洗い出そう」との記述がある。すなわち，日常的な教科指導等にキャリア教育的な要素が存在することが多いとしている。そして，一般に教員は社会人として培った経験や専門性を生かしながら教科指導や生徒指導を行うところ，そうした日常的な教育活動においてキャリア教育に関連することが多く存在することが考えられる。そうした教育活動においてキャリア教育を意識しながら社会人経験者として自分がどのように取り組むかについて論述すべき問題だと考える。

●作成のポイント

800字の字数制限ということで，論述できる分量はやや少なめである。したがって，起・承・転・結の構成ではなく，序論・本論・まとめの構成で論文を作成するとよい。

序論は，キャリア教育について，①自分の考えと，②社会人として培った経験や専門性を生かして教師としてどのように努力するかという2点について論述していくことを端的に示したい。文字数は100字程度がよいと思われる。

本論では上記の点について，自分の経験を踏まえて説得的に論述することが求められる。その際，一般選考等において「教科等指導法検査」が課されるところ，特別選考「社会人」枠はこれにかわり本問の小論文が課されているので，自分の社会人経験やその経験で得られたことが担当を希望する教科等に十分に役立つことをアピールしたい。

文字数は600字程度がよいと思われる。
　まとめは本論の内容をまとめたうえで，今後自分の経験をキャリア教育に活かしていきたい旨の熱意を示すとよいだろう。文字数は100字程度がよいと思われる。

2016年度　論作文実施問題

【社会人特別選考・2次試験】800字以内・60分

●テーマ

　北海道においては，これからの社会を担う子どもたちが，「共生」社会において，将来，「自立」し，いろいろなことにチャレンジし，他者や地域に貢献出来る人材を育むことが，現在の北海道教育長期総合計画における最大の目標です。

　そうした中，近年，教師に対する信頼に，大きな揺らぎが見られるという指摘があります。教師のコミュニケーション能力が低下している，児童生徒への体罰やセクシャル・ハラスメントが依然としてなくならない，金銭事故があるなど，多くの信用失墜行為が見られます。しかし，一方で，児童生徒に尊敬され，生き方の模範として輝いている教師が数多くいることも事実です。

　あなたは，こうしたことについてどのように考え，今後，信頼される教師となるために，社会人として培った経験や専門性を生かし，どのように努力をしますか。具体的に述べなさい。

●方針と分析

　(方針)

　近年の教師への信頼の揺らぎを踏まえ，教師としての信頼を確立し，かつ，教師として児童生徒の生き方の模範となるためには，社会人として培った経験や専門性を生かして，どのような努力が必要と考え，実行していくか，具体的に述べる。

　(分析)

　最新の第四次北海道教育長期総合計画では「共生」社会について，年齢や性別にかかわらず，障害のある人もない人もお互いを尊重し，すべての人が思いやりの心をもって支え合うような社会であるという旨を説明している。また「自立」については，変化やストレスの激しいこれからの社会の中で，実践的な力と，粘り強く，たくましく生きる力を育みながら，自らの夢や希望を実現していこうとする精神である，という内容を述べている。こうした「共生」と「自立」の考え方に立ち，ふるさとへの愛情と誇りを持って，北海道の発展と我が国，世界の発展に貢献できる力を育むことを，同計画は目指している。教師は，現場において，直接，児童生徒に接しながら，共生社会において自立した人間として育つよう指導する役割を期待されている。

　こうした役割を期待されているにも関わらず，教師のコミュニケーション能力が不十分であれば，児童生徒から信頼を得ることはできない。また，教師が児童生徒への体罰やセクシャル・ハラスメント行為をし，学校で取り扱う金銭を着服するなどの不祥事があれば，その教師個人が信用を失うばかりか，学校教育そのものへの信頼がなくなる恐れもある。こうした事態を防ぐために，教師は，児童生徒や保護者などとのコミュニケーションを十分にとり，かつ，教育の直接の担い手として，高い倫理観と使命感を持つ必要がある。

　本問での大きなポイントは，社会人として培った経験や専門性を，教師として信用されるためにどう生かすのか，そして，今後どのように努力するかといったことをまとめることである。さらに本問で「具体的に」と示されている。教師として，共生社会の中で自立できる児童生徒を育てることへの強い情熱を述べ，かつ，教育者として，専門性を高める努力を述べる必要があるだろう。

●作成のポイント

　論文では序論・本論・結論に分けて考える。序論では，教師の信頼が失われている現状について，自身の考えを述べる。たとえば，北海道や札幌市に限らず，教師の信用を失墜させる出来事が見られるが，

そのことについての原因分析や自身の意見を述べるといったことが考えられる。文字数は150字程度を目安とする。本論では，教師として生かせる自身の社会人としての経験と専門性について述べ，それらを教育の専門家である教師として必要なコミュニケーション能力，倫理観と使命感の育成にどう生かすかを説明する。そして，自分がどのように努力するかについて述べる。注意すべき点は，単に自分の夢や決意を述べるにとどまらないようにするとともに，教師としてこうあるべきだという紋切り型の展開にならないようにすることだろう。先述の通り，社会人としての経験と専門性を，今後努力していきたいという内容と，どのように関連づけるかが重要である。自身の就業体験や社会人としての見聞を，必要に応じて簡単に記しながら，「共生」社会の中で「自立」するとはどのようなことなのか，そのためにどのような教師でありたいのかを説明してもよいだろう。文字数は400字程度を目安にするとよい。結論としては，序論・本論の内容を踏まえ，北海道・札幌市の教員としての意気込みなどをまとめればよい。全体で800字以内なので，700字以上の記述となるようにしたい。

2015年度　論作文実施問題

【社会人特別選考・2次試験】　800字以内・60分

●テーマ

> これからの社会を担う子どもたちが，個性や能力を最大限に発揮しながら，自立した人間として生きていくためには，知・徳・体をバランスよく育んでいくことが大切です。
>
> しかし，本道の子どもたちの学力・体力は，各種全国調査において，依然として全国平均を下回っており，本道教育においては，学力向上及び体力向上が緊要な課題となっています。
>
> あなたは，このことについてどのように考え，社会人として培った経験や専門性を生かし，今後教師としてどのように努力をしますか。具体的に述べなさい。

●方針と分析

(方針)

　北海道の児童生徒の学力・体力は全国平均を下回っており，学力向上及び体力向上が緊要な課題となっている。このことについてどのように考え，社会人として培った経験や専門性を生かし，今後教師としてどのように努力をするか具体的に述べる。

(分析)

　北海道の子どもたちの学力・体力の全国平均との比較については，北海道教育委員会のリーフレットに目を通しておくとよい。北海道では児童生徒の学力・体力の向上にむけて，一定の成果を収めているが，依然として全国平均を下回る結果となっている。学力・体力向上に向けての方策はさまざま考えられるが，本問での大きなポイントの一つ

として，社会人として培った経験や専門性をどのようにして学力・体力向上につなげるか，そして今後どのように努力するかといったことをまとめる必要がある。さらに本問で「具体的に」と示されているので，授業の改善や生活習慣の確立などにつながる内容にする必要があるだろう。

●作成のポイント

　論文では序論・本論・結論に分けて考える。序論では学力・体力の向上について，自身の考えを述べる。例えば，体力について全国的に見ても子どもの体力は低下傾向が見られるが，そのことについての原因分析や自身の意見を述べるといったことが考えられる。文字数は150字程度を目安とする。

　本論では自身の社会人としての経験と専門性について述べ，それらを学力・体力向上にどういかすか，そしてどのように努力するかについて述べる。特に前半部分については自己アピールの場となるので，具体的にまとめておきたい。注意すべき点は，先述の通り，社会人としての経験と専門性と学力・体力の向上，今後努力していきたい内容をどのように関連づけるかであろう。あまり唐突すぎると，全体的に無理がある論文になってしまうため，注意が必要であろう。キーワードとしては，「自ら課題をみつけ，解決する力」「自学自習」「自立」などがあげられる。文字数は400字程度を目安にするとよい。

　結論としては，序論・本論の内容を踏まえ，北海道教員としての意気込み等をまとめればよい。若い教員らしく「児童生徒とともに学び，成長したい」といったフレーズもよいだろう。文字数は150字程度を目安にするとよいだろう。

2014年度　論作文実施問題

【論文A問題／特別選考Ⅰ・1次試験】

●テーマ

> 今日，児童生徒や保護者・地域住民の期待に応え，信頼される教師が強く求められています。
>
> このことについて，あなたは，どのように考えますか。また，社会人として培った経験や専門性を生かし，教師としてどのような努力をしますか。具体的に述べなさい。

●方針と分析

(方針)

今日，児童生徒や保護者・地域住民の期待に応え，信頼される教師が強く求められている。このことについてどのように考えるか，また社会人として培った経験や専門性を生かし，教師としてどのような努力をするか，具体的に述べる。

(分析)

「信頼される教師」という抽象的な問いであり，これといった解もない。つまり，テーマや文章を構築する方法は数多く考えられるが，予備知識として北海道で求められる教師像を中心に，教育の現状を知っておいたほうがよい。

北海道教育委員会では「信頼される学校運営のために」(平成22年)を公表しているが，そこでは学力や体力が総じて全国平均より劣ることを理由に，教育の質の改善を最優先課題としている。そして，教員については法令などを遵守すること，勤務時間中は職務に専念すること，長期休暇中では研修受講など日常必ずしも十分に行えないことを

行う等をあげている。また，不祥事防止啓発研修資料「信頼される教職員であるために」(平成24年)では，主に教員の法令遵守と不祥事防止について解説している。一方，教育面では「ほっかいどう学力・体力向上運動」として，学校・家庭・地域・行政が一体となって，教育推進活動を展開している。

　なお，論文を構築する際の1つの方法として，社会人として培った経験をどのように生かすか，といった視点から展開することも考えられる。限られた時間内で，テーマをどう書ききるかを意識しながらまとめること。

●作成のポイント

　論文の内容は，①「児童生徒や保護者・地域住民の期待に応え，信頼される教師」についてどう考えるか，②社会人として培った経験や専門性を生かし，教師としてどのように努力をするか，の2点である。具体的な教育内容や指導方法を述べることがポイントになるだろう。

　序論は300字程度で，①について，自身の意見とその考えに至った理由を述べる。本論で述べる②のテーマを踏まえながら表すこと。

　本論は400字程度で，序論で述べた内容に基づき，②について述べる。その際，①を踏まえながら，育てたい生徒像を明確にすること。自身が担当する教科における具体的な指導内容や指導方法，実験・実習のあり方などにも留意して述べる。

　結論は，今日，児童生徒や保護者・地域住民の期待に応え，信頼される教師が強く求められており，そこで社会人として培った経験や専門性を生かして，北海道の教員として，生徒たちに必要な教育を推進し，信頼される教師になる決意を述べる。

2013年度　論作文実施問題

【社会人特別選考・2次試験】

●テーマ

> 今日，学校教育においては，教科や教職に関する専門的知識を持ち，新たな学びを展開できる実践的指導力のある教師が求められています。このことについて，あなたは，社会人として培った経験や専門性を生かし，教師としてどのように努力しますか。具体的に述べなさい。
> ※検査の時間は60分。

●方針と分析

(方針)

今日，学校教育において教科や教職に関する専門的知識を持ち，新たな学びを展開できる実践的指導力のある教師が求められている。したがって，社会人として培った，経験や専門性を披露しながら，どう指導につながるよう努力するのかを具体的に述べる。

(分析)

社会人が教職を志望する場合，面接の際に社会人としての経験を生かした教育・指導の方策について問われることが多い。特に北海道の社会人特別選考区分は採用人数も若干名であるうえ，採用試験における論作文の比重が非常に重く，論作文を「文章による面接試験」ととらえる必要がある。

今日の教育や児童生徒を巡る諸課題及び教師の年齢構成などから，各自治体は社会人が教職に就くことに期待をしている。しかしそのことは同時に，現役学生にはない社会人としての経験をもとにした高い

専門性や指導力が求められているということである。したがってこの
テーマで指示されている「経験」は「経験から何を学び，どのように
生かせるのか」ということであり，「専門性」については，教科のみ
ならず，今日の教育課題や学習指導・生徒指導などに生かせることも
専門性ととらえて，論述を展開したい。

●作成のポイント

論述にあたって，次の2点に留意する。
① 「教科や教職に関する専門的知識」は，教科の専門的知識力や今
　日の教育課題への取り組み，児童生徒に対する指導や留意点，教科
　指導における評価などととらえる。
② 「新たな学びの展開」は，生徒の学ぶ意欲や思考力・表現力・判
　断力などを育成する教育実践を意味するものととらえる。なお，字
　数は800字以内である。

　さらにこの特別選考は，高等学校の工業，商業，水産などの専門
教科及び特別支援学校の自立活動教員枠であることから，「教科や
教職に関する専門的知識」を駆使できる「実践的指導力」を有した
教師を求めていることを踏まえて述べること。

　序論では，200字以内で，社会人としての経験や専門性をもとに，
自分の担当する教科や教育課題に関する指導に発揮できる内容など
を述べる。

　本論は500字以内で，序論を受けて，①自分の専門の教科につい
て社会人として培った経験から得た専門的知識と指導に生かす方
策，学習意欲や主体的な学習・参加型などの教科指導，②キャリア
教育や進路指導，生徒指導など，今日の大きな教育課題について教
師としての具体的な取り組みの方策を述べる。

　結論は，残った字数の中で，北海道の教員として経験と専門的知
識を生かして実践的指導力を発揮し全力で取り組む決意を述べる。

2012年度　論作文実施問題

【社会人特別選考・2次試験】

●テーマ

> あなたは，社会人として培った経験や専門性を生かし，どのような教師になりたいか，具体的に述べなさい。

●方針と分析

（方針）

この論作文の中心は，「自分は社会人としてどのような経験をしたか」について挙げ，それに関連した理想の教師像を述べることである。

（分析）

ここで注意したいのは，「社会人としての経験」と「どのような教師になりたいか」が関連しない文章になってしまう恐れがあるということである。「社会人としての経験」を具体的にアピールすることは，今回の課題のテーマの一つであるが，その経験が教師としてどのように生かすことが出来るのかに繋がらなければ，自身の体験談で終わってしまう。関連性を意識しながら論じる必要がある。

●作成のポイント

序論では，本論で書く「経験や専門性」「どのような教師になりたいか」に繋がる現在の学校教育の問題点や現状を書く必要がある。いきなり「経験や専門性」を書いたら，あまりにも唐突であることを意識すること。

本論では，序論で書いた学校教育の問題点や現状に関して，教師になった時に生かすことができるであろう，自分の「社会人として」の

「経験や専門性」を取り上げ，さらに，そこから「どのような教師になりたいか」をまとめ上げていく。例えば「『生きる力』の育成のために，生かされる自分の社会人としての経験や専門性は何があるか」や「自分の経験や行ってきた専門的なことを，どのようにして児童・生徒に伝えていくか」などを自分に問いかけながら考えると，書くべき内容が定まってくるはずである。また，「他人との協調」「自ら考え，自ら問題を解決していくこと」などは社会人として当然にしてきたことであると考えられる。

　結論では，序論や本論で述べた「経験や専門性」の内容を簡潔にまとめあげながら，再度，「どのような教師になりたいか」を決意と共に書きあげる必要がある。本論と違った内容を書いてはいけないが，同じ言葉で書くと，くどく感じることも事実である。意味は同じだが，違う言葉で表現するために語彙力を強化することを忘れないでほしい。

●論文執筆のプロセス

> **序論**
> ・現在の学校教育の問題点や現状を書く。
> ・本論につながる内容を書くことを意識する。

> **本論**
> ・序論で書いた内容を踏まえた，自身の「経験や専門性」を取り上げる。
> ・自身の経験から，生徒・児童にどのようなことを伝えられるかを述べる。
> ・自身の体験談だけに終始しないように意識して書くこと。

> **結論**
> ・再度，学校教育の現状を簡潔にまとめる。
> ・まとめた上で，「どのような教師になりたいか」
> 　を決意と一緒に再度述べる。

面接試験　実施問題

2024年度

※中高保体・特別支援(中学部・高等部)保体における実技検査は，2021，2022，2023年度に引き続き2024年度も中止となった。

◆適性検査(2次試験)　30分
【検査内容】
□YG検査
・自分の性格傾向について問うもの。
・放送に従いながら進めていく。

◆教科等指導法検査(2次試験)　60分
※解答用紙は省略。
▼小学校教諭・特別支援(小学部)
【課題】
第1問　次の　　　　は，小学校第2学年国語科「A話すこと・聞くこと」の学習指導案の一部です。以下の問1〜問3に答えなさい。

第2学年国語科学習指導案
1　単元名　「夏休みの思い出を報告しよう」
2　単元の目標
　(1)　身近なことを表す語句の量を増し，話の中で使うとともに，語彙を豊かにすることができる。

〔知識及び技能〕(1)オ
　(2)　相手に伝わるように，行動したことや経験したことに基づいて，話す事柄の順序を考えることができる。

〔思考力，判断力，表現力等〕A(1)イ

(3)　話し手が知らせたいことを落とさないように聞き，話の
内容を捉えて感想をもつことができる。

〔思考力，判断力，表現力等〕A(1)エ

(4)　言葉がもつよさを感じるとともに，楽しんで読書をし，
国語を大切にして，思いや考えを伝え合おうとする。

〔学びに向かう力，人間性等〕

3　単元で取り上げる言語活動

夏休みの思い出について報告したり，それらを聞いて感想
を記述したりする。

(関連：〔思考力，判断力，表現力等〕A(2)ア)

4　単元の評価規準

知識・技能	思考・判断・表現	主体的に学習に取り組む態度
①身近なことを表す語句の量を増し，話の中で使っているとともに，語彙を豊かにしている。（(1)オ）	①「話すこと・聞くこと」において，相手に伝わるように，行動したことや経験したことに基づいて，話す事柄の順序を考えている。（A(1)イ） ②「話すこと・聞くこと」において，話し手が知らせたいことを落とさないように聞き，話の内容を捉えて感想をもっている。（A(1)エ）	①進んで，相手に伝わるように話す事柄の順序を考え，学習の見通しをもって報告しようとしている。

5　指導の評価の計画(全7時間)

時	○学習活動	◇指導上の留意点	・評価規準 （評価方法）
1	○	◇	
2・3・4	○　「始め－中－終わり」といった話の構成で話すことを確認し，「始め」と「終わり」については先にノートに記述する。 ○　「中」の部分については，必要な事柄を四つから六つ程度カードにそれぞれ書き	◇　図を児童に示し，「始め」には，「いつ・どこで・だれと・どうした」を，「終わり」には，「全体を通して思ったこと」をそれぞれ一文程度で記述できるようにする。 ◇　選んだ思い出を詳しく想起できるように，日記や写真等を基に，経験や行動を振り返るよう助言する。	・知識・技能① （カード）

42

	児童の学習活動	指導上の留意点	評価
	出す。 <カードの種類（例）> ・見たこと　・したこと ・かんじたこと　等 ○　夏休みの思い出を友達に報告するためにはどのような順序で話したらよく伝わるかを考えながら、ワークシート①の該当箇所にカードを置き、その理由を書く。 ○　友達と交流した上で、カードの並び順を見直し、その順序で報告しようと決めた理由をワークシート②に書く。	◇　事物の内容を表す言葉、経験したことを表す言葉、色や形を表す言葉を確認し、カードの中で必ず用いるよう指導する。 ◇　物事や対象についてどのような順序で説明すると伝わりやすくなるか（例えば、経験した順に並べるなどの時間的な順序、感動の大きかったことの順に並べるなどの事柄の順序）について例を示す。 ◇　友達が並べたカードの順序と比べてみたり、友達と相談をしたりしながら、並べる順序を考えるよう促す。 ◇　最初の並び順から交流後に決めた並び順になった過程を振り返り、交流後の並び順に決定した理由を書くことができるようにする。	・思考・判断・表現①（ワークシート①） ・主体的に学習に取り組む態度①（観察・ワークシート②）
5 ・ 6 ・ 7	○　声に出して、夏休みの思い出について報告する練習をする。 ○　グループ内で夏休みの思い出について報告し合い、質問する。報告が終わったら、ワークシート③に感想を書く。 ○　夏休みの思い出を報告するという学習を通して学んだことを振り返る。	◇　互いの話し方（声の大きさや速さ）について、特に良いと思ったところを伝え合うようにする。 ◇　グループ編成に際しては、前時で交流していなかった児童に報告できるよう配慮する。 ◇　聞き手は、話の内容や報告の順序に注意して聞き、それらを踏まえて自分が感じたことをワークシート③の感想欄に記述するように指導する。 ◇　本単元の目標に則して身に付いたこと、今後の学習や生活の中で生かしていきたいことについて記述できるように助言する。	・思考・判断・表現②（ワークシート③）

問1　T教諭は，「単元の目標」を達成するために，第1時において，「夏休みの思い出を報告する」という学習の見通しを児童にもたせようと考えました。第1時に児童が行う学習活動と，指導上の留意点を書きなさい。

問2　児童Xは，第2・3・4時における，友達と交流した上でカードの並び順を見直す学習の際に，友達や教師との関わりを通して，カー

43

ドの並び順を検討しようとしていませんでした。そのため，T教諭は，[主体的に学習に取り組む態度]①の評価に当たり，児童Xを「努力を要する」状況(C)と評価しました。この児童Xに対し，「おおむね満足できる」状況(B)とするために，どのような問いかけが考えられるか具体的に2つ書きなさい。

問3　児童Yは，第5・6・7時において，【図1】に示すカードの順序で夏休みの思い出について報告しました。児童Zは，児童Yの報告を聞いて【図2】ワークシート③に感想を記述しました。T教諭は，〔思考・判断・表現〕②の評価に当たり，児童Zを「おおむね満足できる」状況(B)と評価しました。T教諭が「おおむね満足できる」状況(B)と判断した理由を児童Zが書いた感想の内容を踏まえて書きなさい。

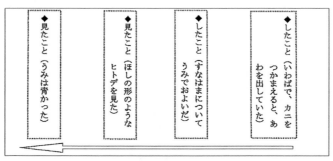

【図1】児童Yが報告した順にカードを並べたもの

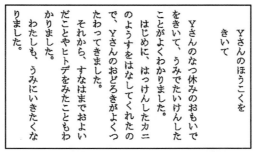

【図2】児童Zがワークシート③に書いた感想

▼中学国語・特別支援(中学部)国語

【課題】

第1問　T教諭は，中学校第2学年の「C読むこと」における学習において，次に示す「単元の目標」を達成するために，言語活動「『走れメロス』を読み，登場人物の言動の意味について考えたことを語り合う」を通して指導することにしました。以下の問1～問3に答えなさい。

1　単元名　「走れメロス」を読んで，登場人物の言動の意味を語り合おう

2　単元の目標

(1)　情報と情報との関係の様々な表し方を理解し使うことができる。

〔知識及び技能〕(2)イ

(2)　文章全体と部分との関係に注意しながら，登場人物の設定の仕方などを捉えることができる。

〔思考力，判断力，表現力等〕C(1)ア

(3)　登場人物の言動の意味などについて考えて，内容を解釈することができる。

〔思考力，判断力，表現力等〕C(1)イ

(4)　言葉がもつ価値を認識するとともに，読書を生活に役立て，我が国の言語文化を大切にして，思いや考えを伝え合おうとする。

「学びに向かう力，人間性等」

3　本単元における言語活動

「走れメロス」を読み，登場人物の言動の意味について考えたことを語り合う。

(関連：〔思考力，判断力，表現力等〕C(2)イ)

45

4　単元の評価規準

知識・技能	思考・判断・表現	主体的に学習に取り組む態度
①情報と情報との関係の様々な表し方を理解し使っている。（(2)イ）	①「読むこと」において、文章全体と部分との関係に注意しながら、登場人物の設定の仕方などを捉えている。（C(1)ア） ②「読むこと」において、登場人物の言動の意味などについて考えて、内容を解釈している。（C(1)イ）	①積極的に登場人物の言動の意味などについて考え、学習課題に沿って考えたことを語り合おうとしている。

問1　この「単元の目標」を達成するための第4時及び第5時の単元の指導と評価の計画を，解答用紙に示す第1時から第3時を踏まえて作成しなさい。

問2　T教諭は，第2時において，生徒Sが登場人物の「人物像」と「他の人物との関係」についてまとめたワークシート【図1】を確認し，文章全体を踏まえてメロスとの関係をまとめたものとは言えないと判断し，［思考・判断・表現］①の評価に当たり，生徒Sを「努力を要する」状況(C)と評価しました。この生徒Sに対し，「おおむね満足できる」状況(B)とするために考えられる手立てを書きなさい。

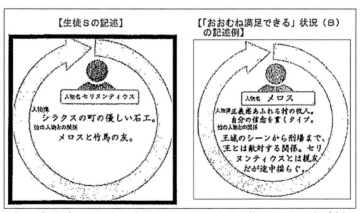

【図1】生徒Sの記述と「おおむね満足できる」状況（B）の記述例

問3 T教諭は，単元の第3時において，［知識・技能］①の評価規準に
基づき，第2時に作成したワークシートを用いて，3人の登場人物の
言動がどのように関係しているのかについて模造紙【図2】に可視
化して整理する学習活動を行いました。こうした学習活動を設定し
た理由について，中学校学習指導要領解説(平成29年7月)「国語編」
に示されている内容を踏まえて説明しなさい。

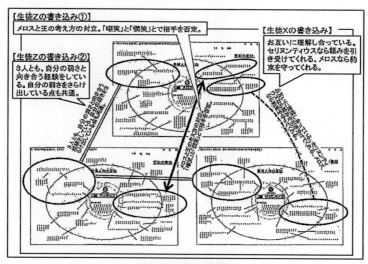

【図2】第3時の模造紙

▼中学社会・特別支援(中学部)社会

【課題】

第1問　次の【資料】は，ある中学校の社会科歴史的分野の単元の指
導計画です。【資料】を見て，問1，問2に答えなさい。

【資料】

1　単元名　「明治維新と近代国家の形成」

2　単元の目標

・明治維新によって近代国家の基礎が整えられて，人々の生活が大き
く変化したことを理解するとともに，諸資料から歴史に関する様々

な情報を効果的に調べまとめる技能を身に付けるようにする。
・明治維新と近代国家の形成について，工業化の進展と政治や社会の変化，明治政府の諸改革の目的，近代化がもたらした文化への影響などに着目して多面的・多角的に考察したり，思考したことを説明したり，それらを基に議論したりする力を養う。
・近代の日本と世界に関わる諸事象について，そこで見られる課題を主体的に追究，解決しようとする態度を養う。

3　単元の評価規準

知識・技能	思考・判断・表現	主体的に学習に取り組む態度
開国とその影響、富国強兵、殖産興業政策、文明開化の風潮などを基に、諸資料から歴史に関する様々な情報を効果的に調べまとめ、明治維新によって近代国家の基礎が整えられて、人々の生活が大きく変化したことを理解している。	工業化の進展と政治や社会の変化、明治政府の諸改革の目的、近代化がもたらした文化への影響などに着目して、事象を相互に関連付けるなどして、近代の社会の変化の様子を多面的・多角的に考察し、表現している。	近代の日本と世界について見通しをもって学習に取り組もうとし、学習を振り返りながら課題を追究しようとしている。

4　単元の展開例

(評価の観点は，知は知識・技能，思は思考・判断・表現，態は主体的に学習に取り組む態度を表しています。○は「評定に用いる評価」，●は「学習改善につなげる評価」)

時数	主な学習活動	評価の観点		
		知	思	態
第一次 3時間扱い	単元の学習課題を設定する。 <単元の学習課題>の設定 明治維新とはどのような国づくりをめざした動きだったのか。 第1時の学習課題「なぜ江戸湾に台場が築かれたのか」 ・当時の日本が欧米諸国の来航をどのように捉えていたかについて、相互に意見を交換し、その理由をワークシートに記入する。		●	

時数	主な学習活動	評価の観点		
		知	思	態
第一次	第2時の学習課題「開国によって、日本の社会はどのような影響を受けたのか」 ・開国後の社会の変化の様子を、開国後の国内政治や経済の混乱に関連付けて考察し、ワークシートに記入する。	●	●	
	第3時の学習課題「なぜ幕府は江戸城を明け渡すことになったのか」 ・倒幕の理由について、第1時から第3時までの学習を踏まえて考察し、その結果をワークシートに記述する。		●	●
第二次 4時間扱い	第4時の学習課題「なぜ新政府は中央集権国家をめざす必要があったのか」 ・廃藩置県の詔や設置された県の地図などの資料を活用して、版籍奉還及び廃藩置県、身分制度の廃止等の諸政策の目的を話し合い、本時の課題について考察し、ワークシートに記入する。	●	●	
	第5時の学習課題「なぜ政府は国民の反発があったのに学制・兵制・税制の改革を行ったのか」 ・学制、兵制、税制の改革の目的や、当時の人々の受け止め方を示す資料を活用し、本時の課題について考察し、ワークシートに記入する。	●	●	
	第6時の学習課題「新政府は近隣諸国とどのような関係を築いていったのか」 ・各国との国境を示した地図や条約などの資料を活用し、日本と各国との関係を整理し、ワークシートに記入する。	●		
	第7時の学習課題「なぜ明治初期に、各地に近代的な工場が建設されたのか。また人々の生活はどのように変化したのか」 ・A資料を基に、諸政策と関連付けながら政府が近代化を推進する目的を考察し、ワークシートにまとめて発表する。	○	●	
単元のまとめ	第8時 単元の学習課題「明治維新とはどのような国づくりをめざした動きだったのか」 ・B明治政府がどのような国づくりをめざしていたのかを、外国からの影響や江戸時代からの変化などに着目しながら、「単元の学習課題」を考察し、ワークシートに記述する。		○	
	・単元の学習を通して学んだことを振り返る。			○

問1 【資料】のA——について，本時の学習課題の解決に向けて，どのような資料を用いて指導しますか。具体的に書きなさい。

問2 【資料】のB——について，単元のまとめの学習において，次のような記述をした生徒がいました。教師は，〈本時の評価規準〉に

照らし，記述の内容から「思考・判断・表現」の観点において，生徒①を「おおむね満足できる」状況と判断しました。判断した理由を書きなさい。

　　また，教師は，生徒②を「努力を要する」状況と判断しました。生徒②に対して，「おおむね満足できる」と判断される状況とするために，どのような指導をしますか。【資料】の「3　単元の評価規準」や「4　単元の展開例」にある目標及び主な学習活動を踏まえ，具体的な指導の内容を書きなさい。

〈生徒①の記述〉

> 　明治維新とは，自分たちで日本を守ることのできる十分な力のある国づくりを目指した動きだったと考えました。理由は，大政奉還のあと，明治政府は，経済力や軍事力が諸国より勝っている列強と並ぶことができるように，版籍奉還や廃藩置県を行い，日本を中央集権国家にするための改革を進め，軍事の点でも富国強兵をスローガンとして，列強が東アジアに勢力を伸ばしていることに危機感を強め，徴兵令を出し，全国統一の軍隊を作ろうとしていたからです。

〈生徒②の記述〉

> 　明治維新とは，国を大きく変えた動きです。理由は，政府が中心となって，いろいろな政策を行ったからです。

〈本時の評価規準〉

> 　工業化の進展と政治や社会の変化，明治政府の諸改革の目的，近代化がもたらした文化への影響などに着目して，事象を相互に関連付けるなどして，近代の社会の変化の様子を多面的・多角的に考察し，表現している。(思考・判断・表現)

▼中学数学・特別支援(中学部)数学

【課題】

第1問　次の[＿＿＿＿]は，中学校第2学年「データの分布」の学習指導案の一部です。次の問1～問3に答えなさい。

1　単元名　データの分析

2　単元の目標

(1)　四分位範囲や箱ひげ図の必要性と意味を理解し，コンピュータなどの情報手段を用いるなどしてデータを整理し，箱ひげ図で表すことができる。

(2)　四分位範囲や箱ひげ図を用いてデータの分布の傾向を比較して読み取り，批判的に考察し判断することができる。

(3)　四分位範囲や箱ひげ図のよさを実感して粘り強く考え，データの分布について学んだことを生活や学習に生かそうとする態度，問題解決の過程を振り返って評価・改善しようとする態度を身に付ける。

3　単元の評価規準

知識・技能	思考・判断・表現	主体的に学習に取り組む態度
①四分位範囲や箱ひげ図の必要性と意味を理解している。 ②コンピュータなどの情報手段を用いるなどして、データを整理し箱ひげ図で表すことができる。	①四分位範囲や箱ひげ図を用いてデータの分布の傾向を比較して読み取り、批判的に考察し判断することができる。	①四分位範囲や箱ひげ図のよさを実感して粘り強く考え、データの分布について学んだことを生活や学習に生かそうとしている。 ②四分位範囲や箱ひげ図を活用した問題解決の過程を振り返り、評価・改善しようとしている。 ③多様な考えを認め、よりよく問題解決しようとしている。

4　指導と評価の計画(7時間)

時間	ねらい・学習活動	重点	記録	備考
1	・札幌市、旭川市、釧路市、函館市における2022年7月の最高気温のデータの傾向を比較することを通して、箱ひげ図の必要性と意味について理解できるようにする。	知		知①：行動観察
2	・四分位数を求めて、箱ひげ図に表すことや四分位範囲を求めることができるようにする。	知	○	知②：小テスト
3	・バスケットボールの試合を15回行ったときのAさん、Bさん、Cさん、Dさんの4人の得点を表した箱ひげ図とヒストグラムを組み合わせて考察することで、データの分布の様子をより多面的に読み取ることができるようにする。	思態		思①：行動観察 態③：行動観察
4	・統計的な問題解決の方法に基づき、四分位範囲や箱ひげ図を用いてデータの分布の傾向を比較して読み取り、批判的に考察し判断できるようにする。	思態	○ ○	思①：行動観察ノート 態②：行動観察ノート
5 6	・コマ回し大会に向け、コマを回し始めるときにどのくらいの高さからコマを回すと長く回るのかを考える場面において、四分位範囲や箱ひげ図を用いてデータの分布の傾向を比較して読み取り、批判的に考察し判断するなど、これまで学習したことを生かそうとしたり、四分位範囲や箱ひげ図を活用した問題解決の過程を振り返って評価・改善しようとしたりする態度を養う。	思態	○ ○	思①：ノート 態①～③：行動観察ノート
7	・単元全体の内容についてのテストに取り組み、単元で学習したことがどの程度身に付いているかを自己評価することができるようにする。	知思	○ ○	知①②：単元テスト 思①：単元テスト

※表中の「重点」は，重点的に生徒の学習状況を見取る観点を示しており，観点の略称は以下のとおり。

知識・技能…「知」　思考・判断・表現…「思」　主体的に学習に取り組む態度…「態」

※「記録」は，評価規準に照らして，「十分満足できる」状況(A)，「おおむね満足できる」状況(B)，「努力を要する」状況(C)のいずれであるかを判断し，全員の学習状況を記録に残すものに

〇を付している。

※「備考」には，生徒の学習状況を把握するために想定される評価方法を次のように示している。

・行動観察：授業中に机間指導等を通じて捉えた生徒の学習への取組の様子，発言やつぶやきの内容，ノートの記述内容などに基づいて評価する。

・ノート：授業後に生徒のノートやワークシート，レポート等を回収し，その記述の内容に基づいて評価する。

・小テスト：授業中に5～10分程度の小テストを実施して回収し，その結果に基づいて評価する。

問1　次は，「4　指導と評価の計画」の第1時における授業の一部です。以下の問いに答えなさい。

教師「今日は，この問題について考えます。」
問題

　　次のグラフは，札幌市，旭川市，釧路市，函館市における2022年7月の最高気温を表したグラフです。
【2022年7月の札幌市，旭川市，釧路市，函館市の最高気温】

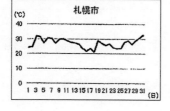 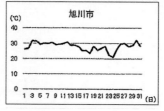

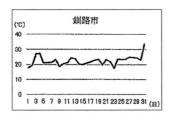
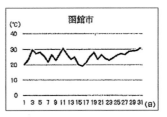

・どの市が最も暑かったと考えられるでしょうか。

教師「グラフからどのようなことが読み取れますか。」

生徒「30℃近くになった日が多いのは，札幌市と旭川市です。」

生徒「平均気温を比べれば最も暑かった市が分かるんじゃないかな。先生，平均気温を教えてもらえますか。」

教師「平均気温は，札幌市が27.3℃，旭川市が28.1℃，釧路市が22.6℃，函館市が25.6℃となっています。」

生徒「釧路市の平均気温が一番低いけど，31日のように，4つの市の中で最高気温が一番高い日もあるから判断に迷うな。」

生徒「グラフや平均気温を比べるだけでは，最も暑かった市を判断するのは難しいんじゃないかな。」

教師「それぞれの分布の傾向を比較するために，新しいデータを整理する方法を用いて考えましょう。」

　このあと，複数の集団のデータの分布に着目し，その傾向を比較して読み取る活動を通して，四分位範囲や箱ひげ図の必要性や意味を理解できるように指導します。

　このとき，生徒に箱ひげ図が複数のデータの分布を視覚的に比較しやすい統計的な表現であることを理解させるために，生徒に対し，どのようなことを指導する必要がありますか。具体的に2つ書きなさい。

問2　次は，「4　指導と評価の計画」の第3時における授業の一部です。次の問いに答えなさい。

教師「今日は，この問題について考えます。」

問題

　次の図は，バスケットボールの試合を15回行ったときの
Aさん，Bさん，Cさん，Dさんの4人の得点を箱ひげ図で表
したものです。

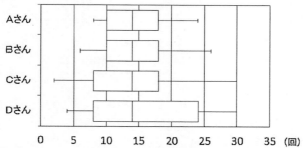

4人の中から，次の試合に出場する選手を1人選ぶとすると，
誰を選べばよいでしょうか。

教師「まず，箱ひげ図から，どのようなことが読み取れますか。」
生徒「中央値がどのデータも同じです。」
生徒「AさんとBさんは，散らばりが似ています。」
生徒「<u>Cさんは，右のひげが長いので，他の人よりたくさん得点
　　をすることが多いと思います。</u>」
生徒「4人のデータが並べられていて分かりやすいけど，細かい
　　ことは分かりにくいです。」
生徒「箱ひげ図では，おおまかな違いは分かるけど，もっと詳
　　しく調べる方法はないかな。」

　授業の中で，生徒がそれぞれの箱ひげ図について，データの散ら
ばり具合を考察する際，——部のように，「Cさんの箱ひげ図につい
て，右のひげが長いので，他の人よりたくさんの点を取る可能性が
高い。」と捉えるつまずきが想定されます。

　　　生徒が――部のように捉えた理由として考えられることと，この
　つまずきを解消するための指導の工夫を具体的に書きなさい。
問3　本単元では，日常生活や社会の事象を題材とした問題などを取
　り上げ，統計的に問題解決することができるように指導することが
　大切です。
　　　このことを踏まえ，「4　指導と評価の計画」の第5・6時において，
　「コマを回し始めるときにどのくらいの高さから回すと長く回るの
　か」という問題を設定した場合，問題解決に向け，どのような学習
　活動を位置付ける必要がありますか。
　　　下の【留意事項】を参考にして，具体的に書きなさい。

【留意事項】
次の①～④を一連の活動として充実させることが大切です。
①問題を解決するために計画を立てること
②必要なデータを収集して処理すること
③データの分布の傾向を捉えること
④分布の傾向を基に批判的に考察し判断すること

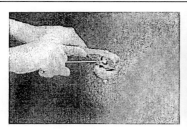

▼中学理科・特別支援(中学部)理科
【課題】
第1問　次の理科学習指導案について，問1～問5に答えなさい。

理科学習指導案

　　　　　　　　日時　　○年○月○日(○)　○校時
　　　　　　　　生徒　　第3学年○組(○○名)
　　　　　　　　指導者　○○　○○

1　単元名　　「天体の動きと地球の自転・公転」
2　単元について　　(略)
3　単元の目標
　(1)　身近な天体とその運動に関する特徴に着目しながら，日
　　　周運動と自転，年周運動と公転を理解するとともに，それ
　　　らの観察，実験などに関する技能を身に付けること。
　(2)　天体の動きと地球の自転・公転について，天体の観察，
　　　実験などを行い，その結果や資料を分析して解釈し，天体
　　　の動きと地球の自転・公転についての特徴や規則性を見い
　　　だして表現すること。また，探究の過程を振り返ること。
　(3)　天体の動きと地球の自転・公転に関する事物・現象に進
　　　んで関わり，科学的に探究しようとする態度を養うこと。
4　単元の評価規準

知識・技能	思考・判断・表現	主体的に学習に取り組む態度
身近な天体とその運動に関する特徴に着目しながら、日周運動と自転、年周運動と公転についての基本的な概念や原理・法則などを理解しているとともに、科学的に探究するために必要な観察、実験などに関する基本操作や記録などの基本的な技能を身に付けている。	天体の動きと地球の自転・公転について、天体の観察、実験などを行い、その結果や資料を分析して解釈し、天体の動きと地球の自転・公転についての特徴や規則性を見いだして表現しているとともに、探究の過程を振り返るなど、科学的に探究している。	天体の動きと地球の自転・公転に関する事物・現象に進んで関わり、見通しをもったり振り返ったりするなど、科学的に探究しようとしている。

5 　指導と評価の計画(9時間)

時間	主な学習活動等	重点	記録
1	・天球を使った天体の位置の表し方を知る。 ・地球上の一点で、方位と時刻がどうなっているかを知る。	知	
2	・太陽の日周運動の観察を計画する。 　（次の授業までに、観察を行う。）	知	
3	・透明半球に付けた点を結び、太陽が動いた軌跡を表す。 ・観察記録から、太陽の一日の動き方の特徴を見いだす。	知	○
4	・コンピュータシミュレーションや写真を用いて、星の一日の動きを透明半球にまとめ、特徴を見いだして表現する。	思	○
5	・相対的な動きによる見え方を理解する。 ・相対的な動きによる見え方と地球の自転とを関連付けて、モデルを用いて地球の自転の向きを推論する。	態	○
6	・星座の年周運動のモデル実験から、公転によって、季節ごとに地球での星座の見え方が変わることを見いだして表現する。	思	

6 　本時の学習(第4時)

(1) 　本時の目標

　　　星の動きを示したコンピュータシミュレーションや写真を基に，観察者の視点(位置)を，地球の外に移動させ，星の一日の動きを透明半球上に表し，その特徴を見いだして表現する。

(2) 　本時の展開

過程	○ 　主な学習活動	◇ 　教師の主な働きかけ	□ 　評価規準
導入	課題の設定 ○ 　前時までに観察した太陽の一日の動きを再確認し、他の星の一日の動きについて問題を見いだして、課題を設定する。	◇ 　前時までに記録した透明半球を確認する。	
	【学習課題】 コンピュータシミュレーションを用いて、星の一日の動きについての特徴を見いだそう。		
展	仮説の設定 ○ 　星の一日の動きの特徴について予想する。 観察・実験の実施	◇ 　これまでに習得した知識・技能を基に、根拠を明らかにして予想するよう助言し、予想を明確にして観察に取り組めるようにする。	

開	○ ①コンピュータシミュレーションを用いて、星の動き方を観察し、星が動いた軌跡を示した写真が撮影された方位を考える。 ○ 透明半球に星の動き方を示した写真を貼り、②透明半球に星の動き方を描く。 考察・推論 ○ 観察結果を処理し、グループで考察する。 表現・伝達 ○ グループの考察を学級全体で共有し、ワークシートに結論を書く。	◇ 観察者の視点から見て、東西南北、天頂の空を見たときの星の動きを前時の太陽の一日の動きの特徴と関連付けて考えられるよう助言する。 ◇ 理科の見方・考え方を働かせ、結論の導出まで見通しをもって科学的に探究できるようにする。 ◇ グループの考察を共有して話し合い、学級全体で結論を確認できるようにする。	□ A (思考・判断・表現)	
終末	【まとめ】 B			
	○ 本時の学習を振り返る。	◇ 探究の過程を振り返らせるようにする。		

問1　本単元は,「地球」を柱とする領域である。「地球」を柱とする領域における理科の見方として,特徴的な視点を書きなさい。

問2　　A　に当てはまる評価規準を書きなさい。

問3　　B　に当てはまるまとめを書きなさい。

問4　①——部について,本時においてコンピュータシミュレーションを活用する効果を書きなさい。

問5　②——部において,右図のような星の動き方を描いた生徒に対して,あなたはどのような指導を行うか。このような図を描いたと考えられる理由も挙げて書きなさい。

図

▼中学英語・特別支援(中学部)英語

【課題】

第1問　次は，第3学年の外国語科学習指導案の一部です。問1〜問3に
　　答えなさい。

1　単元名
　　　読んだことについて，事実や自分の考え，気持ちなどを伝
　　え合う。
2　「話すこと[やり取り]」における第3学年の目標
　　　日常的な話題や社会的な話題に関して，聞いたり，読んだ
　　りしたことについて事実や自分の考え，気持ちなどを，簡単
　　な語句や文を用いて伝え合うことができる。
3　単元の目標及び評価規準
　　(1)　単元の目標

問1　(a)

(2)　単元の評価規準

知識・技能	思考・判断・表現	主体的に 学習に取り組む態度
［知識］ 受け身や現在完了形などの特徴やきまりを理解している。 ［技能］ 日常的な話題や社会的な話題（野菜の歴史、世界遺産、リサイクルなど）について考えたことや感じたこと、その理由などを、受け身や現在完了形などを用いて伝え合う技能を身に付けている。	友達の意見等を踏まえた自分の考えや感想などをまとめるために、日常的な話題や社会的な話題（野菜の歴史、世界遺産、リサイクルなど）に関して読んだことについて考えたことや感じたこと、その理由などを伝え合っている。	友達の意見等を踏まえた自分の考えや感想などをまとめるために、日常的な話題や社会的な話題（野菜の歴史、世界遺産、リサイクルなど）に関して読んだことについて考えたことや感じたこと、その理由などを伝え合おうとしている。

4　指導と評価の計画

	□ねらい	知	思	態	備考
第1時	□　単元の目標を理解する。				※　問2（b）第1時から第6時までは記録に残す評価は行わない。
第2時 〜 第6時	□　教科書の対話文などを読み、引用するなどしながら、考えたことや感じたことなどを伝え合う。				
第7時	□　ピクチャー・カードを使い、受け身や現在完了形などを正しく使いながら、教師やALTに教科書の全ての本文内容について説明する。	○			※　○については、記録に残す評価とする。
第8時	□　初見の文章を読み、引用するなどしながら考えたことや感じたこと、その理由などを伝え合う。	○	○	○	
後日	パフォーマンステスト				

問1　(a)には，単元の評価規準，指導と評価の計画を踏まえた単元の目標を書きなさい。

問2　(b)のように記録に残す評価を行わない際に留意すべきことを書きなさい。

問3　次の図は，パフォーマンステストに至るまでの指導例のイメージを図式化したものである。本単元を踏まえて，以下の問いに答え

なさい。

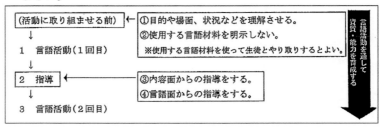

(1)　図にある「③内容面からの指導」の具体例を，指導や指示など実際の授業をイメージして書きなさい。

(2)　図にある「④言語面からの指導」の具体例を，指導や指示など実際の授業をイメージして書きなさい。

▼中学音楽・特別支援(中学部)音楽

【課題】

第1問　中学校第3学年における歌唱の学習において，次に示す「題材名」，「題材の目標」，「題材の評価規準」で指導する際の「指導と評価の計画」のうち，「学習内容」及び「学習活動」を作成しなさい。

　なお，学習においては，別紙1のワークシート及び別紙2の教材を用いることとし，「ねらい」，「評価の観点と評価方法」は，解答用紙に記載しているものを使用しなさい。

　また，指導に当たっては，新型コロナウィルス感染症の感染対策については，考慮しなくてもよいこととする。

○　題材名

　情景を思い浮かべながら，言葉を大切にして合わせて歌おう。

○　題材の目標

　「花」の曲想と音楽の構造や歌詞の内容との関わりについて理解するとともに，「花」にふさわしい歌唱表現を創意工夫して歌い，我が国で長く歌われている歌曲に親しむ。

○　題材の評価規準

知識・技能	思考・判断・表現	主体的に学習に取り組む態度
知 「花」の曲想と音楽の構造や歌詞の内容との関わりを理解している。 技 創意工夫を生かした表現で、「花」を歌うために必要な発声、言葉の発音、身体の使い方などの技能を身に付け、歌唱で表している。	思 「花」の旋律、強弱を知覚し、それらの働きが生み出す特質や雰囲気を感受しながら、知覚したことと感受したこととの関わりについて考え、「花」にふさわしい歌唱表現としてどのように表すかについて思いや意図をもっている。	態 「花」の歌詞が表す情景や心情及び曲の表情や味わいに関心をもち、音楽活動を楽しみながら主体的・協働的に歌唱の学習活動に取り組もうとしている。

[参考]本題材で扱う学習指導要領の内容

　中学校学習指導要領(平成29年3月)「音楽」

　　第2学年及び第3学年　A表現(1)歌唱

　　ア　歌唱表現に関わる知識や技能を得たり生かしたりしながら，曲にふさわしい歌唱表現を創意工夫すること。

　　イ　次の(ア)及び(イ)について理解すること。

　　(ア)　曲想と音楽の構造や歌詞の内容及び曲の背景との関わり

　　ウ　次の(ア)及び(イ)の技能を身に付けること。

　　(ア)　創意工夫を生かした表現で歌うために必要な発声，言葉の発音，身体の使い方などの技能

〔共通事項〕(1)

※本題材の学習において，生徒の思考・判断のよりどころとなる主な音楽を形づくっている要素：「旋律」，「強弱」

中学校・特別支援学校中学部　音楽－2/3
※実物は左右それぞれがＡ４版

【ワークシートⅠ】

①	歌詞が表す情景や心情、曲の雰囲気など	〈他者の意見から〉
②	気付いた特徴【旋律、強弱などに着目】	〈他者の意見から〉

【ワークシートⅡ】

音楽の特徴	音楽を形づくっている要素	旋律：	強弱：
	感じ取ったこと		
② 歌詞の内容			

別紙1

【ワークシートⅢ】
1　感じ取ったことやどのように歌うかについての思いや意図

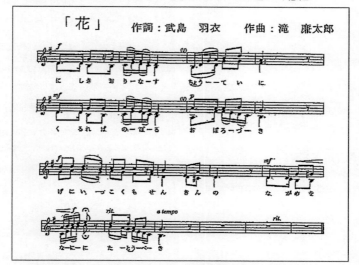

2　特に表現を工夫するポイント（理由も書きましょう）

【ワークシートⅣ】（学習を終えて）
　「花」を歌唱する学習の全体を振り返って、歌詞の内容、曲想、旋律、
強弱などに触れながら、学習したことについて書きましょう。

65

別紙2

花

作詞：武島 羽衣　　作曲：滝 廉太郎

▼中学美術・特別支援(中学部)美術

【課題】

第1問　次は，中学校第1学年美術科の学習指導案の一部です。題材の指導における教師の働きかけや評価に関わって，問1〜問3に答えなさい。

1　題材名　花の命を感じて

2　題材の目標

(1)　「知識及び技能」に関する題材の目標
　・形や色彩などが感情にもたらす効果や，造形的な特徴などを基に，美しさや生命感などを全体のイメージで捉えることを理解する。([共通事項])
　・水彩絵の具の生かし方などを身に付け，意図に応じて工夫して表す。(「A表現」(2))

(2)　「思考力，判断力，表現力等」に関する題材の目標
　・花を見つめ感じ取った花や葉の形や色彩の特徴や美しさ，生命感などを基に主題を生み出し，画面全体と花や葉との関係などを考え，創造的な構成を工夫し，心豊かに表現する構想を練る。「A表現」(1))
　・造形的なよさや美しさを感じ取り，作者の心情や表現の意図と工夫などについて考えるなどして，見方や感じ方を広げる。(「B鑑賞」(1))

(3)　「学びに向かう力，人間性等」に関する題材の目標
　・美術の創造活動の喜びを味わい，楽しく花の美しさや生命感などを基に表現したり鑑賞したりする学習活動に取り組もうとする。

3　題材の評価規準

「知識・技能」	「思考・判断・表現」	「主体的に学習に取り組む態度」
知 形や色彩などが感情にもたらす効果や、造形的な特徴などを基に、美しさや生命感などを全体のイメージで捉えることを理解している。 技 水彩絵の具の生かし方などを身に付け、意図に応じて工夫して表している。	発 花を見つめ感じ取った花や葉の形や色彩の特徴や美しさ、生命感などを基に主題を生み出し、画面全体と花や葉との関係などを考え、創造的な構成を工夫し、心豊かに表現する構想を練っている。 鑑 造形的なよさや美しさを感じ取り、作者の心情や表現の意図と工夫などについて考えるなどして、見方や感じ方を広げている。	態表 美術の創造活動の喜びを味わい楽しく花の美しさや生命感などを基に構想を練ったり、意図に応じて工夫して表したりする表現の学習活動に取り組もうとしている。 態鑑 美術の創造活動の喜びを味わい楽しく造形的なよさや美しさを感じ取り、作者の心情や表現の意図と工夫などについて考えるなどの見方や感じ方を広げる鑑賞の学習活動に取り組もうとしている。

知＝「知識・技能」の知識に関する評価規準，技＝「知識・技能」の技能に関する評価規準，発＝「思考・判断・表現」の発想や構想に関する評価規準，鑑＝「思考・判断・表現」の鑑賞に関する評価規準，能表＝表現における「主体的に学習に取り組む態度」に関する評価規準，能鑑＝鑑賞における「主体的に学習に取り組む態度」に関する評価規準を表す。

4　題材の指導計画(7時間)

○主な学習活動	◇教師の働きかけ	■評価規準 □評価方法
1．発想や構想（3時間） ○「花」をテーマにした作品を鑑賞し、作者の意図や表し方などについて意見を述べ合いながら、主題と表現の工夫との関係について考えるとともに、形や色彩などが感情にもたらす効果や全体のイメージで捉えることを理解する。A	(略)	■ (略) □ (略)
○それぞれの生徒が鉢植えの植物を選び、その花を選んだ理由を考えてみたり、興味をもった花や葉の形や色彩の特徴などから感じたことや考えたことを言葉で書き表したりしながら、主題	1	■ (略) □ (略)

を生み出す。		
○生徒が生み出した主題を基に、画面全体と花や葉との関係を考え、創造的な構成を工夫し構想を練る。	（略）	■ （略） □ （略）
2．制作（3時間） ○形や色彩などが感情にもたらす効果などを考えながら、水彩絵の具で、自己の構想に基づき、筆致を変えたり、絵の具の濃度などを変えたりするなど、様々な水彩絵の具の表し方を試す。 ○自分の意図に応じて、水彩絵の具や筆などの使い方を工夫して表す。また、制作の途中に鑑賞を行い、他者の作品を見たり自分の意図を説明したりすることにより、より表したいものを明確にしていくなどしながら作品を完成させる。	（略）	■ （略） □ （略）
3．鑑賞（1時間） 2		■ （略） □ （略）

問1　題材の指導計画[1. 発想や構想]の 1 において，「主題を生み出すことができない」生徒に対する指導の手立てを具体的に書きなさい。

問2　題材の指導計画[3. 鑑賞]の 2 において，題材の目標を達成するための主な学習活動と教師の働きかけを具体的に書きなさい。

問3　題材の指導計画 [1.発想や構想] の A において，生徒が主題と表現の工夫との関係を捉え，発想や構想に関する学習を深めるために，教師が参考として提示する作品を描きなさい。なお，解答に当たっては，次の点を踏まえること。

<table>
<tr><td>ア</td><td>鉛筆で描くこと。</td></tr>
<tr><td>イ</td><td>解答用紙は縦に使用すること。</td></tr>
<tr><td>ウ</td><td>提示する作品は,「生命感」を主題とし,画面全体と花や葉との関係を工夫した作品とすること。なお,提示する花の種類は問わない。</td></tr>
<tr><td>エ</td><td>色彩や表現の工夫などについて説明が必要な場合は書き加えること。</td></tr>
</table>

▼中学保健体育・特別支援(中学部)保健体育

【課題】

第1問　次の中学校第1学年保健体育科(体育分野)学習指導案について,問1〜問3に答えなさい。

第1学年保健体育科(体育分野)学習指導案

1　単元名　「創作ダンス」

2　単元の目標

知識及び技能	思考力、判断力、表現力等	学びに向かう力、人間性等
次の運動について、感じを込めて踊ったりみんなで踊ったりする楽しさや喜びを味わい、ダンスの特性や由来、表現の仕方などを理解するとともに、イメージを捉えた表現や踊りを通した交流をすることができるようにする。 ア　創作ダンスでは、多様なテーマから表したいイメージを捉え、動きに変化を付けて即興的に表現したり、変化のあるひとまとまりの表現にしたりして踊ることができるようにする。	表現などの自己の課題を発見し、合理的な解決に向けて運動の取り組み方を工夫するとともに、自己や仲間の考えたことを他者に伝えることができるようにする。	ダンスに積極的に取り組むとともに、仲間の学習を援助しようとすること、一人一人の違いに応じた表現や役割を認めようとすることなどや、健康・安全に気を配ることができるようにする。

3　単元の評価規準

知識・技能		思考・判断・表現	主体的に学習に取り組む態度
知識 ①それぞれのダンスには、表現の仕方に違いがあることについて具体例を挙げて	技能 ①「走る-跳ぶ-転がる」をひと流れでダイナミックに動いてみてイメージを広げ、	①自分の興味や関心に合ったテーマや踊りを設定している。 ②発表の場面で、仲間やグループの課題や出来映えを伝えている。	①ダンスの学習に積極的に取り組もうとしている。 ②一人一人の違いに応じた表現や役割を認めようとして

いる。 ②ダンスには、仲間と共に感じを込めて踊ることに楽しさを味わえる特性があることについて、言ったり書き出したりしている。	変化や連続の動きを組み合わせて表現することができる。 ②ものを何かに見立ててイメージをふくらませ、変化のある簡単なひとまとまりの表現にして踊ったり、場面の転換に変化を付けて表現したりすることができる。	③体力の程度や性別の違いを踏まえて、仲間とともに楽しむための表現や交流を行う方法を見付け、仲間に伝えている。	いる。 ③健康・安全に留意している。

4　単元の指導計画(9時間扱い)

時間	本時の目標	主な学習内容	【評価の観点】			
			知識	技能	思·判·表	態度
1	オリエンテーションを通してダンスの特性を知ることができるようにする。	○ 創作ダンスの特性を知る ○ ダンス映像などでイメージを膨らませる ○ 学習の見通しをもつ ○ 2人組でリズムに乗って動く	① (学習カード) (観察)			
2	身近な生活や日常動作を手がかりに「スポーツいろいろ」をテーマとして、スピードの変化と緩急を生かした動きの誇張を即興的に表現することができるようにする。	○ ウォーミングアップ ○ 本時のテーマと課題の確認 ○ 小テーマから特徴的な動きを即興的に表現する ○ 動きに変化を付けて踊る ○ ペアやグループでの見せ合い ○ 学習のまとめ		① (学習カード) (観察)		① (観察) (学習カード)
3	対極の動きの連続を手がかりに「走る—跳ぶ—転がる」をテーマとして、高さや落差を強調したメリハリのある動きの連続を即興的に表現することができるようにする。	○ ウォーミングアップ ○ 本時のテーマと課題の確認 ○ 小テーマから特徴的な動きを即興的に表現する ○ 動きに変化を付けて踊る ○ ペアやグループでの見せ合い ○ 学習のまとめ			③ (観察)	
4 本時	新聞紙の多様な質感や、新聞紙を何かに見立てたイメージを捉えて、ひと流れの動きにして即興的に表現できるようにする。	○ ウォーミングアップ ○ 本時のテーマと課題の確認 ○ 小テーマから特徴的な動きを即興的に表現する ○ 動きに変化を付けて踊る ○ ペアやグループでの見せ合い ○ 学習のまとめ		② (観察)		
5	多様な感じを手がかりに「鋭い・やわらかい感じ」をテーマとして、変化のある動きの組み合わせを即興的に表現することができるようにする。	○ ウォーミングアップ ○ 本時のテーマと課題の確認 ○ 小テーマから特徴的な動きを即興的に表現する ○ 動きに変化を付けて踊る ○ ペアやグループでの見せ合い ○ 学習のまとめ				② (観察) (学習カード)
6	既習のテーマから表したいイメージを選んで、グループで変化と起伏のあるひとまとまりの動きにして踊ること	○ ウォーミングアップ ○ 本時のテーマと課題の確認 ○ 既習のテーマの中から自分の好きなテーマを選択する ○ 同じテーマを選んだ仲間で		① (学習カード) (観察)		③ (観察)

71

	とができるようにする。	グループをつくる ○ イメージをふくらませて動く ○ 学習のまとめ			
7・8	既習のテーマから表したいイメージを選んで、グループで変化と起伏のあるひとまとまりの動きにして踊ることができるようにする。	○ ウォーミングアップ ○ 本時のテーマと課題の確認 ○ 自分が選択したイメージをとらえ、即興的な表現の動きに変化を付けて踊る ○ 変化と起伏のある「はじめーなかーおわり」のひとまとまりの動きにして表現する ○ 学習のまとめ	② (学習カード)		③ (学習カード)
9	発表会において、グループで変化と起伏のあるひとまとまりの動きにして踊ることができるようにする。	○ ウォーミングアップ ○ 本時のテーマと課題の確認 ○ 自分が選択したイメージをとらえ、即興的な表現の動きに変化を付けて踊る ○ 動きを見せ合って発表する ○ 互いによいところを認め合う ○ 学習のまとめ	② (観察)	② (学習カード)	

5 本時の展開(4時間目)

○ 本時の目標

・新聞紙の多様な質感や，新聞紙を何かに見立てたイメージを捉えて，ひと流れの動きにして即興的に表現できるようにする。

指導過程	○主な学習活動 ・予想される生徒の発言等	◇教師の主な働きかけ	【評価の観点】 評価規準（評価方法） ▲努力を要すると判断される生徒への手立て
導入	（集合・挨拶・出席、見学の確認、健康観察） ○ ウォーミングアップで心と体をほぐす。	◇ 楽しく、リズムを感じながら弾んで踊るよう促す。	
展開	○ 本時の課題を確認する。	◇ 新聞紙になろうとすることが楽しさや表現の誇張につながることを理解させる。	
	本時の課題：新聞紙の多様な質感や、新聞紙を何かに見立てたイメージを捉えて表現しよう。		
	A		【技能】 ■テーマにあったイメージをつかんで、動きを構成したり、動きを変化させたりしている。（観察） ▲

72

			B
終末	○ 本時の学習を振り返る。 ・まとめ ・学習カードに本時の振り返りを記入する。 ・次時の学習内容を確認する。	◇ 成果を認め合い、次時への意欲化を図る。 ◇ 健康状態を把握する。	

問1 「5 本時の展開(4時間目)」の空欄Aについて，単元の指導計画及び本時の目標を基に，評価の観点，単元の評価規準を参考にしながら，指導過程の展開における「○主な学習活動，・予想される生徒の発言等」及び「◇教師の主な働きかけ」を具体的に解答用紙に記入しなさい。

問2 「5 本時の展開(4時間目)」の空欄Bについて，展開の過程において評価規準を満たしていない生徒に対する具体的な指導内容(▲努力を要すると判断される生徒への手立て)を解答用紙に記入しなさい。

問3 「2 単元の目標」「学びに向かう力，人間性等」のa――については，中学校学習指導要領解説(平成29年7月)「保健体育編」において，「運動やスポーツとの多様な関わり方を重視する観点から，体力や技能の程度，性別や障害の有無等にかかわらず，運動やスポーツの多様な楽しみ方を共有することができるよう指導内容の充実を図ること。その際，共生の視点を重視して改善を図ること。」が求められていますが，それらの観点を踏まえた，本単元における具体的な指導方法を解答用紙に記入しなさい。

▼中学技術・特別支援(中学部)技術
【課題】
第1問 次の中学校第2・3学年技術・家庭(技術分野)学習指導案について，問1，問2に答えなさい。

第1学年　技術・家庭(技術分野)学習指導案

1　題材名　「サイバーサイバイ大作戦！～情報の技術で素晴らしい社会の発展を目指そう！～」D(1)(2)(3)(4)

2　題材の目標

　　情報の技術の見方・考え方を働かせ，持続可能な社会の構築を目指したスマート農業のモデルを開発する実践的・体験的な活動を通して，生活や社会で利用されている情報の技術についての基礎的な理解を図り，それらに係る技能を身に付け，情報の技術と生活や社会，環境との関わりについて理解を深めるとともに，生活や社会の中から情報の技術に関わる問題を見いだして課題を設定し解決する力，よりよい生活や持続可能な社会の構築に向けて，適切かつ誠実に技術を工夫し創造しようとする実践的な態度を身に付ける。

3　題材の評価規準

知識・技能	思考・判断・表現	主体的に学習に取り組む態度
生活や社会で利用されている情報の技術についての科学的な原理・法則や基礎的な技術の仕組み，情報モラルの必要性及び，情報の技術と生活や社会，環境との関わりについて理解しているとともに、安全・適切なプログラムの制作、動作の確認及びデバッグ等ができる技能を身に付けている。	農業の発展に関わる問題を見いだして、必要な機能をもつコンテンツのプログラムや計測・制御システムの設計・製作などの課題を設定し、解決策を構想し、実践を評価・改善し、表現するなどして課題を解決する力を身に付けているとともに、よりよい生活の実現や持続可能な社会の構築を目指して情報の技術を評価し、適切に選択、管理・運用、改良、応用する力を身に付けている。	よりよい生活の実現や持続可能な社会の構築に向けて、課題の解決に主体的に取り組んだり、振り返って改善したりして、情報の技術を工夫し創造しようとしている。

4　指導と評価の計画(第2学年15時間，第3学年17時間，計32時間扱い)

内容	時数	主な学習活動	評価規準		
			知識・技能	思考・判断・表現	主体的に学習に取り組む態度
情報の技術の原理・法則と仕組み	4	第2学年　農業を助ける情報の技術の秘密を探ろう！			
		○AIを活用したスマート農業について調べる。 ○疑似的なAIによる、野菜の判別などを体験し、情報処理の仕組みや手順をまとめる。 ○スマート社会の到来に伴う情報モラル・セキュリティの大切さやその仕組み、生活や社会に与える影響を理解する。	情報の表現、記録、計算、通信などについての科学的な原理・法則や、情報のデジタル化、処理の自動化、システム化などに関わる基礎的な技術の仕組みを説明できる。 ネットワークの仕組みをもとに、情報モラル・セキュリティを説明できる。 ◇ワークシート ◇ペーパーテスト		進んで情報の技術と関わり、主体的に理解し、技能を身に付けようとしている。 ◇振り返りカード
		○AIを活用したスマート農業が、どのような条件下で、どのように生活や社会の問題を解決しているのかを、AI体験や自らの栽培経験と比較するなどして見つけ、まとめる。		AIを活用した農業に込められた工夫を読み取り、情報の技術の見方・考え方に気付くことができる。 ◇ワークシート	
双方向性のあるコンテンツによる問題解決	11	第2学年　後輩の役に立つ、育成管理お助けコンテンツを開発しよう！			
		A	（略）	（略）	（略）

75

計測・制御による問題解決	14	第3学年　スマート農業を実現するサイバーサイバイ技術を開発しよう！			
		(略)	(略)	(略)	(略)
社会の発展と情報の技術	3	第3学年　社会の発展のため、情報の技術との向き合い方を考えよう！			
		○よりよい生活の実現や持続可能な社会の構築に向けた情報の技術による問題の解決について、自分の考えを発表する。 ○今後の情報の技術の在り方について統合的な内容の視点から捉え、自分の考えを発表する。	これまでの学習と、情報の技術がよりよい生活の実現や持続可能な社会の構築に果たす役割や影響を踏まえ、情報の技術の概念を説明できる。 ◇ワークシート	よりよい生活の実現や持続可能な社会の構築を目指して、情報の技術を評価し、新たな発想に基づいた改良や応用の仕方を提言できる。 ◇ワークシート	①<u>よりよい生活の実現や持続可能な社会の構築に向けて、情報の技術を工夫し創造していこう</u>としている。 ◇ワークシート

問1　生物育成の技術の学習経験を踏まえ，「後輩の役に立つ，育成管理お助けコンテンツを開発しよう！」というテーマを設定した。題材の目標や評価規準に基づき，Aにおける主な学習活動を解答用紙に記入しなさい。

問2　①――について，学年をまたいだ題材の学習を振り返りながら，これからの技術の在り方や発展について，生徒自身がどのように向き合っていきたいかをワークシートの記述内容を基に，評価することとした。生徒のワークシートの記述について，「情報の技術のプラス面やマイナス面などについて評価をしているか。」，「技術の評価の結果を踏まえ，持続可能な社会の構築のために，情報の技術を改良，応用するなどの意志を示しているか。」などの観点から評価した際，「努力を要する」状況(C)と判断した生徒に行う具体的な手立てを解答用紙に記入しなさい。

▼中学家庭・特別支援(中学部)家庭

【課題】

第1問　次の題材について，問1，問2に答えなさい。

第3学年技術・家庭科(家庭分野)学習指導案

1　題材名　「自立した消費者となるために」

2　題材の目標

(1)　購入方法や支払い方法の特徴，計画的な金銭管理の必要性，売買契約の仕組み，消費者被害の背景とその対応，消費者の基本的な権利と責任，自分や家族の消費生活が環境や社会に及ぼす影響について理解するとともに，物資・サービスの選択に必要な情報の収集・整理が適切にできる。

(2)　物資・サービスの選択・購入，自立した消費者としての消費行動について問題を見いだして課題を設定し，解決策を構想し，実践を評価・改善し，考察したことを論理的に表現するなどして課題を解決する力を身に付ける。

(3)　よりよい生活の実現に向けて，金銭の管理と購入，消費者の権利と責任について，課題の解決に主体的に取り組んだり，振り返って改善したりして，生活を工夫し創造し，実践しようとする。

3　題材の評価規準

知識・技能	思考・判断・表現	主体的に学習に取り組む態度
・購入方法や支払い方法の特徴が分かり、計画的な金銭管理の必要性について理解している。 ・売買契約の仕組み、消費者被害の背景とその対応について理解しているとともに、物資・サービスの選択に必要な情報の収集・整理が適切にできる。 ・消費者の基本的な権利と責任、自分や家族の消費	物資・サービスの選択・購入、自立した消費者としての消費行動について問題を見いだして課題を設定し、解決策を構想し、実践を評価・改善し、考察したことを論理的に表現するなどして課題を解決する力を身に付けている。	よりよい生活の実現に向けて、金銭の管理と購入、消費者の権利と責任について、課題の解決に主体的に取り組んだり、振り返って改善したりして、生活を工夫し創造し、実践しようとしている。

		生活が環境や社会に及ぼす影響について理解している。			

4 指導と評価の計画(9時間)

小題材	時間	○ねらい・学習活動	評価規準		
			知識・技能	思考・判断・表現	主体的に学習に取り組む態度
自分や家族の消費生活	1	○自分や家族の消費生活について問題を見いだし、課題を設定することができる。 自立した消費者となるためには、どのような消費行動を取ればよいだろうか		・物資・サービスの選択・購入、自立した消費者としての消費行動について問題を見いだして課題を設定している。	・金銭の管理と購入、消費者の権利と責任について、課題の解決に主体的に取り組もうとしている。
多様な支払い方法に応じた計画的な金銭管理	2	○多様化した購入方法や支払い方法の特徴について理解することができる。	・購入方法や支払い方法の特徴について理解している。		
	3	○多様な支払い方法に応じた計画的な金銭管理の必要性について理解することができる。	・計画的な金銭管理の必要性について理解している。 ・支払い方法の特徴について理解している。		
物資・サービスの選択・購入	4	○物資・サービスの選択に必要な情報を適切に収集・整理し、情報を活用して購入について考え、工夫することができる。	・物資・サービスの選択に必要な情報の収集・整理について理解しているとともに、収集・整理が適切にできる。 ・購入方法の特徴について理解している。	・物資・サービスの選択・購入、自立した消費者としての消費行動について考え、工夫している。	・金銭の管理と購入、消費者の権利と責任について、課題解決に向けた一連の活動を振り返って改善しようとしている。
	5	○売買契約の仕組み、消費者被害の背景とその対応について理解することができる。	・売買契約の仕組み、消費者被害の背景とその対応について理解している。	・物資・サービスの選択・購入、自立した消費者としての消費行動について、	

題材	時	学習内容・学習活動	評価規準（知識・理解）	評価規準（思考・判断・表現）	評価規準（関心・意欲・態度）
消費者としての責任ある消費行動					実践を評価したり、改善したりしている。
	6・7	○消費者の基本的な権利と責任について理解することができる。 【学習活動】 ・模擬家族の自転車購入（通信販売の利用で消費者被害にあった場合）の問題点についてどのような権利と責任が関わっているのかを考え、発表し合う。 ・購入した物資・サービスに不具合があったり、被害にあったりした場合、消費者としてどのような行動を取ればよいのかについて考え、話し合う。	・消費者の基本的な権利と責任について理解している。 ※ペーパーテスト	・物資・サービスの選択・購入、自立した消費者としての消費行動についての課題解決に向けた一連の活動について、考察したことを論理的に表現している。	・よりよい消費生活の実現に向けて、金銭の管理と購入、消費者の権利と責任について工夫し創造し、実践しようとしている。
	8	○自分や家族の消費生活が環境や社会に及ぼす影響について理解することができる。	・自分や家族の消費生活が環境や社会に及ぼす影響について理解している。		
	9	○自立した消費者としての責任ある消費行動を考え、工夫することができる。			

問1　「2　題材の目標」及び「3　題材の評価規準」を踏まえ，「4　指導と評価の計画」を参考に，3時間目の「本時の展開」を作成しなさい。

問2　6・7時間目において，次のペーパーテストで「消費者の基本的な権利と責任について理解している」状況を評価する際に，あなたは，生徒のどのような記述があれば，「おおむね満足できる」状況(B)と判断しますか。解答用紙に，ペーパーテストの記述例を書きなさい。また，「努力を要する」状況(C)と判断される生徒に対しては，どのような手立てを講じるか書きなさい。

【ペーパーテスト】

> 　Mさんの通学用のバッグの購入について，次の問いに答えなさい。
>
> ◆通学用のバックの購入方法とその理由
>
> > 　〔購入方法〕通信販売(インターネット)
> > 　〔その理由〕店舗販売(近所のお店)と比較したら，店舗よりも安く売られていた。品物は，注文日に即日発送してくれる。
>
> ◆通学用のバッグを注文した後の様子
>
> > ・即日発送とあるが，一週間経ってもバッグは届かず，通信販売の業者からは何も連絡はなかった。
> > ・通信販売の業者に連絡をしたら，「人気商品のため，現在は品切れで，いつ入荷するか分からない」と言われた。
>
> 【問題】
> 　「消費者の権利と責任」を踏まえると，Mさんはどのように行動すべきだと考えますか。Mさんがとるべき行動を書きなさい。

▼高校国語・特別支援(高等部)国語

【課題】

第1問　「言語文化」における「書くこと」の領域の指導として，「自分の体験や思いが効果的に伝わるよう，文章の種類，構成，展開や，文体，描写，語句などの表現の仕方を工夫すること」を身に付けることができることをねらいとした単元「日常の中で感じる小さな幸せについてみんなに伝えよう」の授業を行うときの「単元の指導と評価の計画表」を作成しなさい。ただし，作成に当たっては，次の点に留意するとともに，解答用紙の様式にしたがうこと。

1　「単元の指導と評価の計画表」

　(1)　「単元の目標」は，解答用紙に示した3点について設定するこ

ととし，あとに示す「2　高等学校学習指導要領(平成30年3月
告示)(抜粋)」を参考に，生徒に身に付けさせたい資質・能力を
明らかにすること。
(2)　「取り上げる言語活動」は，「2　高等学校学習指導要領(平成
30年3月告示)(抜粋)」を参考に，単元の目標を達成するのにふ
さわしいものを設定すること。
(3)　「単元の評価規準」は，1(1)で明らかにした生徒に身に付け
させたい資質・能力に即して設定すること。
(4)　5単位時間(1単位時間を50分とする。)で指導する計画とし，
「単元の目標」を踏まえた「各時間の目標」を設定すること。
(5)　「主な学習活動」の欄には，生徒の学習活動の概要が分かる
ように記入すること。
(6)　「評価の観点」は，各単位時間において，どの観点を評価す
るかについて，○印を付けて示すこと。

2　高等学校学習指導要領(平成30年3月告示)(抜粋)

第2　言語文化
　1　目標
　　　言葉による見方・考え方を働かせ，言語活動を通して，
　　国語で的確に理解し効果的に表現する資質・能力を次のと
　　おり育成することを目指す。
　　(1)　生涯にわたる社会生活に必要な国語の知識や技能を身
　　　に付けるとともに，我が国の言語文化に対する理解を深
　　　めることができるようにする。
　　(2)　論理的に考える力や深く共感したり豊かに想像したり
　　　する力を伸ばし，他者との関わりの中で伝え合う力を高
　　　め，自分の思いや考えを広げたり深めたりすることがで
　　　きるようにする。
　　(3)　言葉がもつ価値への認識を深めるとともに，生涯にわ
　　　たって読書に親しみ自己を向上させ，我が国の言語文化

　　　　　の担い手としての自覚をもち，言葉を通して他者や社会
　　　　　に関わろうとする態度を養う。
　２　内容
　　〔知識及び技能〕
　　(1)　言葉の特徴や使い方に関する次の事項を身に付けること
　　　　ができるよう指導する。
　　　　ア　言葉には，文化の継承，発展，創造を支える働きがあ
　　　　　ることを理解すること。
　　　　イ　常用漢字の読みに慣れ，主な常用漢字を書き，文や文
　　　　　章の中で使うこと。
　　　　ウ　我が国の言語文化に特徴的な語句の量を増し，それら
　　　　　の文化的背景について理解を深め，文章の中で使うこと
　　　　　を通して，語感を磨き語彙を豊かにすること。
　　　　エ　文章の意味は，文脈の中で形成されることを理解する
　　　　　こと。
　　　　オ　本歌取りや見立てなどの我が国の言語文化に特徴的な
　　　　　表現の技法とその効果について理解すること。
　　(2)　我が国の言語文化に関する次の事項を身に付けることが
　　　　できるよう指導する。
　　　　ア　我が国の言語文化の特質や我が国の文化と外国の文化
　　　　　との関係について理解すること。
　　　　イ　古典の世界に親しむために，作品や文章の歴史的・文
　　　　　化的背景などを理解すること。
　　　　ウ　古典の世界に親しむために，古典を読むために必要な
　　　　　文語のきまりや訓読のきまり，古典特有の表現などにつ
　　　　　いて理解すること。
　　　　エ　時間の経過や地域の文化的特徴などによる文字や言葉
　　　　　の変化について理解を深め，古典の言葉と現代の言葉と
　　　　　のつながりについて理解すること。
　　　　オ　言文一致体や和漢混交文など歴史的な文体の変化につ

いて理解を深めること。

　　カ　我が国の言語文化への理解につながる読書の意義と効
　　　用について理解を深めること。

〔思考力，判断力，表現力等〕
A　書くこと
(1)　書くことに関する次の事項を身に付けることができるよ
　　う指導する。
　　ア　自分の知識や体験の中から適切な題材を決め，集めた
　　　材料のよさや味わいを吟味して，表現したいことを明確
　　　にすること。
　　イ　自分の体験や思いが効果的に伝わるよう，文章の種類，
　　　構成，展開や，文体，描写，語句などの表現の仕方を工
　　　夫すること。
(2)　(1)に示す事項については，例えば，次のような言語活動
　　を通して指導するものとする。
　　ア　本歌取りや折句などを用いて，感じたことや発見した
　　　ことを短歌や俳句で表したり，伝統行事や風物詩などの
　　　文化に関する題材を選んで，随筆などを書いたりする活
　　　動。

▼高校地理・特別支援(高等部)地理
【課題】
第1問　次の(1)，(2)に答えなさい。
　問　次の(1)，(2)に答えなさい。
　　(1)　高等学校学習指導要領(平成30年3月)には，「第2節　地理歴
　　　史　第1　地理総合」の「2　内容」の「B　国際理解と国際協
　　　力」の中項目「(2)　地球的課題と国際協力」について，次の
　　　ように示されています。

(2)　地球的課題と国際協力

　　空間的相互依存作用や地域などに着目して，課題を追究したり解決したりする活動を通して，次の事項を身に付けることができるよう指導する。

ア　次のような知識を身に付けること。

　(ア)　世界各地で見られる地球環境問題，資源・エネルギー問題，人口・食料問題及び居住・都市問題などを基に，地球的課題の各地で共通する傾向性や課題相互の関連性などについて大観し理解すること。

　(イ)　世界各地で見られる地球環境問題，資源・エネルギー問題，人口・食料問題及び居住・都市問題などを基に，地球的課題の解決には持続可能な社会の実現を目指した各国の取組や国際協力が必要であることなどについて理解すること。

イ　次のような思考力，判断力，表現力等を身に付けること。

　(ア)　世界各地で見られる地球環境問題，資源・エネルギー問題，人口・食料問題及び居住・都市問題などの地球的課題について，地域の結び付きや持続可能な社会づくりなどに着目して，主題を設定し，現状や要因，解決の方向性などを多面的・多角的に考察し，表現すること。

　　中項目「(2)　地球的課題と国際協力」において，「資源・エネルギー問題」を取り上げ，4単位時間(1単位時間は50分とする。)を単元として設定して授業を実施する際，どのような指導と評価の計画を作成しますか。単元の主題，単元のねらいを踏まえた単元全体に関わる問い，4単位時間の学習活動，指導上の留意点及び評価方法等を書きなさい。ただし，次の点に留意すること。

＜留意する点＞

①「地球的課題の各地で共通する傾向性や課題相互の関連性」

　　　などを理解するために，ふさわしい特色ある事例を選んで設
　　　定すること。

　　②単元など内容や時間のまとまりを見通した「問い」を設定す
　　　ること。

　　③諸資料から，社会的事象等に関する様々な情報を効果的に収
　　　集し，読み取り，まとめる技能を身に付ける学習活動を取り
　　　入れること。

　　④コンピュータや情報通信ネットワークなどの情報手段を積極
　　　的に活用すること。

　(2)　第1問(1)で作成した4単位時間の指導と評価の計画のうち，
　　　任意に選んだ1単位時間(1単位時間は50分とする。)について，
　　　当該授業の目標，本時の問い及び本時の流れを書きなさい。た
　　　だし，次の点に留意すること。

　　＜留意する点＞

　　①「過程」の欄には，1単位時間の授業の流れが分かるように，
　　　導入や展開，まとめなどの過程を示し，必要な時間(分)をそ
　　　れぞれ記入すること。

　　②資料を活用する際には，どのような資料を用いるのかが分か
　　　るように，具体的に記入すること。

　　③生徒の活動について，どのような活動をするのかが分かるよ
　　　うに，具体的に記入すること。

▼高校日本史・世界史・特別支援(高等部)日本史・世界史

【課題】

第1問　次の(1)，(2)に答えなさい。

　(1)　高等学校学習指導要領(平成30年3月)には，「第2節　地理歴史
　　　第3　歴史総合」の「2　内容」の「C　国際秩序の変化や大衆化
　　　と私たち」の中項目「(3)　経済危機と第二次世界大戦」について，
　　　次のように示されています。

> (3) 経済危機と第二次世界大戦
>   諸資料を活用し，課題を追究したり解決したりする活動を通して，次の事項を身に付けることができるよう指導する。
>   ア　次のような知識を身に付けること。
>   (ア)　世界恐慌，ファシズムの伸張，日本の対外政策などを基に，国際協調体制の動揺を理解すること。
>   (イ)　(省略)
>   イ　次のような思考力，判断力，表現力等を身に付けること。
>   (ア)　経済危機の背景と影響，国際秩序や政治体制の変化などに着目して，主題を設定し，日本とその他の国や地域の動向を比較したり，相互に関連付けたりするなどして，各国の世界恐慌への対応の特徴，国際協調体制の動揺の要因などを多面的・多角的に考察し，表現すること。
>   (イ)　(省略)

また，上記の小項目「ア(ア)」及び「イ(ア)」について，高等学校学習指導要領解説地理歴史編(平成30年7月)には，内容の取扱いについて次のように示されています。

> 　学習に当たっては，(1)で表現した学習への問いを踏まえて生徒の学習への動機付けや見通しを促しつつ，イ(ア)の経済危機の背景と影響，国際秩序や政治体制の変化などに着目し，小項目のねらいに則した考察を導くための主題を設定する。その主題を学習上の課題とするために，(中略)　この小項目全体に関わる問いを設定して，生徒に提示する。これを踏まえ，日本とその他の国や地域の動向を比較したり，相互に関連付けたりするなどして，多面的・多角的に考察したり表現したりすることにより，国際協調体制の動揺を理解する学習が考えられる。
> ※上記の(1)とは，「国際秩序の変化や大衆化への問い」のこと

　これらのことを踏まえ，(3)の小項目(ア)について，4単位時間(1

単位時間は50分とする。)で授業を実施するとき，どのような指導
と評価の計画を作成しますか。小項目のねらいに則した考察を導
くための主題を設定し，小項目の主題及び小項目全体に関わる問
い，4単位時間の学習活動，指導上の留意点及び評価方法等を書
きなさい。ただし，次の点に留意すること。

＜留意する点＞

①敬治，経済，社会，文化，宗教，生活などの観点から諸事象を
　取り上げ，近現代の歴史を多面的・多角的に考察できるように
　すること。

②単元など内容や時間のまとまりを見通した「問い」を設定する
　こと。

③諸資料から，社会的事象等に関する様々な情報を効果的に収集
　し，読み取り，まとめる技能を身に付ける学習活動や言語活動
　に関わる学習を取り入れること。

④コンピュータや情報通信ネットワークなどの情報手段を積極的
　に活用すること。

(2)　第1問(1)で作成した4単位時間の指導と評価の計画のうち，
　　任意に選んだ1単位時間(1単位時間は50分とする。)について，
　　当該授業の目標，本時の問い及び本時の流れを書きなさい。た
　　だし，次の点に留意すること。

　　＜留意する点＞

　　①「過程」の欄には，1単位時間の授業の流れが分かるように，
　　　導入や展開，まとめなどの過程を示し，必要な時間(分)をそれ
　　　ぞれ記入すること。

　　②資料を活用する際には，どのような資料を用いるのかが分かる
　　　ように，具体的に記入すること。

　　③生徒の活動について，どのような活動をするのかが分かるよう
　　　に，具体的に記入すること。

▼高校公民・特別支援(高等部)公民

【課題】

第1問　次の(1)，(2)に答えなさい。

(1)　高等学校学習指導要領(平成30年3月)には，「公共」の「2　内
容」の「B　自立した主体としてよりよい社会の形成に参画する
私たち」のアの(ウ)及びイの(ア)について，次のように示されて
います。

B　自立した主体としてよりよい社会の形成に参画する私たち

　　自立した主体としてよりよい社会の形成に参画することに向
けて，現実社会の諸課題に関わる具体的な主題を設定し，幸福，
正義，公正などに着目して，他者と協働して主題を追究したり
解決したりする活動を通して，次の事項を身に付けることがで
きるよう指導する。

　ア　次のような知識及び技能を身に付けること。

　　(ウ)　職業選択，雇用と労働問題，財政及び租税の役割，少
子高齢社会における社会保障の充実・安定化，市場経済
の機能と限界，金融の働き，経済のクローバル化と相互
依存関係の深まり(国際社会における貧困や格差の問題を
含む。)などに関わる現実社会の事柄や課題を基に，公正
かつ自由な経済活動を行うことを通して資源の効率的な
配分が図られること，市場経済システムを機能させたり
国民福祉の向上に寄与したりする役割を政府などが担っ
ていること及びより活発な経済活動と個人の尊重を共に
成り立たせることが必要であることについて理解するこ
と。

　イ　次のような思考力，判断力，表現力等を身に付けること。

　　(ア)　アの(ア)から(ウ)までの事項について，法，政治及び
経済などの側面を関連させ，自立した主体として解決が
求められる具体的な主題を設定し，合意形成や社会参画
を視野に入れながら，その主題の解決に向けて事実を基

に協働して考察したり構想したりしたことを，論拠をもって表現すること。

また，高等学校学習指導要領解説公民編(平成30年7月)には，次のように示されています。

雇用と労働問題については，近年の雇用や労働問題の動向を，経済社会の変化や国民の勤労権の確保の観点から理解できるようにすることを意味している。その際，使用者と労働者との間で結ばれる契約についても，誰と契約を結ぶかなどの自由はあるが，労働者を保護するため，勤務時間など労働契約の内容に関しては労働基準法などによって契約の自由に就業規則などの制約が加えられていることを理解できるようにする。

その際，「仕事と生活の調和という観点から労働保護立法についても扱うこと」が必要である。また，終身雇用制や年功序列制などの雇用慣行の変化，非正規社員の増加，中高年雇用や外国人労働者に関わる問題，労働組合の役割などと関連させながら，雇用の在り方や労働問題について国民福祉の向上の観点から理解できるようにすることが大切である。さらに，違法な時間外労働や賃金の不払いなどが疑われる企業等との間でトラブルに見舞われないよう予防するため，また，トラブルに直面した場合に適切な行動をとることができるよう，労働保護立法などに触れるとともに，そのようなトラブルを解決するための様々な相談窓口があることについて理解できるようにすることも大切である。

これらのことを踏まえ，「雇用と労働問題」について，3単位時間(1単位時間は50分とする。)で授業を実施するとき，どのような指導計画を作成しますか。小項目のねらいを踏まえた小項目全体に関わる問い，3単位時間の学習活動，指導上の留意点及び評価方法等を書きなさい。ただし，次の点に留意すること。

＜留意する点＞

①小項目全体に関わる問いを設定すること。

②諸資料から，社会的事象等に関する様々な情報を効果的に収集
し，読み取り，まとめる技能を身に付ける学習活動を取り入れ
ること。

③言語活動に関わる学習を取り入れること。

④コンピュータや情報通信ネットワークなどの情報手段を積極的
に活用すること。

(2)　第1問(1)で作成した3単位時間の指導と評価の計画のうち，任
意に選んだ1単位時間(1単位時間離50分とする。)について，当該授
業の目標，本時の問い及び本時の流れを書きなさい。ただし，次
の点に留意すること。

＜留意する点＞

①「過程」の欄には，1単位時間の授業の流れが分かるように，
導入や展開，まとめなどの過程を示し，必要な時間(分)をそれ
ぞれ記入すること。

②資料を活用する際には，どのような資料を用いるのかが分かる
ように，具体的に記入すること。

③生徒の活動について，どのような活動をするのかが分かるよう
に，具体的に記入すること。

▼高校数学・特別支援(高等部)数学

【課題】

第1問　高等学校学習指導要領(平成30年3月告示)では，「数学Ⅰ」の
「2　内容」の「(2)　図形と計量」に，次のように示されています。

> (2)　図形と計量
>   図形と計量について，数学的活動を通して，その有用性を
> 認識するとともに，次の事項を身に付けることができるよう
> 指導する。

ア　次のような知識及び技能を身に付けること。

(ア)　鋭角の三角比の意味と相互関係について理解すること。

(イ)　三角比を鈍角まで拡張する意義を理解し，鋭角の三角比の値を用いて鈍角の三角比の値を求める方法を理解すること。

(ウ)　正弦定理や余弦定理について三角形の決定条件や三平方の定理と関連付けて理解し，三角形の辺の長さや角の大きさなどを求めること。

イ　次のような思考力，判断力，表現力等を身に付けること。

(ア)　図形の構成要素間の関係を三角比を用いて表現するとともに，定理や公式として導くこと。

(イ)　図形の構成要素間の関係に着目し，日常の事象や社会の事象などを数学的に捉え，問題を解決したり，解決の過程を振り返って事象の数学的な特徴や他の事象との関係を考察したりすること。

(1)　科目「数学Ⅰ」の「鋭角の三角比」の内容について授業を実施するとき，配当時間が3単位時間(1単位時間は50分とする。)の指導計画を，1単位時間ごとの学習内容が分かるように作成しなさい。

　　なお，参考として次の資料を示しますが，使用の有無は問いません。

[資料]
　「指導と評価の一体化」のための学習評価に関する参考資料(高等学校　数学科)

　　　　　　　　　　　(令和3年8月　国立教育政策研究所)
高等学校数学科における「内容のまとまりごとの評価規準(例)」
第1　数学Ⅰ　2　内容のまとまりごとの評価規準(例)　(2)図形と計量

知識・技能	思考・判断・表現	主体的に学習に取り組む態度
・鋭角の三角比の意味と相互関係について理解している。 ・三角比を鈍角まで拡張する意義を理解している。 ・鋭角の三角比の値を用いて鈍角の三角比の値を求める方法を理解している。 ・正弦定理や余弦定理について三角形の決定条件や三平方の定理と関連付けて理解している。 ・正弦定理や余弦定理などを用いて三角形の辺の長さや角の大きさなどを求めることができる。	・図形の構成要素間の関係を三角比を用いて表現し，定理や公式として導くことができる。 ・図形の構成要素間の関係に着目し，日常の事象や社会の事象などを数学的に捉え，問題を解決したり，解決の過程を振り返って事象の数学的な特徴や他の事象との関係を考察したりすることができる。	・事象を図形と計量の考えを用いて考察するよさを認識し，問題解決にそれらを活用しようとしたり，粘り強く考え数学的論拠に基づき判断しようとしたりしている。 ・問題解決の過程を振り返って考察を深めたり，評価・改善したりしようとしている。

(2) (1)で作成した3単位時間の指導計画のうち，鋭角の三角比の意味を理解する内容を取り入れた1単位時間(1単位時間は50分とする。)の指導計画を作成しなさい。ただし，作成に当たっては，次の2つの事項に留意すること。

　ア　本時の学習の目標を実現するために，数学的活動を重視するとともに，日常の事象や社会の事象などとの関連を図り，三角比を新たに導入することの必要性と有用性を認識できるよう指導の工夫を取り入れること。

　イ　本時の学習の目標に照らして，生徒の学習状況を適切に評価する方法や場面を設定すること。

▼高校物理・特別支援(高等部)物理

【課題】

第1問　次の問1，問2に答えなさい。

問1　高等学校学習指導要領(平成30年3月告示)「物理基礎」の授業において，図のような簡易速度計を用いて，力学的エネルギー保存の法則を重力がする仕事と関連付ける実験を行うとき，(1)～(3)に答えなさい。

(1)　この実験を行うとき，簡易速度計のほかにどのようなものを準備しますか，書きなさい。

(2)　この実験を行う手順を箇条書きで書きなさい。なお，必要であれば図や式をかき加えてもよい。

(3)　この実験において，簡易速度計が壊れた場合は，簡易速度計の代わりにどのような実験器具を用いて，どのように速さを求めますか，書きなさい。

問2　「物理基礎」の「様々な物理現象とエネルギーの利用」の学習において，単元「電気」の中で「電気の利用」について授業を行うとき，次の留意事項を踏まえ「学習指導案」を作成しなさい。ただし，作成に当たっては，次の資料を参考にすること。

ア　留意事項

（ア）　指導内容については，具体的な例を取り入れるとともに，基礎的・基本的な事項を重視すること。

（イ）　「Ⅱ　単元の指導計画」や「Ⅲ　本時の目標」をもとに，本時1時間(1単位時間を50分とする。)の「Ⅳ　本時の指導計画」を作成すること。

(ウ) 「過程」の欄には，本時1時間の指導の流れが分かるよう，導入や展開，まとめなど，過程を示すこと。

(エ) 「学習活動」及び「教師の働きかけ」の欄は，具体的に記入すること。

(オ) 「評価の観点及び評価方法」の欄は，本時における「評価の観点(知識・技能，思考・判断・表現，主体的に学習に取り組む態度)」と「評価方法」を評価すべき場面で設定し，記入すること。

イ　資料

(ア) 高等学校学習指導要領(平成30年3月告示)(一部抜粋)

第2　物理基礎

1　目　標

　物体の運動と様々なエネルギーに関わり，理科の見方・考え方を働かせ，見通しをもって観察，実験を行うことなどを通して，物体の運動と様々なエネルギーを科学的に探究するために必要な資質・能力を次のとおり育成することを目指す。

(1)　日常生活や社会との関連を図りながら，物体の運動と様々なエネルギーについて理解するとともに，科学的に探究するために必要な観察，実験などに関する基本的な技能を身に付けるようにする。

(2)　観察，実験などを行い，科学的に探究する力を養う。

(3)　物体の運動と様々なエネルギーに主体的に関わり，科学的に探究しようとする態度を養う。

2　内容

(2)　様々な物理現象とエネルギーの利用

　様々な物理現象についての観察，実験などを通して，次の事項を身に付けることができるよう指導する。

ア　様々な物理現象とエネルギーの利用を日常生活や社会と関連付けながら，次のことを理解するとともに，

　　　　それらの観察，実験などに関する技能を身に付けること。

　　(ウ)　電気

　　　㋐電気の利用

　　　　発電，送電及び電気の利用について，基本的な仕組みを理解すること。

　イ　様々な物理現象とエネルギーの利用について，観察，実験などを通して探究し，波，熱，電気，エネルギーとその利用における規則性や関係性を見いだして表現すること。

　(イ)　「物理基礎　(2)ア(ウ)電気」の評価規準の例

　　　(国立教育政策研究所作成「『指導と評価の一体化』のための学習評価に関する参考資料　高等学校理科」より抜粋)

知識・技能	思考・判断・表現	主体的に学習に取り組む態度
電気を日常生活や社会と関連付けながら，物質と電気抵抗，電気の利用についての基本的な概念や原理・法則などを理解しているとともに，科学的に探究するために必要な観察，実験などに関する基本操作や記録などの基本的な技能を身に付けている。	電気について，観察，実験など通して探究し，電気における規則性や関係性を見いだして表現している。	電気に主体的に関わり，見通しをもったり振り返ったりするなど，科学的に探究しようとしている。

▼高校化学・特別支援(高等部)化学

【課題】

第1問　次の問1，問2に答えなさい。

　問1　高等学校学習指導要領(平成30年3月告示)「化学基礎」の授業において，海水から純水を分離する実験を行うとき，(1)〜(3)に答えなさい。

　(1)　この実験を行うとき，リービッヒ冷却器と三角フラスコのほかにどのようなものを準備しますか，書きなさい。

　(2)　この実験を行う手順を箇条書きで書きなさい。なお，必要で

あれば図をかき加えてもよい。

(3)　この実験を安全かつ適切に行わせるために，あなたは生徒に
どのような指示をしますか，1つ書きなさい。

問2　「化学基礎」の「物質の変化とその利用」の学習において，単
元「化学反応」の中で「酸・塩基と中和」について授業を行うと
き，次の留意事項を踏まえ「学習指導案」を作成しなさい。ただ
し，作成に当たっては，次の資料を参考にすること。

ア　留意事項

(ア)　指導内容については，具体的な例を取り入れるとともに，
基礎的・基本的な事項を重視すること。

(イ)　「Ⅱ　単元の指導計画」や「Ⅲ　本時の目標」をもとに，
本時1時間(1単位時間を50分とする。)の「Ⅳ　本時の指導計
画」を作成すること。

(ウ)　「過程」の欄には，本時1時間の指導の流れが分かるよう，
導入や展開，まとめなど，過程を示すこと。

(エ)　「学習活動」及び「教師の働きかけ」の欄は，具体的に記
入すること。

(オ)　「評価の観点及び評価方法」の欄は，本時における「評価
の観点(知識・技能，思考・判断・表現，主体的に学習に取
り組む態度)」と「評価方法」を評価すべき場面で設定し，
記入すること。

イ　資料

(ア)　高等学校学習指導要領(平成30年3月告示)(一部抜粋)

第4　化学基礎

1　目標

物質とその変化に関わり，理科の見方・考え方を働かせ，
見通しをもって観察，実験を行うことなどを通して，物質
とその変化を科学的に探究するために必要な資質・能力を
次のとおり育成することを目指す。

(1)　日常生活や社会との関連を図りながら，物質とその変

化について理解するとともに，科学的に探究するために
必要な観察，実験などに関する基本的な技能を身に付け
るようにする。
(2) 観察，実験などを行い，科学的に探究する力を養う。
(3) 物質とその変化に主体的に関わり，科学的に探究しよ
うとする態度を養う。

2 内容
(3) 物質の変化とその利用
物質の変化とその利用についての観察，実験などを通
して，次の事項を身に付けることができるよう指導する。
ア 物質量と化学反応式，化学反応，化学が拓く世界に
ついて，次のことを理解するとともに，それらの観察，
実験などに関する技能を身に付けること。
(イ) 化学反応
⑦ 酸・塩基と中和
酸や塩基に関する実験などを行い，酸と塩基の
性質及び中和反応に関与する物質の量的関係を理
解すること。
イ 物質の変化とその利用について，観察，実験などを
通して探究し，物質の変化における規則性や関係性を
見いだして表現すること。

(イ) 「化学基礎 (3)ア(イ)化学反応」の評価規準の例
(国立教育政策研究所作成「『指導と評価の一体化』のため
の学習評価に関する参考資料 高等学校理科」より抜粋)

知識・技能	思考・判断・表現	主体的に学習に取り組む態度
化学反応について，酸・塩基と中和，酸化と還元の基本的な概念や原理・法則などを理解しているとともに，科学的に探究するために必要な観察，実験などに関する基本操作や記録などの基本的な技能を身に付けている。	化学反応について，観察，実験などを通して探究し，物質の変化における規則性や関係性を見いだして表現している。	化学反応に主体的に関わり，見通しをもったり振り返ったりするなど，科学的に探究しようとしている。

▼高校生物・特別支援(高等部)生物
【課題】
第1問　次の問1，問2に答えなさい。

問1　高等学校学習指導要領(平成30年3月告示)「生物基礎」の授業において，タマネギの根を使って体細胞分裂の観察を行うとき，(1)〜(3)に答えなさい。

(1)　この観察を行うとき，タマネギの根のほかにどのようなものを準備しますか，書きなさい。

(2)　この観察を行う手順を箇条書きで書きなさい。なお，必要であれば図をかき加えてもよい。

(3)　この観察を通じて細胞周期の各時期にかかる時間を推定させるために，あなたは生徒にどのような指示をしますか，書きなさい。

問2　「生物基礎」の「生物の多様性と生態系」の学習において，単元「生態系とその保全」の中で「生態系と生物の多様性」について授業を行うとき，次の留意事項を踏まえ「学習指導案」を作成しなさい。ただし，作成に当たっては，次の資料を参考にすること。

ア　留意事項

(ア)　指導内容については，具体的な例を取り入れるとともに，基礎的・基本的な事項を重視すること。

(イ)　「Ⅱ　単元の指導計画」や「Ⅲ　本時の目標」をもとに，本時1時間(1単位時間を50分とする。)の「Ⅳ　本時の指導計画」を作成すること。

(ウ)　「過程」の欄には，本時1時間の指導の流れが分かるよう，導入や展開，まとめなど，過程を示すこと。

(エ)　「学習活動」及び「教師の働きかけ」の欄は，具体的に記入すること。

(オ)　「評価の観点及び評価方法」の欄は，本時における「評価の観点(知識・技能，思考・判断・表現，主体的に学習に取

り組む態度)」と「評価方法」を評価すべき場面で設定し，記入すること。

イ　資料

(ア)　高等学校学習指導要領(平成30年3月告示)(一部抜粋)

第6　生物基礎

1　目標

　　生物や生物現象に関わり，理科の見方・考え方を働かせ，見通しをもって観察，実験を行うことなどを通して，生物や生物現象を科学的に探究するために必要な資質・能力を次のとおり育成することを目指す。

(1)　日常生活や社会との関連を図りながら，生物や生物現象について理解するとともに，科学的に探究するために必要な観察，実験などに関する基本的な技能を身に付けるようにする。

(2)　観察，実験などを行い，科学的に探究する力を養う。

(3)　生物や生物現象に主体的に関わり，科学的に探究しようとする態度と，生命を尊重し，自然環境の保全に寄与する態度を養う。

2　内容

(3)　生物の多様性と生態系

　　生物の多様性と生態系についての観察，実験などを通して，次の事項を身に付けることができるよう指導する。

ア　生物の多様性と生態系について，次のことを理解するとともに，それらの観察，実験などに関する技能を身に付けること。また，生態系の保全の重要性について認識すること。

(イ)　生態系とその保全

⑦　生態系と生物の多様性

　　生態系と生物の多様性に関する観察，実験などを行い，生態系における生物の種多様性を見いだ

　　　　　　　して理解すること。また，生物の種多様性と生物
　　　　　　　間の関係性とを関連付けて理解すること。
　　　　イ　生物の多様性と生態系について，観察，実験などを
　　　　　　通して探究し，生態系における，生物の多様性及び生
　　　　　　物と環境との関係性を見いだして表現すること。

　　(イ)　「生物基礎　(3)ア(イ)生態系とその保全」の評価規準の例
　　(国立教育政策研究所作成「『指導と評価の一体化』のため
　　の学習評価に関する参考資料　高等学校理科」より抜粋)

知識・技能	思考・判断・表現	主体的に学習に取り組む態度
生態系とその保全について，生態系と生物の多様性，生態系のバランスと保全の基本的な概念や原理・法則などを理解しているとともに，科学的に探究するために必要な観察，実験などに関する基本操作や記録などの基本的な技能を身に付けている。	生態系とその保全について，観察，実験などを通して探究し，生態系における，生物の多様性及び生物と環境との関係性を見いだして表現している。	生態系とその保全に主体的に関わり，見通しをもったり振り返ったりするなど，科学的に探究しようとしている。

▼高校地学・特別支援(高等部)地学

【課題】

第1問　次の問1，問2に答えなさい。

　問1　高等学校学習指導要領(平成30年3月告示)「地学基礎」の授業
　　において，地球の形と大きさを調べる実習を行うとき，(1)～(3)
　　に答えなさい。

　(1)　この実習を行うとき，どのような資料を準備しますか，書き
　　なさい。

　(2)　この実習を行う手順を箇条書きで書きなさい。なお，必要で
　　あれば図や式をかき加えてもよい。

　(3)　この実習において，より正確な測定結果を得るために，あな
　　たは生徒にどのような指示をしますか，書きなさい。

　問2　「地学基礎」の「変動する地球」の学習において，単元「地球
　　の変遷」の中で「古生物の変遷と地球環境」について授業を行う

とき，次の留意事項を踏まえ「学習指導案」を作成しなさい。ただし，作成に当たっては，次の資料を参考にすること。

ア　留意事項

(ア)　指導内容については，具体的な例を取り入れるとともに，基礎的・基本的な事項を重視すること。

(イ)　「Ⅱ　単元の指導計画」や「Ⅲ　本時の目標」をもとに，本時1時間(1単位時間を50分とする。)の「Ⅳ　本時の指導計画」を作成すること。

(ウ)　「過程」の欄には，本時1時間の指導の流れが分かるよう，導入や展開，まとめなど，過程を示すこと。

(エ)　「学習活動」及び「教師の働きかけ」の欄は，具体的に記入すること。

(オ)　「評価の観点及び評価方法」の欄は，本時における「評価の観点(知識・技能，思考・判断・表現，主体的に学習に取り組む態度)」と「評価方法」を評価すべき場面で設定し，記入すること。

イ　資料

(ア)　高等学校学習指導要領(平成30年3月告示)(一部抜粋)

第8　地学基礎

1　目標

　　地球や地球を取り巻く環境に関わり，理科の見方・考え方を働かせ，見通しをもって観察，実験を行うことなどを通して，地球や地球を取り巻く環境を科学的に探究するために必要な資質・能力を次のとおり育成することを目指す。

(1)　日常生活や社会との関連を図りながら，地球や地球を取り巻く環境について理解するとともに，科学的に探究するために必要な観察，実験などに関する基本的な技能を身に付けるようにする。

(2)　観察，実験などを行い，科学的に探究する力を養う。

(3)　地球や地球を取り巻く環境に主体的に関わり，科学的

に探究しようとする態度と，自然環境の保全に寄与する態度を養う。

2　内容

(2)　変動する地球

変動する地球についての観察，実験などを通して，次の事項を身に付けることができるよう指導する。

ア　変動する地球について，宇宙や太陽系の誕生から今日までの一連の時間の中で捉えながら，次のことを理解するとともに，それらの観察，実験などに関する技能を身に付けること。また，自然環境の保全の重要性について認識すること。

(ア)　地球の変遷

㋐　古生物の変遷と地球環境

地層や化石に関する観察などを行い，地質時代が古生物の変遷に基づいて区分されることを理解するとともに，地球環境の変化に関する資料に基づいて，大気の変化と生命活動の相互の関わりを見いだして理解すること。

イ　変動する地球について，観察，実験などを通して探究し，地球の変遷，地球の環境について，規則性や関係性を見いだして表現すること。

(イ)　「地学基礎　(2)ア(ア)地球の変遷」の評価規準の例

(国立教育政策研究所作成「『指導と評価の一体化』のための学習評価に関する参考資料　高等学校理科」より抜粋)

知識・技能	思考・判断・表現	主体的に学習に取り組む態度
地球の変遷について，宇宙，太陽系と地球の誕生，古生物の変遷と地球環境の基本的な概念や原理・法則などを理解しているとともに，科学的に探究するために必要な観察，実験などに関する基本操作や記録などの基本的な技能を身に付けている。	地球の変遷について，観察，実験などを通して探究し，地球の変遷について，規則性や関係性を見いだして表現している。	地球の変遷に主体的に関わり，見通しをもったり振り返ったりするなど，科学的に探究しようとしている。

▼高校英語・特別支援(高等部)英語

【課題】

第1問　「英語コミュニケーションⅠ」は，聞くこと，読むこと，話すこと[やり取り]，話すこと[発表]，書くことの五つの領域別に設定する目標の実現を目指した指導を通して，「知識・技能」及び「思考力，判断力，表現力等」の資質・能力を一体的に育成するとともに，その過程を通して，「学びに向かう力，人間性等」の資質・能力を育成することをねらいとして，五つの領域別の言語活動及び複数の領域を結び付けた統合的な言語活動を通して総合的に指導することが求められています。

　　このことを踏まえ，「英語コミュニケーションⅠ」の授業において，別紙に示す単元について4単位時間(1単位時間は50分とする。)を配当して授業を行うものとして，次の問1，問2に答えなさい。

　問1　任意の1単位時間について，「学習指導案」を日本語で作成しなさい。ただし，作成に当たっては，次の資料を参考とし，続く1〜5に留意するとともに，解答用紙の様式にしたがうこと。

[資料]　高等学校学習指導要領(平成30年3月)(抜粋)

　第1　英語コミュニケーションⅠ

　1　目標

　　英語学習の特質を踏まえ，以下に示す，聞くこと，読むこと，話すこと[やり取り]，話すこと[発表]，書くことの五つの領域別に設定する目標の実現を目指した指導を通して，第1款の(1)及び(2)に示す資質・能力を一体的に育成するとともに，その過程を通して，第1款の(3)に示す資質・能力を育成する。

　　(1)　聞くこと

　　　ア　日常的な話題について，話される速さや，使用される語句や文，情報量などにおいて，多くの支援を活用すれば，必要な情報を聞き取り，話し手の意図を把握

　　　　することができるようにする。

　　イ　社会的な話題について，話される速さや，使用され
　　　　る語句や文，情報量などにおいて，多くの支援を活用
　　　　すれば，必要な情報を聞き取り，概要や要点を目的に
　　　　応じて捉えることができるようにする。

(2)　読むこと

　　ア　日常的な話題について，使用される語句や文，情報
　　　　量などにおいて，多くの支援を活用すれば，必要な情
　　　　報を読み取り，書き手の意図を把握することができる
　　　　ようにする。

　　イ　社会的な話題について，使用される語句や文，情報
　　　　量などにおいて，多くの支援を活用すれば，必要な情
　　　　報を読み取り，概要や要点を目的に応じて捉えること
　　　　ができるようにする。

(3)　話すこと[やり取り]

　　ア　日常的な話題について，使用する語句や文，対話の
　　　　展開などにおいて，多くの支援を活用すれば，基本的
　　　　な語句や文を用いて，情報や考え，気持ちなどを話し
　　　　て伝え合うやり取りを続けることができるようにする。

　　イ　社会的な話題について，使用する語句や文，対話の
　　　　展開などにおいて，多くの支援を活用すれば，聞いた
　　　　り読んだりしたことを基に，基本的な語句や文を用い
　　　　て，情報や考え，気持ちなどを論理性に注意して話し
　　　　て伝え合うことができるようにする。

(4)　話すこと[発表]

　　ア　日常的な話題について，使用する語句や文，事前の
　　　　準備などにおいて，多くの支援を活用すれば，基本的
　　　　な語句や文を用いて，情報や考え，気持ちなどを論理
　　　　性に注意して話して伝えることができるようにする。

　イ　社会的な話題について，使用する語句や文，事前の
　　準備などにおいて，多くの支援を活用すれば，聞いた
　　り読んだりしたことを基に，基本的な語句や文を用い
　　て，情報や考え，気持ちなどを論理性に注意して話し
　　て伝えることができるようにする。
(5)　書くこと
　ア　日常的な話題について，使用する語句や文，事前の
　　準備などにおいて，多くの支援を活用すれば，基本的
　　な語句や文を用いて，情報や考え，気持ちなどを論理
　　性に注意して文章を書いて伝えることができるように
　　する。
　イ　社会的な話題について，使用する語句や文，事前の
　　準備などにおいて，多くの支援を活用すれば，聞いた
　　り読んだりしたことを基に，基本的な語句や文を用い
　　て，情報や考え，気持ちなどを論理性に注意して文章
　　を書いて伝えることができるようにする。

1　「目標」については，4単位時間で構成する「単元の目標」及
　び4単位時間のうちの任意の1単位時間の「本時の目標」をそれ
　ぞれ1つずつ記入すること。その際，何時間目の指導案かを示
　すとともに，生徒に身に付けさせたい資質・能力及びその領域
　を明らかにすること。
2　「時間」については，単元や題材など内容や時間のまとまりを
　見通しながら，生徒の主体的・対話的で深い学びを実現できる
　よう配分すること。
3　「生徒の学習活動」については，生徒の学習活動の概要が分か
　るようにすること。英語で表現したり，伝え合ったりすること
　に関する事項について，コミュニケーションを行う目的や場面，
　状況などに応じて，情報を整理しながら考えなどを形成し，論
　理的に適切な英語で表現する言語活動を複数設定することと

105

　　　し，少なくともその内1つを複数の領域を結び付けた統合的な
　　　言語活動とすること。
　4　「教師の活動及び指導上の留意点」については，話すことや書
　　　くことの指導における工夫や生徒が発話する機会を増やし他者
　　　と協働する力を育成する指導の工夫，生徒が学習の見通しを立
　　　てたり，振り返ったりして，主体的，自律的に学習することが
　　　できる工夫を記入すること。英語の授業は英語で行うことを基
　　　本とするが，補助的に日本語を使用する場面があれば，その理
　　　由を具体的に記入すること。
　5　評価については，学習を通して身に付けるべき資質・能力が
　　　どのくらい身に付いているかを評価規準に照らして見取り，適
　　　切な支援を行うことで生徒の学習改善につなげるために行う
　　　「指導に生かす評価」と，指導した内容について，生徒の達成
　　　状況を見取り，記録に残して総括するための「記録に残す評価」
　　　をそれぞれ1つ以上記入すること。
　　　　なお，「記録に残す評価」は後日実施することとしてもよい
　　　が，その旨を明示すること。また，記録の際には次のことに留
　　　意すること。
　　(1)　「評価の観点」の欄に記入する観点については，「知識・技
　　　　能」は①，「思考・判断・表現」は②，「主体的に学習に取り
　　　　組む態度」は③で示すとともに，「聞くこと」はL，「読むこ
　　　　と」はR，「話すこと[やり取り]」はI，「話すこと[発表]」はP，
　　　　「書くこと」はWで示すこと。(例)②I
　　(2)　「評価方法」については，「評価の観点」ごとに，何をどの
　　　　ように評価するのかが分かるような評価方法を記入するこ
　　　　と。
問2　問1で作成した「学習指導案」に記載した言語活動の中から，
　　　複数の領域を結び付けた統合的な言語活動を取り上げ，その言語
　　　活動の領域を示した上で，活動のねらいや具体的な内容，指導上
　　　の留意点を120語以上の英語で書きなさい。

〈別紙〉

Lesson 6　Organizing Your Space for a Better Life

　　Some people argue that tidying up is not just about making our living space more organized, but it also allows us to reflect on our values and make important decisions for our future. When we take the time to organize our living space, we learn to prioritize and make decisions. This can have a profound impact on various aspects of our lives, including work and family. If you are feeling unsure about your future, taking the time to clear up and organize your space may help you gain clarity. You can ask yourself questions such as, "What truly interests me ?" or "What do I want to achieve in the future?" and use the act of tidying as an opportunity to explore these questions.

　　On the other hand, some may argue that the act of tidying up is simply a way to maintain cleanliness and order in our homes. While it may have some benefits for our mental and emotional well-being, it may not necessarily lead to significant life changes. It is important to acknowledge that everyone has different approaches to organizing their space and that what works for one person may not work for another. Ultimately, the most important thing is to find a method that works for you and brings you a sense of peace and clarity in your living environment.

▼高校音楽・特別支援(高等部)音楽
【課題】
第1問　問1，問2に答えなさい。
　問1　「音楽Ⅰ」における鑑賞の授業について，次に示された「指導計画書」に沿って，「使用する教材を設定し，第1時における「本時の展開」を作成しなさい。なお，解答に当たっては「留意点」

を参照すること。

指導計画書

---

1 題材名
　　管弦楽の響きに親しもう

2 題材設定の理由
　　管弦楽には様々な楽器が用いられている。それぞれの楽器
　固有の響きや，それらが合わせられた時の響きなどに親しむ
　とともに，様々な音色の変化を聴き取りながら，管弦楽作品
　のもつ魅力について考えることを通して，より音楽を深く味
　わって聴くことをねらいとして，設定した。

3 題材の目標
　(1)　曲想や表現上の効果と音楽の構造との関わりについて理
　　　解する。
　(2)　音色，旋律を知覚し，それらの働きを感受しながら，知
　　　覚したことと感受したこととの関わりについて考えるとと
　　　もに，曲や演奏に対する評価とその根拠について考え，音
　　　楽のよさや美しさを自ら味わって聴く。
　(3)　管弦楽の響きの特徴に関心をもち，主体的・協働的に鑑
　　　賞の学習活動に取り組むとともに，音楽に対する感性を豊
　　　かにし，音楽を愛好する心情を養う。

4　本題材で扱う学習指導要領の内容
　音楽Ⅰ　B鑑賞　(1)　鑑賞
　　ア　鑑賞に関わる知識を得たり生かしたりしながら，次の
　　　(ア)から(ウ)までについて考え，音楽のよさや美しさを自
　　　ら味わって聴くこと。
　　　(ア)　曲や演奏に対する評価とその根拠
　　　イ　次の(ア)から(ウ)までについて理解すること。
　　　　(ア)　曲想や表現上の効果と音楽の構造との関わり
　〔共通事項〕(1)

  (本題材の学習において，生徒の思考・判断のよりどころと
なる主な音楽を形づくっている要素：「音色」，「旋律」)
※　ア(イ)，(ウ)及びイ(イ)，(ウ)については本題材で扱わない
　　ため，記載を省略している。

5　題材の評価規準

知識・技能	思考・判断・表現	主体的に学習に取り組む態度
知　曲想や表現上の効果と音楽の構造との関わりについて理解している。	思　音色、旋律を知覚し、それらの働きを感受しながら、知覚したことと感受したことの関わりについて考えるとともに、曲や演奏に対する評価とその根拠について考え、音楽のよさや美しさを自ら味わって聴いている。	態　管弦楽の響きの特徴に関心をもち、主体的・協働的に鑑賞の学習活動に取り組もうとしている。

6　指導と評価の計画

時	題材全体の学習指導　主な学習内容	知	思	態
1	・楽曲を聴き、管弦楽の響きの特徴を捉えながら、それらと曲想や表現上の効果との関わりについて考える。	↓		
2		知		
3	・学習したことを支えとし、曲や演奏に対する評価とその根拠について考え、楽曲に関する批評文を作成する。		思	↓　態

留意点
1　「使用する教材」の設定に当たっては，本題材の目標の達成に
　向けてふさわしいと考える楽曲を具体的に記載すること。
2　「本時の展開」の作成に当たっては，「指導計画書」に示され
　た内容のうち，特に「題材の目標」や「指導と評価の計画」と
　の関連を踏まえ，「本時の目標」を適切に設定すること。なお，
　全体計画の第1時であることを踏まえ，生徒が本題材の学習に

　　　主体的・協働的に取り組んでいくために必要な興味・関心をも
　　　てるように学習展開を工夫すること。
　3　1単位時間は50分として作成すること。
問2　次の旋律を用いて,「音楽Ⅲ」で使用する四重奏曲に編曲し,
　　　記譜しなさい。ただし,それぞれの注にしたがって解答すること。

　注1　楽器は,次の中から異なる楽器を2つ以上選ぶこと。ただし,
　　　移調楽器を1つ以上含むこと。

フルート	オーボエ
クラリネット(in B♭)	バス・クラリネット(in B♭)
ファゴット	ソプラノ・サクソフォーン(in B♭)
アルト・サクソフォーン(in E♭)	テナー・サクソフォーン(in B♭)
バリトン・サクソフォーン(in E♭)	
トランペット(in B♭)	ホルン(in F)
トロンボーン	ユーフォニアム
テューバ	
ヴァイオリン	ヴィオラ
チェロ	コントラバス

　注2　楽器を選ぶ際には,その楽器の音域,音部記号,調性,特
　　　性を考慮すること。
　注3　必要に応じて旋律を移調してもよい。

注4　記載されているコードネームを用いて編曲すること。

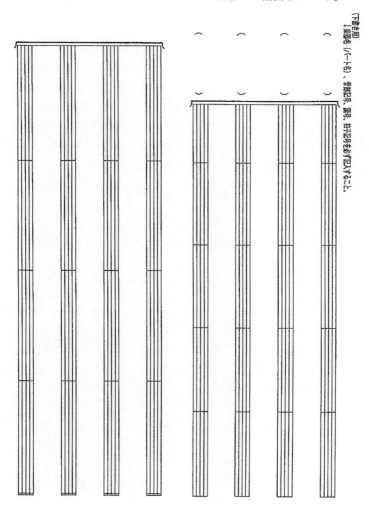

▼高校保健体育・特別支援(高等部)保健体育

【課題】

第1問　科目「保健」の指導に当たっては，健康課題を解決する学習
　活動を重視して，思考力，判断力，表現力等を育成していくととも
　に，「保健」で身に付けた知識及び技能を生かすことができるよう
　に健康に関する関心や意欲を高めることが重要である。
　　また，健康情報の収集，健康課題の発見や解決方法の選択におい
　て，情報通信ネットワークなどを適切に活用し，学習の効果を高め
　るよう配慮することとされた。
　　このことを踏まえ，科目「保健」の「生涯を通じる健康」におけ
　る「労働と健康」を単元として，次の「単元の指導計画」に基づき，
　4単位時間で指導する際，その1時間目の学習指導案を次の点に留意
　して作成しなさい。
　・1単位時間は50分とすること。
　・評価規準については，1観点とすること。
　・コンピュータや情報通信ネットワークなどの情報手段を積極的に
　　活用すること。
　・記入に当たっては解答用紙の様式に従うこと。
【単元の指導計画】

1　単元の目標
　(1)　労働災害と健康や働く人の健康の保持増進について，理
　　　解することができるようにする。
　(2)　労働と健康に関わる事象や情報から課題を発見し，疾病
　　　等のリスクの軽減，生活の質の向上，健康を支える環境づ
　　　くりなどと，解決方法を関連付けて考え，適切な方法を選
　　　択し，それらを説明できるようにする。
　(3) 労働災害と健康，働く人の健康の保持増進について，自他
　　　の健康の保持増進や回復，それを支える環境づくりについ
　　　ての学習に主体的に取り組もうとすることができるように
　　　する。

---

2 単元の評価規準

知識・技能	思考・判断・表現	主体的に学習に取り組む態度
①労働による傷害や職業病などの労働災害は、作業形態や作業環境の変化に伴い質や量が変化してきたこと、また、労働災害を防止するには、作業形態や作業環境の改善、長時間労働をはじめとする過重労働の防止を含む健康管理と安全管理が必要であることについて、理解したことを言ったり書いたりしている。②働く人の健康の保持増進は、職場の健康管理や安全管理とともに、心身両面にわたる総合的、積極的な対策の推進が図られることで成り立つこと、労働と健康に関する法律等が制定された背景や趣旨について、理解したことを言ったり書いたりしている。③働く人の日常生活においては、積極的に余暇を活用するなどして生活の質の向上を図ることなどで健康の保持増進を図っていくことが重要であることについて、理解したことを言ったり書いたりしている。	①労働災害と健康について、情報を整理したり、個人及び社会生活と関連付けたりして、自他や社会の課題を発見するとともに、個人の取組と社会的対策を整理して、労働災害を防止するための方策を選択している。②働く人の健康の保持増進のための職場の取組について、課題の解決方法と、それを選択した理由などを話し合ったり、ワークシートに記述したりして、筋道を立てて説明している。	①労働災害と健康・働く人の健康の保持増進について、課題の解決に向けての学習に主体的に取り組もうとしている。

3 指導と評価の計画

時間	ねらい・学習活動	評価規準		
		知識技能	思考判断表現	態度
1 働くことと健康	（ねらい）労働災害は、作業形態や作業環境の変化に伴い質や量が変化してきたこと、また、労働災害を防止するには、健康管理と安全管理が必要であることについて理解できるようにする。 （学習活動）			
2 労働災害と職業病	（ねらい）労働と健康に関わる事象や情報などを整理したり、個人及び社会生活を関連付けたりして、自他や社会の課題を発見することができるようにする。 （学習活動） 1 前時までの学習を振り返る。 2 労働災害の内容と現状、それらと作業形態や環境、長時間労働との関連を調べて、ワークシートにまとめる。 3 労働災害防止のための健康管理と安全管理に関する個人の取組や社会的な対策について、自分の考えをワークシートにまとめる。 4 労働災害を防止するための方策について、グループで話し合い、発表する。		①	

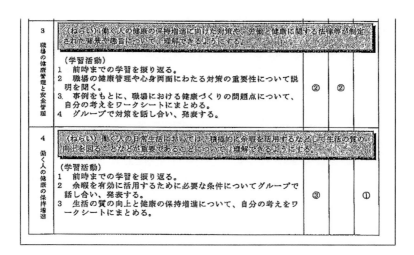

▼高校家庭・特別支援(高等部)家庭

【課題】

第1問　高等学校学習指導要領(平成30年告示)解説「家庭編」で示され
ている専門教科の科目「課題研究」の「内容」の「(5)　学校家庭ク
ラブ活動」において，地域と連携した保育について考えさせる活動
を指導するとき，次の留意事項に基づき「目標及び指導と評価の流
れ」を作成しなさい。

[留意事項]

1　4単位時間(1単位時間は，50分とする。)で指導する計画とするこ
と。なお，事前学習として1単位時間，実際の活動として連続す
る2単位時間，事後学習として1単位時間の配当とすること。

2　活動を行う際に生徒が移動する時間は，4単位時間に含めないこ
と。

3　4単位時間の「単元の目標」を記入すること。

4　4単位時間の「単元の評価規準」を記入すること。

5　活動を行う第2〜3時(2単位時間)についてのみ，次の内容を記入
すること。

(1) 「本時の目標」を記入すること。

(2) 「授業の概要」を記入すること。ただし，生徒の学習活動が分かるようにすること。

(3) 「評価の観点」の欄には，「知識・技術」，「思考・判断・表現」，「主体的に学習に取り組む態度」から，この時間において重視する評価の観点を記入すること。

(4) 「概ね満足できる状況と判断される生徒の実現状況の具体例」の欄には，設定した本時の目標について，生徒がどのような学習状況を実現すればよいのかを，(3)「評価の観点」で記入したそれぞれの観点ごとに，具体的に記入すること。

▼高校情報・特別支援(高等部)情報

【課題】

第1問　次の問1，問2に答えなさい。

問1　高等学校学習指導要領(平成30年告示)では，「情報Ⅱ」の「2内容」の「(2)　コミュニケーションとコンテンツ」のアの(ア)及びイの(ア)に，次のように示されています。

---

(2)　コミュニケーションとコンテンツ

ア　次のような知識及び技能を身に付けること。

(ア)　多様なコミュニケーションの形態とメディアの特性との関係について理解すること。

イ　次のような思考力，判断力，表現力等を身に付けること。

(ア)　目的や状況に応じて，コミュニケーションの形態を考え，文字，音声，静止画，動画などを選択し，組合せを考えること。

「情報Ⅱ」の「(2)　コミュニケーションとコンテンツ」のアの(ア)及びイの(ア)の内容について授業を実施するとき，配当時間が6単位時間(1単位時間は50分とする。)の指導計画を，1単位時間ごとの学習内容が分かるように作成しなさい。

問2　問1で作成した6単位時間の指導計画のうち，任意に選んだ1単位時間(1単位時間は50分とする。)の指導計画を作成しなさい。

　　ただし，作成に当たっては，次の二つの事項に留意すること。

(1)　本時の学習の目標を実現するために，コンテンツに対する要求を整理する活動も取り入れること。

(2)　本時の学習の目標に照らして，生徒の学習の実現状況を適切に評価すること。

▼高校農業・特別支援(高等部)農業

【課題】

第1問　高等学校学習指導要領解説(農業編)(平成30年7月)では，科目「農業と環境」における，「2　内容　(2)暮らしと農業　イ　自然環境と農業」について，次の資料のとおり示されています。(1)，(2)に答えなさい。

[資料]　高等学校学習指導要領解説(農業編)(平成30年7月)一部抜粋

第1節　農業と環境

　第2　内容とその取扱い

　2　内容

　　(2)　暮らしと農業

　　　ここでは，暮らしと農業について，地域の農業と環境の実態などの具体的な事例を通して理解できるようにすることをねらいとしている。

　　イ　自然環境と農業

　　　ここでは，農業を支える自然環境や，自然環境と暮らしとの関わり，里地里山の役割と機能，農業と生態系や物質循環機能との関わり，農村景観の維持と創造，農業生態系と生物多様性の機能などについて取り上げ，自然環境と農業との関わりについて考察する学習活動を取り入れる。

---

(1)　単元「自然環境と農業」について，4単位時間(1単位時間は50分とする)で指導するとき，あなたはどのような「指導と評価の計画」を作成しますか。解答用紙に示されている単元の目標を踏まえ，各時間における「指導と評価の計画」を作成しなさい。なお，評価の観点は，時間ごとに，最も重視する「評価の観点」を一つ選び，評価規準を記入しなさい。

(2)　(1)で作成した「指導と評価の計画」の中から，任意の1単位時間を選び，本時のねらいを設定した上で，「本時の計画」を作成しなさい。

▼高校工業・特別支援(高等部)工業

【課題】

第1問　高等学校学習指導要領(平成30年3月)に示された科目「実習」の目標には，次のように示されています。

> 工業の見方・考え方を働かせ，実践的・体験的な学習活動を行うことなどを通して，工業の発展を担う職業人として必要な資質・能力を次のとおり育成することを目指す。
> (1)　工業の各分野に関する技術を実際の作業に即して総合的に理解するとともに，関連する技術を身に付けるようにする。
> (2)　工業の各分野の技術に関する課題を発見し，工業に携わる者として科学的な根拠に基づき工業技術の進展に対応し解決する力を養う。
> (3)　工業の各分野に関する技術の向上を目指して自ら学び，工業の発展に主体的かつ協働的に取り組む態度を養う。

この目標を踏まえ，科目「実習」を連続3単位時間(150分)で実施するとき，あなたは，どのように授業を展開しますか。任意の実習テーマを設定し，指導のねらい及び指導と評価の計画を作成しなさい。また，この連続3単位時間(150分)における評価の観点を一つ選択し，「おおむね満足できると判断される状況(B)」を書きなさい。

なお，作成に当たっては，次の留意事項を踏まえること。

＜留意事項＞

1　いわゆる座学との関連を図り，学習の効果を高めるようにすること。

2　作業における安全衛生に関する指導については，必要に応じて，指導と評価の計画に，適切に位置付けること。

問2　工業科において実験・実習を行うに当たっては，日頃から安全管理及び生徒への安全指導を徹底する必要があり，ハインリッヒの法則では，「重傷」以上の災害が1件あると，その背後には29件の「軽傷」を伴う災害と，300件ものヒヤリとしたり，ハッとしたりする体験が存在するとされています。

このことを踏まえ，あなたは，次の2名の生徒に対して，それぞれどのように安全指導を行いますか。指導の内容が分かるよう具体的に書きなさい。

【生徒A】
どのような事例がヒヤリ・ハットなのかが理解できない。

【生徒B】
事故につながりそうな場面に遭遇しても危ないと感じたことがない。

▼高校商業・特別支援(高等部)商業

【課題】

第1問　次の(1)，(2)に答えなさい。

(1)　高等学校学習指導要領解説(平成30年7月)「商業編」の「第8節ビジネス・マネジメント」では，「2　内容」の〔指導項目〕の「(1)　ビジネスとマネジメント　イ　イノベーションの重要性」については，(内容の範囲や程度)において，「技術革新，新しい商品や市場の開拓，新しいビジネスの仕組みなどが企業に新たな利益をもたらすことについて扱うこと。」としています。

　このことを踏まえ，単元「イノベーションの重要性」の授業を実施するとき，配当時間が5単位時間(1単位時間は50分)の指導計画を，1単位時間ごとの主な学習活動，教師の指導(留意点等)，評価の観点及び評価方法について記載し，作成しなさい。

　なお，作成に当たっては，次の資料を参考にするとともに，下記の留意事項を踏まえること。

○　資料

　　高等学校学習指導要領解説(平成30年7月)「商業編」からの抜粋(作問の都合上，一部記載省略)

第8節　ビジネス・マネジメント

2　内容

〔指導項目〕

> (1)　ビジネスとマネジメント
> 　ア　マネジメントの役割
> 　イ　イノベーションの重要性
> 　ウ　創業者や経営者の理念
> 　エ　外部環境の影響

(内容の範囲や程度)

> ア　〔指導項目〕の(1)のイについては，技術革新，新しい商品や市場の開拓，新しいビジネスの仕組みなどが企業に新たな利益をもたらすことについて扱うこと。

(1)　ビジネスとマネジメント

　イ　イノベーションの重要性

　　　ここでは，技術革新，新しい商品や市場の開拓，新しいビジネスの仕組みや経営組織の形成などが企業に新たな利益をもたらすことについて扱い，具体的な事例を用いて分析し，考察する学習活動を取り入れる。

○ 留意事項

(1)「単元の目標」と「主な学習活動」,「教師の指導(留意点等)」,「評価の観点」及び「評価方法」に整合を図るとともに,「単元の目標」を達成できる指導計画を作成すること。

(2)「評価方法」は,評価資料(ノート,ワークシート,作品等)をどのように活用するかなど,評価方法の多様な工夫について具体的に記載すること。

(2) (1)で作成した5単位時間の指導計画のうち,任意に選んだ1単位時間(1単位時間は50分)の学習指導案について,何時間目の授業であるかを本時の括弧に示すとともに,マネジメントに関する具体的な事例について多面的・多角的に分析し,考察や討論を行う学習活動を通して,ビジネスにおけるマネジメントの理解が深められるような学習活動と教師の指導内容を具体的に記載し,作成しなさい。また,学習評価の欄には,本時において最も重視する評価の観点を一つ選び,「おおむね満足できる」と判断する生徒の学習状況を具体的に記載しなさい。

なお,作成に当たっては,指導計画との整合を図ること。

▼高校水産・特別支援(高等部)水産

【課題】

第1問 高等学校学習指導要領(平成30年告示)で示されている科目「水産海洋基礎」の「2内容(1)海のあらまし」では,海の成り立ち,海の物理的・化学的要素,海の生物,海が地球環境や人間の生活に果たす役割,偉人,文化,産業,資源,関連法規などについて取り上げ,それぞれの基礎的な事項とともに,海,水産物及び船と生活の関わりについて理解させ,海に関する学習に興味・関心をもたせることをねらいとしています。

このことを踏まえ,単元「海と環境」における,海洋環境の保全と管理について,「海洋の温暖化が進むと,地球環境や海洋生物にどのような影響を与えるか」をテーマとした探究活動を含めて,3

単位時間(1単位時間は50分とする。)で指導するとき，あなたはどのような指導計画を作成しますか。また，指導したことをどのように評価しますか。指導のねらいを書き，各単位時間の指導内容，評価方法が分かるように指導計画の概要を書きなさい。ただし，次の点に留意すること。

＜留意する点＞

1 「主な学習活動」の欄には，自身が設定した指導のねらいを踏まえ，具体的な事例を通して生徒に理解させるよう，記入すること。

2 「教師のはたらきかけ(指導上の留意点)」の欄には，生徒の理解が深まるように工夫する事項等を記入すること。

3 「評価の観点及び評価方法」の欄には，評価の観点を記載するとともに，具体的な評価方法を明確に記入すること。

なお，作成に当たっては，次の資料を参考にすること。

[資料]

○ 高等学校学習指導要領(平成30年告示)解説水産編(抜粋)

第2章 水産科の各科目

第1節 水産海洋基礎

　第2 内容とその取扱い

　　2 内容

　　(1) 海のあらまし

　　　ウ 海と環境

　　　　海洋環境の概要や役割及び保全と管理について，

　　　　河川などの陸水も含め，基礎的な内容を扱う。

▼高校福祉・特別支援(高等部)福祉

【課題】

第1問 高等学校学習指導要領解説(平成30年7月)「福祉編」で示されている科目「社会福祉基礎」の「2内容(3)社会福祉思想の流れと福

祉社会への展望」では，諸外国や日本の社会福祉思想の歴史的変遷
についての学習活動を通し，社会福祉思想の流れとその関連性，地
域共生社会の実現に向けた地域福祉の意義や役割について理解でき
るようにすることをねらいとしています。

　このことを踏まえ，単元「地域福祉の進展」について，3単位時
間(1単位時間は50分とする。)で指導するとき，あなたはどのような
指導計画を作成しますか。また，指導したことをどのように評価し
ますか。指導のねらいを書き，各単位時間の指導内容，評価方法が
分かるように指導計画の概要を書きなさい。ただし，次の点に留意
すること。

＜留意する点＞
(1)「主な学習活動」の欄には，自身が設定した指導のねらいを踏ま
　え，具体的な事例を通して理解させるよう，記入すること。
(2)「教師のはたらきかけ　(指導上の留意点)」の欄には，生徒の理
　解が深まるように工夫する事項等を記入すること。
(3)「評価の観点及び評価方法」の欄には，評価の観点を記載すると
　ともに，具体的な評価方法を明確に記入すること。
　なお，作成に当たっては，次の資料を参考にすること。

[資料]
○　高等学校学習指導要領解説(平成30年7月)「福祉編」(抜粋)

第2章　福祉科の各科目
第1節　社会福祉基礎
　第2　内容とその取扱い
　　2　内容
　　(3)　社会福祉思想の流れと福祉社会への展望
　　ウ　地域福祉の進展
　　　　ここでは，地域共生社会の実現や地域包括ケアシ
　　　ステムの基本的な考え方と
　　　　仕組み，生活支援コーディネーター(地域支え合い

推進員)などの機能や役割，ボランティアの役割，当
事者が支援を受けながら様々な役割を担うこと，各
種災害に備えたまちづくりなど地域福祉の意義や役
割について扱う。

▼養護教諭
【課題】
第1問　次の事例について，(1)，(2)に答えなさい。

中学校2年生のAさんは，夏休み明けから遅刻することが多くなりました。

ある日，Aさんは，頭痛とめまいを訴えて，保健室に来室しました，養護教諭は，Aさんの顔色が悪いため，下肢を挙上して休養させたところ，回復し，Aさんは「最近，疲れやすく，だるい」と話しました。

Aさんはその後，欠席することも増えていったため，養護教諭は学級担任や教科担当の教員と学校生活の様子について情報共有を行い，本人への問診結果や学校医からの助言も踏まえて，起立性調節障害の疑いがあると考え，病院への受診の必要性があると判断しました。

(1)　あなたが養護教諭として，生徒Aが起立性調節障害の疑いがあり，病院への受診の必要性があると判断するのは，どのような症状や心身の状況が見られる場合か，5つ，具体的に書きなさい。
(2)　生徒Aが起立性調節障害と診断された場合，あなたは養護教諭として，どのように支援を進めるか，具体的に書きなさい。

▼栄養教諭
【課題】
第1問　小学校「社会科」における食に関する指導では，我が国の農

業における食料生産について，生産の工程などに着目して，食料生産に関わる人々の努力や工夫などを理解するとともに，農業の発展について考えようとする態度を養うことが重要です。

このことを踏まえ，次の学級担任と栄養教諭が連携したティーム・ティーチングの授業について，本時の学習過程の「展開」の教師の主な働きかけの一部分を具体的に書きなさい。

なお，「学習問題」，「主な学習活動」，「児童の反応」，「まとめの例」は，問題に記載されているとおりとする。

第5学年　社会科学習指導案

1　単元名　「米づくりのさかんな地域」

2　単元の目標

我が国の農業における食料生産について，生産の工程，人々の協力関係，技術の向上，輸送，価格や費用などに着目して，地図帳や各種の資料で調べ，まとめ，食料生産に関わる人々の働きを考え表現することを通して，食料生産に関わる人々は，生産性や品質を高めるよう努力したり輸送方法や販売方法を工夫したりして，良質な食料を消費地に届けるなど，食料生産を支えていることを理解できるようにするとともに，主体的に学習問題を追究・解決し，学習したことを基に，社会の一員として，これからの農業の発展について考えようとする態度を養う。

3　食育の視点

(1)　正しい知識・情報に基づいて，食品の品質及び安全性等について自ら判断できる能力を身に付ける。〈食品を選択する能力〉

(2)　食べ物を大事にし，食料の生産等に関わる人々へ感謝する心をもつ。〈感謝の心〉

4　単元の評価規準(本時に関わる部分のみ掲載)

知識・技能	思考・判断・表現	主体的に学習に取り組む態度
生産の工程、人々の協力関係、技術の向上、輸送、価格や費用などについて地図帳や各種の資料などで調べて、必要な情報を集め、読み取り、食料生産に関わる人々の工夫や努力を理解している。	生産の工程、人々の協力関係、技術の向上、輸送、価格や費用などに着目して、問いを見いだし、食料生産に関わる人々の工夫や努力について考え表現している。	我が国の農業における食料生産について、予想や学習計画を立て、学習を振り返ったり見直したりして、学習問題を追究し、解決しようとしている。

5 単元の指導計画(全11時間)

(1) 食料生産について学習問題をつくり学習計画を立てる。(1時間)

(2) 地図帳や資料などで学習問題を追究する。(4／6時間(本時))

(3) 追究した内容をまとめ，食料生産に関わる人々の工夫や努力を理解する。(4時間)

6 本時の指導計画

(1) 本時の目標

品種改良について調べることを通して，消費者と生産者のニーズを意識して開発が行われていることを考え表現する。

(2) 本時の展開(5/11時間日)

学習過程	「○」主な学習活動「・」児童の反応	□教師の主な働きかけ T1（学級担任）	T2（栄養教諭）	評価
導入	○ 品種改良の必要性やその苦労について話し合う。・なぜ品種改良するのかな。・どんな苦労があるのかな。	□ 児童が発表した疑問を関わらせたり、整理したりす		(略)
	学習問題：なぜ、生産者は苦労して品種改良をするのだろう。			

展開	○ 消費者が、お米を選ぶ理由を考える。 ・おいしいお米がいいよね。 ・安全なお米がいいな。 ・値段の安いお米がいいね。	□ T2の話から、お米をどのような理由で選ぶとよいか考えるよう促す。			
	○ 品種改良が、消費者の様々な願いに基づいていることを理解する。 ・消費者の願いを実現するために生産者は、品種改良している。	□ 消費者がお米を選ぶ理由をまとめ、お米の品種改良との関係を説明する。			
	○ 生産者が、お米の生産で重視していることを考える。 ・おいしいお米にしたい。 ・消費者に喜んでほしい。	□ 生産者がお米の生産で重視していることを考えるよう促す。			
	○ 生産者の品種改良を行うための理由や苦労を理解する。 ・収益を伸ばすために、様々な苦労をして生産者は品種改良している。	□ 生産者が、お米の収穫量を増やし、収益を得るために行っている品種改良の事例を紹介する。			
終末	【まとめの例】 ・米の品種改良は、消費者の味や安全性などに関するニーズや、生産者の生産性向上の願いを実現するために行われている。 ○ 今後の学習について見通しをもつ。				

◆個人面接Ⅰ(2次試験)

▼小学校　面接官2人×2　20分×2

【質問内容】

〈面接Ⅰ〉

□北海道を志望した理由。

□嫌なことがあったらどうするか。

□苦手な人との付き合い方。

□ボランティアの内容。
□学校で生かせる自らの強みは。
〈面接Ⅱ〉
□教育実習について(詳しく)。
□学校でマナーを守らない子がいたらどう対応するか。
□最近の教育関係以外で関心を持ったニュースは。
□嫌なことがあったらどうするか。

▼中学社会　面接官2人×2　20分×2
【質問内容】
□臨時的任用教員として働いている時，困難で出来事はなんだったか。
□社会が苦手な子どもに対して，どのような授業をするのか。
□なぜ，社会科を学ぶのか。
□なぜ北海道を受験したのか。
□健康状態は大丈夫か。
□賞罰についてはあるか。
□北海道のどこに赴任になってもよいか。
・教職大学院の選考で受験したが，職歴に臨時的任用教員として3年
　間勤務した記録あるので，現場のことについてたくさん聞かれた。

▼中学英語　面接官2人×2　20分×2
【質問内容】
〈面接Ⅰ〉
□志望理由は。
□信頼関係の構築と書いてあるが，具体的にどんなことをしてきたか。
□尊敬している先生の印象に残っているエピソードについて。
□全員と平等に接すると言っていたが，全員同じ回数関わることは可
　能か。
□サッカーはいつ頃からやっているか。
　→サッカーをやってきて身についた力はあるか。

□それをどう学校で生かせるか。

□特技に名前を覚えることとあるが，覚えるときの工夫はあるか。

□これまで困難だったこと，難しかったことはあるか。

　　→具体的にどう対応して改善できたか。

□部活動で1番印象に残っているエピソードは。

　　→部活動で対立があったときにどう対応してきたか。

□過去5年で既往症はあるか。

□赴任地の希望はあるか。

□他に受験している自治体はあるか。

〈面接Ⅱ〉

□中学校数学の教師を志望した理由は。

　　→全員にとってわかりやすい授業をすると言っていたが，数学が根
　　　っから苦手な生徒にはどんな対応をしていくか。

□学校に行きたいと思わせるためには具体的にどんなことが必要だと
　考えるか。

　　→生徒の良さを見つけて褒めると言っていたが，良さを見つける・
　　　褒めるときにはどんなことを意識しているか。

□ICTを大学ではどんな使い方をしてきたか。

□誰とでも信頼関係を構築できるとあるが，その強みが生きた経験は。

□授業中に立ち歩く・騒ぐ生徒にはどう対応するか。

□アルバイトで生徒の悩み相談を聞いたとあるが，具体的にどんなこ
　とを聞かれてどう対応したか。

　　→面談や相談はたくさんしてきたか。

□部活動の担当はサッカー部だと嬉しいか。

□部活動の地域移行について。

□教員が守らなければいけない義務ややってはいけないことの中で一
　番大切にしたいことは何か。

□教員は激務の中で疲労してしまったり，精神的にまいってしまう人
　もいるが，自分ならどう対策していくか。

　　→ストレスや疲労をリフレッシュする方法は何かあるか。

□熱中症などで授業中に倒れた生徒がいる。どう対応するか。

▼中高保体　面接官2人×2　20分×2
【質問内容】
〈面接Ⅰ〉
□教員志望理由。
□なぜ札幌か。
□いじめにどう対処するか。
□体育が苦手な子への対応について。
□他の自治体を受けているか。
□ここが第二志望か。
□公務員として守らなければいけない義務3つは。
〈面接Ⅱ〉
□ICTどう使うか。
　→ICTのデメリットとどう対処するか。
□どういうクラスにしたいか。
□部活指導をしたいか。
□中・高どちらがいいか。
　→それはなぜか。

▼養護教諭　面接官2人×2　20分×2
【質問内容】
〈面接Ⅰ〉
□養護教諭の志望理由。
□看護師と養護教諭の違いは。
□なぜ看護師ではなく養護教諭になるのか。
□養護教諭はいつから目指しているのか。
□ボランティア活動で努力したことや失敗したことは。
　→どう補ったか。
□学校現場に関わった経験はあるか。

□あなたが面倒だと思うことは理由も合わせて。

□部活動経験から得たものは。

　　→その経験を教育にどう生かすか。

□北海道の魅力は。

□ICTを学校現場でどのように活用するか。

　　→それを実現するためにはどのような機材や物が必要か。

〈面接Ⅱ〉

□受験区分を養護教諭にした理由は。

□今まで特に学んできたことは。

　　→その学んできたことを養護教諭としてどう生かすか。

□実習の経験はあるか。

□ボランティア経験を具体的に。

　　→ボランティア経験で苦労したことは。

□挫折した経験は。

　　→その挫折をどう乗り越えたか。

□(対人関係で)苦手なタイプは。

　　→その苦手な人にどう対処するか。

□職場で意見が食い違った時どうするか。

□以前の自分と変わったことは。

□変わるためにどんな努力をしたか。

□その努力をしたことで周りや自分はどのように変わったか。

▼栄養教諭　面接官2人×2　20分×2

【質問内容】

〈面接Ⅰ〉

□大学で重点的に学んだことは。

　　→難しかったことは。

□食育にどんな教科を組み込むか。

　　→担任とどうやって打ち合わせをするか。

□調理員さんとの連携はどうするか。

□苦手な人とどう関わるか。
　→それでも無理ならどうするか。
□どんな研究をしているか。
□教員としての強みは。
□短所は。
□学校給食の全体計画は校長先生が立てるが，栄養教諭として何を中
　核的に行うか。
〈面接Ⅱ〉
□昨日は眠れたか。
□栄養教諭の志望動機。
□取得している資格について。
□チームで頑張ったことは。
　→「駅伝」について詳しく深掘り。
□困難だったことは。
　→どう乗り越えたか。
□失敗したことは。
□最も辛かったことは。
　→どう乗り越えたか。
□どんなときにやりがいを感じるか。
□趣味は。
□声をかけても反応してくれない子にどう対応するか。

◆実技試験(2次試験)
▼中高英語・特別支援(中学部・高等部)英語
【課題1】
□自由会話
　日常的なことについて自由に会話をする。
【課題2】
□英問英答

(1) 英文課題1つが示され，黙読する(2分間)。

(2) 黙読の後，英文を音読する。試験官が英文の内容に関する質問を
するのでそれに答える。

〈英文課題〉

Interview Test　A

Language may well be the greatest human invention. The ability to communicate through language is the most important of all unique and wonderful human characteristics.

Although it is true that there are many nonverbal ways to communicate, we can easily imagine how limited our ability to communicate would be without language. Without language, we would only convey single thoughts, ideas and experiences. But thanks to language, we can tell other people what we have in mind and put our speech into writing for others to read.

By means of language, we can have others know about our thoughts, ideas, feelings, and experiences.

Also, by means of languages, we can learn about the thoughts and experiences of others without being present when those thoughts were expressed or when those experiences happened. Thus, language allows us not only to transmit information to others, but to discover new knowledge. Th present generation has access to knowledge acquired in past generations through language. By using that knowledge, we can build new knowledge, and in turn, pass along our extended knowledge to succeeding generations.

Interview Test　B

Do you know the role of zoos other than to please the audience? It has become one of the most important jobs of zoos to conserve wildlife these days. Zoos breed many endangered species to increase their numbers. Such captive breeding in zoos has helped prevent several species from extinction, including the European bison; the Hawaiian goose; and the Arabian oryx, a type of antelope.

In addition, zoos throughout the world trade and lend animals to one another to avoid inbreeding. Inbreeding can produce birth defects and can eventually weaken an entire population. So, a number of zoo associations share breeding information by managing the remaining number of hundreds of thousands of animals on a computer.

Zoos participate in conservation projects outside their walls. For example, many zoos are involved in preserving the environment of threatened species, such as the Asian bamboo forests of the giant panda and the South American tropical rainforests of the lion tamarin. In order to coexist with animals, the zoos are thinking about what humans should do, not just about the animals themselves.

Interview Test   C

Fencing is a competitive sport that involves fighting with three different weapons. While it has a long history, it took its current form in the 18th Century and was included as an Olympic sport in the 1986 Summer Olympics.

The three weapons that are used in fencing are the foil, saber, and epee. The foil is a weapon that is used for thrusting and has a tip with a push button, earning points when it touches the opponent. It aims at the torso. On the other hand, the saber is a weapon that is used for slashing and targets the area above the waist, except for the hands. Lastly, the epee is the heaviest weapon and is similar to the foil, but the target area covers the entire body, excluding the back of the head.

Competitive fencing takes place on an electric strip, where the weapons are connected to a score box through a body cord worn by the fencer under their uniform. Valid touches are indicated by either a red or a green light on the score box, while off-target hits are shown by white lights. Off-target touches do not earn points. Fencing requires a significant amount of protective gear to reduce the risk of injuries due to its nature as a combat sport.

Interview Test   D

Machu Picchu, an ancient Incan city, is located in Peru and is one of the most spectacular archaeological sites in the world. It was built around 1450, and its likely function was for religious and administrative purposes. American explorer Hiram Bingham discovered the ruins in 1911 and, since then, the site has aroused the interest of both visitors and archaeologists from all over the world.

Machu Picchu is one of the seven Wonders of the World because it is an incredible example of pre-Columbian engineering and architecture. Not only does it display great precision in construction, but it also demonstrates a deep understanding of astronomy and natural resources. Its location on a mountain ridge boasts an impressive view of the Sacred Valley below.

Up to 1,500 people may have inhabited the site before abandoning their town due to the threat of Spanish colonists. What remains today is intact, mainly thanks to conservation efforts, allowing us to better understand how this city fits into Inca culture with its various temples, palaces, homes, and agricultural terraces. Its complex design continues to amaze visitors by its beauty centuries later.

Interview Test   E

There are over 300 species of hummingbirds, but only 15 of them can be found in the United States. Hummingbirds are   small birds, with the average measuring approximately three and a half inches in length. They have the remarkable ability to fly in various directions, including forward, backward, straight up, and hover in one place. The unique flight of a hummingbird is made possible by its wings, which beat an astonishing 80 times per second.

Hummingbirds have a rapid heartbeat and their body temperature can reach 40 degrees Celsius. These small birds primarily feed on nectar from flowers. They also enjoy visiting feeders filled with sweetened water. Due to their high energy output, hummingbirds need to consume relatively large amounts of food daily, several times their own body weight. Each hummingbird has a long beak and a tongue twice the length of its bill. With this specialized adaptation, the bird can reach deep into a flower, collect the nectar, and transport it back into its throat. Although they need to eat frequently for survival, hummingbirds can store enough energy to undertake a non-stop 600-mile flight across the Gulf of Mexico, which they actually do.

▼中高音楽・特別支援(中学部・高等部)音楽

【課題】

□ピアノ演奏

　中学校歌唱教材のうち，指定された1曲を，簡単な伴奏を付けて，原調で演奏するとともに，検査時に示された調に移調して演奏する。

＜検査の進め方＞

1　課題曲(1曲)が与えられる。

2　準備時間(3分程度)。ピアノを使って和音，伴奏等の練習をしてもよい。

3　原調のまま，伴奏を付けて演奏する。

4　移調先が示されるので，移調し，先に演奏した曲に伴奏を付けて演奏する。

※主旋律の楽譜を見ながら伴奏を付けて演奏する。さらにその後には移調して演奏する。

A

B

C

D

F

□視唱

コールユーブンゲン(第1巻)No.1～No.41(原書番号)のうち，指定され
た1曲を歌う。

＜検査の進め方＞

1 楽譜が与えられ，目を通す(1分程度)。

2 調性の希望を聞かれる(音域にあわせる)。試験官がはじめの和音を
弾いてくれる。

3 階名唱をする(移動ド唱法，固定ド唱法のどちらでもよい)。

No.25b

No.30b

No.31a

No.33c

No.39a

2023年度

※昨年度まで2次試験に実施されていた小学校教諭・特別支援(小学部)における英語(リスニング)や音楽(ピアノ演奏),体育(水泳)の実技検査は廃止された。

※中高保体・特別支援(中学部・高等部)保体における実技検査は,2021,2022年度に引き続き2023年度も,新型コロナウイルス感染症対策のため中止となった。

◆適性検査(2次試験)　30分

【検査内容】

□YGPI検査

・放送による音声で質問が流れて,「当てはまる」「当てはまらない」
　の二択でマークシートに記入していく。
・質問は「自分は物事を進んで行う方だ」など。

◆教科等指導法検査(2次試験)　60分
　▼小学校教諭・特別支援(小学部)
【課題】
第1問　下の　　　　　は,小学校第5学年算数科「小数のわり算」の学
　　習指導案の一部です。次の問1〜問3に答えなさい。

第5学年算数科学習指導案
1　単元名「小数のわり算」
2　単元の目標
　(1)　除数が小数である場合の小数の除法の意味について理解
　　　しているとともに,その計算ができる。また,小数の除法
　　　についても整数の場合と同じ関係や法則が成り立つことや,
　　　余りの大きさについて理解している。
　(2)　除法の意味に着目し,除数が小数である場合まで数の範
　　　囲を広げて除法の意味を捉え直すとともに,それらの計算
　　　の仕方を考えたり,それらを日常生活に生かしたりできる。
　(3)　小数の除法について,数学的に表現・処理したことを振
　　　り返り,多面的に捉え検討してよりよいものを求めて粘り
　　　強く考えたり,数学のよさに気付き学習したことを生活や
　　　学習に活用しようとしたりしている。

---

3 単元の評価規準

知識・技能	思考・判断・表現	主体的に学習に取り組む態度
①除数が小数である場合の除法の意味について、除数が整数である場合の計算の考え方を基にして、理解している。 ②$\frac{1}{100}$の位までの小数の除法の計算ができる。 ③小数の除法の計算における余りの大きさについて理解している。 ④小数の除法について、整数の場合と同じ関係や法則が成り立つことを理解している。	①除数が小数である場合まで数の範囲を広げて、小数を用いた倍の意味などをもとに、除法の意味を捉え直している。 ②小数の除法について、小数の意味や表現をもとにしたり、除法に関して成り立つ性質を用いたりして、計算の仕方を多面的に考えている。 ③小数の除法の計算を用いて、日常生活の問題を解決している。	①学習したことをもとに、小数の除法の計算の仕方を考えたり、計算の仕方を振り返り多面的に考え検討したりしようとしている。 ②小数の除法の計算の仕方を振り返り、筆算での処理に生かそうとしている。 ③小数の除法の計算に、除法に関して成り立つ性質などが有効に働いていることのよさに気付き、学習に活用しようとしている。

4 単元の指導計画(全15時間)

時間	ねらい・学習活動	評価規準（評価方法）		
		知識・技能	思考・判断・表現	主体的に学習に取り組む態度
1	除数が小数である場合の小数の除法の意味について理解する。	・知① (ノート分析、行動観察)	・思① (ノート分析、行動観察)	
2 (本時)	除数が小数である場合の計算の仕方を考える。		・思② (ノート分析、行動観察)	・態① (ノート分析、行動観察)
3			〇思② (ノート分析、行動観察)	〇態① (ノート分析、行動観察)
(4時間目以降省略)				

※ 指導に生かす評価を行う代表的な機会については「・」を，その中で特に学級全員の児童の学習状況について，総括の資料にするために記録に残す評価を行う機会には「〇」を付けている。

5 本時・目標

言葉や式，数直線等を用いて整数÷小数の除法の計算の仕方を考え，説明することができる。

6 本時の評価規準

・整数÷小数の計算の仕方を，言葉や式，数直線や式等を用

いて考え，説明している。(思考・判断・表現)
・学習したことをもとに，整数÷小数の計算の仕方を考えた
り，計算の仕方を振り返り多面的に考え検討したりしよう
としている。(主体的に学習に取り組む態度)

7　本時の展開(2/15)

過程	○主な学習活動 ・予想される児童の発言等	◇教師の主な働きかけ	■評価規準・評価 方法
導入	○　問題を確認する。 （前時の続き） <問題> 　1.2mの重さが180gの針金があります。 　この針金の1mの重さは何gでしょうか。 ○　前時の学習のまとめと、立てた式を確認する。 ・1mの値段を求めるときには、整数のときと同じように、わり算の式を立てます。 ○　解決方法の見通しをもち、課題を焦点化する。 ・整数×小数の計算の仕方をもとに考えます。 ・0.1mの重さを求めます。 ・数直線を使って計算の仕方を考えます。	◇　問題を提示する。 ◇　かけ算の計算の仕方や数直線の活用など、解決に生かせる既習事項が何かを明確にするために、見通しをもたせる。 ◇　解決の見通しをもてるよう働きかける。 ◇ア学習課題を提示する。	
展開	○イ計算の仕方を考え、説明する。 〔児童Aのノートの一部〕 ○　分かったことをまとめる。	◇　計算の仕方と答えが正しいか、計算の仕方の共通点は何かを全体で話し合わせる。 〔児童Aの計算の仕方〕 　まず、12mの重さを求めるために、「180×10」を計算します。次に、1mの重さを求めるために、12mの重さを12でわる必要があることから、「180×10÷12」を計算します。 ◇　まとめを板書する。	■　整数÷小数の計算の仕方を、言葉や式、数直線や式等を用いて考え、説明している。 （ノート分析、行動観察） ■　学習したことをもとに、整数÷小数の計算の仕方を考えたり、計算の仕方を振り返り多面的に考え検討したりしようとしている。 （ノート分析、行動観察）
終末	ウ		

問1　本時の目標を踏まえ，ア＿＿に適した本時の学習課題を書きな
　　　さい。

問2　次は，イ＿＿における【児童Bのノートの一部】です。この図
　　　をノートにかいた〔児童Bの計算の仕方〕を具体的に書きなさい。
　　　また，〔児童Aの計算の仕方〕と〔児童Bの計算の仕方〕の共通点を
　　　【本時のまとめ】として板書する場合，どのようなまとめになるか
　　　具体的に書きなさい。

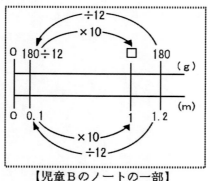

【児童Bのノートの一部】

問3　次の【振り返りの留意点】を踏まえ，ウ の場面で行う学習
　　　活動における教師の働きかけを具体的に2つ書きなさい。なお，
　　　箇条書きなど，記述の仕方は問いません。

【振り返りの留意点】
　　本時のねらいを踏まえ，単に計算させるのではなく，本時の
　学習内容を確認し，児童自身が分かった実感をもてるよう，計
　算の仕方を説明し合ったり，説明を書く練習問題を行ったりす
　るなど，分かったこと，解決の過程，自分の成長を明確にする
　活動を位置に付けます。

▼中学国語・特別支援(中学部)国語
【課題】

第1問　T教諭は，中学校第1学年の「A　話すこと・聞くこと」におけ
　る指導において，次に示す「単元の目標」を達成するために，言語
　活動「新たに知った言葉を紹介する」を通して指導することにしま
　した。後の問1〜問3に答えなさい。

【単元名】
　　新たに知った言葉を紹介する〜聞き手を意識して話す〜
【単元の目標】
1　事象や行為，心情を表す語句の量を増すとともに，話や文章
　の中で使うことを通して，語感を磨き語彙を豊かにすること
　ができる。　　　　　　　　　　　　〔知識及び技能〕(1)ウ
2　目的や場面に応じて，日常生活の中から話題を決め，集めた
　材料を整理し，伝え合う内容を検討することができる。
　　　　　　　　　　　　〔思考力，判断力，表現力等〕A(1)ア
3　相手の反応を踏まえながら，自分の考えが分かりやすく伝わ
　るように表現を工夫することができる。
　　　　　　　　　　　　〔思考力，判断力，表現力等〕A(1)ウ

4　言葉がもつ価値に気付くとともに，進んで読書をし，我が国
　の言語文化を大切にして，思いや考えを伝え合おうとする。
　　　　　　　　　　　　　　　　　「学びに向かう力，人間性等」
【本単元における言語活動】
　　新たに知った言葉を紹介する。
　　　　　　(関連：〔思考力，判断力，表現力等〕A(2)ア)

問1　この「単元の目標」を達成するための5時間の単元の指導計画を，
　　解答用紙に示す第1時の指導計画を踏まえて作成しなさい。
〈解答用紙〉

問1	※本問の解答は、下の「3　単元の指導計画」の太枠の中に書くこと。		

1　単 元 名　　（省略）
2　単元の目標　　（省略）

3　単元の指導計画

時	○学習内容	◇指導上の留意点	■評価規準　□評価方法
1	○　学習のねらいや進め方をつかみ、学習の見通しをもつ。 ○　「語彙手帳」（あるいは書籍、教科書など）から、新たに知った言葉を紹介するという目的を踏まえて、候補とする言葉を選んだ理由・意味・用例・出合い・エピソードなどを整理しながら、友達に紹介する言葉を決める。	◇　新たに知った言葉を紹介するスピーチを2分程度で行うことを知らせる。各自で学習の進め方を考えることができるように、教師がスピーチのモデルを示す。 ◇　言葉を選ぶ際には、今回のスピーチの目的や場面、相手などにふさわしい言葉を考えさせる。	■　紹介する言葉を決め、目的や場面、相手などを考えて、その言葉に関するエピソードなどの話す材料を整理しながらスピーチの内容を検討している。 ［思考・判断・表現］① □　ノート
2 ・ 3	○　話し方の工夫について話し合う。		■　練習を通して相手に伝わるような表現の工夫を考え、発表会に間に合うように選んだ言葉を紹介しようとしている。 ［主体的に学習に取り組む態度］① □　観察・ノート

145

問2　T教諭は，単元の第2・3時において，話し方の工夫について話し合う学習活動の際，「互いの考えを伝えるなどして，少人数で話し合う活動」を行うことにしました。多人数の場合に比べて，少人数の話合いが効果的である理由について，中学校学習指導要領解説(平成29年7月)「国語編」に示されている内容を踏まえて説明しなさい。

問3　生徒Sは，第4・5時において故事成語を紹介する際に，終始，絵を見ながら話してしまい，相手の反応を確認できない状況にあったため，T教諭は，[思考・判断・表現]②「実際のスピーチにおいて，相手の反応を踏まえて問いかけたり，発言を繰り返したり，説明の仕方を変えたりしている。」の評価に当たり，生徒Sを「努力を要する」状況(C)と評価しました。この生徒Sに対し，「おおむね満足できる」状況(B)とするために考えられる手立てを説明しなさい。

▼中学社会・特別支援(中学部)社会

【課題】

第1問　次の【資料】は，ある中学校の社会科公民的分野の単元の指導計画です。【資料】を見て，問1，問2に答えなさい。

【資料】

1　単元名「世界平和と人類の福祉の増大」

2　単元の目標

　対立と合意，効率と公正，協調，持続可能性などに着目して，課題を追求したり解決したりする活動を通して，次の資質・能力を身に付けることができるようにする。

・世界平和の実現と人類の福祉の増大のためには，国際協調の観点から，国家間の相互の主権の尊重と協力，各国民の相互理解と協力及び国際連合をはじめとする国際機構などの役割が大切であることを理解する。その際，領土(領海，領空を含む。)，国家主権，国際連合の働きなど基本的な事項について理解する。また，地球環境，資源・エネルギー，貧困などの現代社会に見られる諸課題の解決のために経済的，技術的な協力などが大切であることを理解する。

・日本国憲法の平和主義を基に，我が国の安全と防衛，国際貢献を含む国際社会における我が国の役割について，多面的・多角的に考察，構想し，表現する。
・世界平和と人類の福祉の増大について，現代社会に見られる課題の解決を視野に主体的に社会に関わろうとする。

3　単元の評価規準

知識・技能	思考・判断・表現	主体的に学習に取り組む態度
・世界平和の実現と人類の福祉の増大のためには、国際協調の観点から、国家間の相互の主権の尊重と協力、各国民の相互理解と協力及び国際連合をはじめとする国際機構などの役割が大切であることを理解している。その際、領土（領海、領空を含む。）、国家主権、国際連合の働きなど基本的な事項について理解している。 ・地球環境、資源・エネルギー、貧困などの現代社会に見られる諸課題の解決のために経済的、技術的な協力などが大切であることを理解している。	・対立と合意、効率と公正、協調、持続可能性などに着目して、日本国憲法の平和主義を基に、我が国の安全と防衛、国際貢献を含む国際社会における我が国の役割について、多面的・多角的に考察、構想し、表現している。	・世界平和と人類の福祉の増大について、現代社会に見られる課題の解決を視野に主体的に社会に関わろうとしている。

4　単元の展開例

(問題作成上の理由で，第一次から第五次は主な学習内容を記述しています。)

(評価の観点●は，知は知識・技能，思は思考・判断・表現，態は主体的に学習に取り組む態度を表しています。)

時数	目標	○主な学習活動	◆指導上の留意点	知	思	態
第一次	○　単元の学習課題を設定する。 ○　よりよい社会を築いていくために、国際社会で取り組むべき課題を見いだす。 〈生徒が見いだすと思われる課題〉 ・紛争やテロ、貧困や飢餓の問題、領土をめぐる問題、地球環境問題、貿易に関する対立、人権の保障			●		●

147

時数	目標	○主な学習活動	◆指導上の留意点	評価の観点		
				知	思	態
第一次		※ A単元の学習課題の設定に向けた指導上の留意点 <単元の学習課題>の設定 　世界平和と人類の福祉の増大のために、日本はどのような役割を果たしていくべきだろうか。				
第二次		○　領土をめぐる問題等への我が国の取組について調べ、発表する過程で、国家主権や国際連合の働きについて理解する。 ○　教科書で取り上げられている事例などを読み取り、国際協調の観点に基づいて国家間の対立の克服が試みられていることに気付き、理解する。		●	●	
第三次		○　貧困の撲滅に向けて、日本のODAや国際連合、NGO、企業の取組について情報を読み取り、考察し、世界の人々が同じビジョンをもって協力することの重要性を理解する。 ○　貿易をめぐる動向とその背景について情報を収集し、貿易に対するグローバル化の影響と世界が目指すべき方向について考察する。		●	●	
第四次		○　地球環境問題について、その現状とこれまでの取組を調べ、考察し、理解する。		●	●	
第五次		○　世界の人々の人権の保障に関する現状、国際社会の取組について情報を読み取り、考察し、世界の人々の人権の保障のためには、国家間の相互の主権の尊重と協力、各国民の相互理解と協力及び国際連合をはじめとする国際機構などの役割の大切さを理解する。		●	●	
第六次	・第二次から第五次で学習したことを生かし、世界平和と人類の福祉の増大のために日本が果たすべき役割についてグループで協働して考察、構想させる。その上で、世界平和と人類の福祉の増大に向けた課題の解決策と自分自身の行動宣言を個人でまとめさせ、分かりやすく、効果的に発表させる。	○　B本単元で学んだことを生かし、世界平和と人類の福祉の増大のために必要なことと、国家間などの協調を妨げていることをグループで見いだし、発表する。 ・個人の考えをワークシートに記述し、グループで交流する。 ○　本単元で学んだこと生かし、世界平和と人類の福祉の増大のための自分自身の取組について考察、構想する。	◆国際的なスポーツイベントで、選手や観戦者が各国の国旗や国歌を相互に尊重していることに着目させるなど、小学校社会科で学んだことを生かすようにする。 ◆宗教や民族の多様性に配慮することが協力の前提として大切であることに気付かせるようにする。	●	●	●

問1 【資料】のA＿＿＿について，単元の学習課題の設定に向けた学習活動において，あなたが教師ならどのようなことに留意して指導をしますか。「2　単元の目標」や「4　単元の展開例」を踏まえ，具体的な指導の内容を書きなさい。

問2 【資料】のB＿＿＿について，第六次の学習において，ワークシートに次のような記述をした生徒がいました。教師は，本時の評価規準に照らし，記述の内容から「思考・判断・表現」の観点において，「努力を要する」と判断しました。なぜ，そのような判断をしたと思いますか。理由を書きなさい。

　　また，あなたは，記述した理由を踏まえ，指導と評価の一体化に向け，この生徒を「おおむね満足できる」と判断される状況とするために，どのような指導をしますか。【資料】の「3　単元の評価規準」や「4　単元の展開例」にある目標及び主な学習活動を踏まえ，具体的な指導の内容を書きなさい。

〈生徒の記述〉

> 　世界にはいろいろな問題があり，各国が自ら解決することが大切である。

〈本時の評価規準〉

> ・対立と合意，効率と公正，協調，持続可能性などに着目して，世界平和と人類の福祉の増大のために日本はどのような役割を果たしていくべきか，多面的・多角的に考察，構想し，分かりやすく，効果的に表現している。(思考・判断・表現)

▼中学数学・特別支援(中学部)数学
【課題】
中学校・特別支援学校中学部　数学

第1問　下の 　　　　 は，中学校第2学年「三角形と四角形」の学習指
　　導案の一部です。次の問1，問2に答えなさい。

1　単元名　三角形と四角形

2　単元の目標

　(1)　平面図形と数学的な推論についての基礎的な概念や原
　　　理・法則などを理解するとともに，事象を数学化したり，
　　　数学的に解釈したり，数学的に表現・処理したりする技能
　　　を身に付ける。

　(2)　数学的な推論の過程に着目し，図形の性質や関係を論理
　　　的に考察し表現することができる。

　(3)　図形の合同について，数学的活動の楽しさや数学のよさ
　　　を実感して粘り強く考え，数学を生活や学習に生かそうと
　　　する態度，問題解決の過程を振り返って評価・改善しよう
　　　とする態度を身に付ける

3　単元の評価規準

知識・技能	思考・判断・表現	主体的に学習に取り組む態度
①平面図形の合同の意味及び三角形の合同条件について理解している。 ②証明の必要性と意味及びその方法について理解している。 ③定義や命題の仮定と結論，逆の意味を理解している。 ④反例の意味を理解している。 ⑤正方形，ひし形，長方形が平行四辺形の特別な形であることを理解している。 ⑥≡などの記号を用いて図形の関係を表したり読み取ったりすることができる。	①三角形の合同条件などを基にして三角形や平行四辺形の基本的な性質を論理的に確かめることができる。 ②証明を読んで新たな性質を見いだし表現することができる。 ③三角形や平行四辺形の基本的な性質などを具体的な場面で活用することができる。 ④命題が正しくないことを証明するために，反例をあげることができる。	①証明の必要性と意味及びその方法を考えようとしている。 ②図形の合同について学んだことを生活や学習に生かそうとしている。 ③平面図形の性質を活用した問題解決の過程を振り返って評価・改善しようとしている。

小単元等	授業時間数	
1．合同な図形	6 時間	
2．三角形	8 時間	27時間
3．平行四辺形	12時間	
単元のまとめ	1 時間	

小単元1

　(略)

小単元2

　(略)

小単元3

時間	ねらい・学習活動	重点	記録	備考
1 2	・具体的な場面を調べることを通して、平行四辺形の定義、性質を理解できるようにするとともに、平行四辺形の性質を利用して辺の長さや角の大きさを求めることができるようにする。 ・平行四辺形の性質を証明することができるようにする。	知		知①②：行動観察
3	・各自で証明のための図をかき考察することから、どんな図でも証明できていることを確かめる。このことを通して、平行四辺形の性質を利用し、図形の性質を証明することができるようにする。	思		思①：行動観察
4	具体的な事象を考察することを通して、 ・平行四辺形になるための条件を証明できるようにする。 ・証明の必要性と意味及びその方法を考えようとする態度や、学んだことを生活や学習に生かそうとする態度を養う。	思 態		思③：行動観察 態①②：行動観察
5	・平行四辺形の性質の逆を証明することを通して、平行四辺形になるための条件を見いだすことができるようにする。	思		思②：行動観察
6	・平行四辺形になるための条件を確認し、これまで学んだ平行四辺形になるための条件について理解できるようにする。 ・平行四辺形になるための条件を用いて証明できるようにする。	知 思	○ ○	知①②：小テスト 思①：小テスト
7	・二つのテープの重なる部分が長方形やひし形、正方形になる場合を考えることを通して、長方形やひし形、正方形の定義をもとにし、それらが平行	知	○	知⑤：行動観察

151

		重点	記録	備考
	・四辺形であることを説明できるようにする。			
8	・長方形やひし形、正方形の対角線の性質を証明したり、その逆が正しくないことを、反例をあげて示したりすることができるようにする。このことを通して、問題解決の過程を振り返って評価・改善しようとする態度を養う。	思 態	〇 〇	思④：行動観察 ノート 態③：行動観察 ノート
9	・条件を整理したり新たな条件を加えたりすることを通して、見いだした事柄や事実を説明できるようにする。	思	〇	思②：行動観察 ノート レポート
10	・			
11	・平行線の性質を使って、多角形の面積を変えずに形を変える方法について考え説明できるようにする。	思		思③：行動観察
12	・小単元3で学習したことがどの程度身に付いているかを自己評価できるようにする。	知 思	〇 〇	知①～⑥：小テスト 思①～④：小テスト

※表中の「重点」は，重点的に生徒の学習状況を見取る観点を示しており，観点の略称は以下の通り。

知識・技能…「知」　思考・判断・表現…「思」　主体的に学習に取り組む態度…「態」

※「記録」は，評価規準に照らして，「十分満足できる」状況(A)，「おおむね満足できる状況」(B)，「努力を要する」状況(C)のいずれであるかを判断し，全員の学習状況を記録に残すものに〇を付している。

※「備考」は，生徒の学習状況を把握するために想定される評価方法を次のように示している。

・行動観察：授業中に机間指導等を通じて捉えた生徒の学習への取組の様子，発言やつぶやきの内容，ノートの記述内容などに基づいて評価する。

・ノート　：授業後に生徒のノートやワークシート，レポート等を回収し，その記述の内容に基づいて評価する。

・小テスト：授業中に5～10分程度の小テストを実施して回収し，その結果に基づいて評価する。

問1　次は,「4　指導と評価の計画」の第9時における授業の一部です。
このとき, (1), (2)について答えなさい。

教師「今日はこの問題について考えます。」

問題
△ABCの辺ACの中点をD, 辺BC上の点をEとして, 線分
DEにそって切り, △DCEを点Dを回転の中心として反時計
回りに180°回転させたとき, どのような図形ができるか考
えてみましょう。

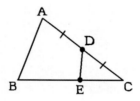

1. 手順どおりに操作すると, どんな図形ができるかを予想し確
かめる
教師「△ABCを手順どおりに操作すると, どんな図形ができ
ますか。
生徒「点Eを辺BC上のどこにとろうかな。」
生徒「あっ, 四角形になった。」

実際の操作の様子

教師「手順どおりに操作してできた図形が，四角形になって
　　　いるといってよいですか。」
　　　　　[　　　　　　　　　　　　A　　　　　　　　　　　　]
生徒「だから，四角形になるといえるね。」
教師「できた四角形ABEFはどんな四角形ですか。」
生徒「台形になっていると思う。」
生徒「私も台形になったよ。」
教師「四角形ABEFが台形になるといってよいか調べましょ
　　　う。」
　　　　　　　　　　　……(略)……
2.　点EをBCの中点としたときにできる四角形ABEFについて考
　　察する。
　　教師「手順に『点Eを辺BCの中点にとる』という条件を加え
　　　　　ます。四角形ABEFはどんな四角形になりますか。」
　　生徒「また，台形になると思うよ」
　　生徒「図をかいてみたら，平行四辺形ができたよ。」
　　生徒「今度は平行四辺形になると予想できるね。」
　　教師「では，『点Eを辺BCの中点としたとき，四角形ABEFが
　　　　　平行四辺形になる』という予想が成り立つことを示しまし
　　　　　ょう。」

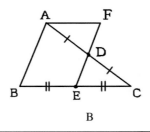

　　　　　[　　　　　　　　　　　　B　　　　　　　　　　　　]

(1)　第9時における授業の[　A　]について，手順どおりに操作した図
　　形が，四角形になることを証明していきます。このとき，具体的な
　　図形を操作した結果のみで四角形になると判断し，それ以上考えが

進まない生徒に対し，四角形になっていることを証明させるため，何に着目させ，どのような指導が必要と考えられるか具体的に書きなさい。

(2)　第9時における授業の[　B　]について，四角形ABEFが平行四辺形になることを証明する際，生徒のつまずきの1つとして，例えば，<u>平行四辺形になるための条件を理解していない</u>ことが想定されます。このつまずきの解消に向けた手立てとして，教科書やノートを用いて振り返り，平行四辺形になるための条件を確認するなどの指導の工夫が考えられます。

　　このとき，＿＿＿部以外に，生徒のつまずきとして想定されることと，そのつまずきを解消するための指導の工夫を具体的に書きなさい。

問2　「4　指導と評価の計画」の第10時において，数学の事象から見通しをもって問題を見いだし解決したり，解決の過程や結果を振り返って統合的・発展的に考察したりする数学的活動を位置付けることが大切です。このとき，第10時の　　　　　には，具体的にどのような学習活動を位置付ける必要があると考えられますか。次の実際に第10時の授業を受けて生徒がまとめたノートを参考に，具体的に書きなさい。

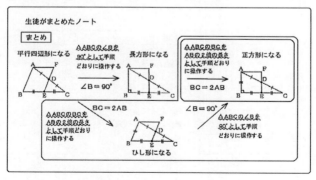

▼中学理科・特別支援(中学部)理科

【課題】

第1問　次の理科学習指導案について，問1〜問5に答えなさい。

理科学習指導案

　　　　　　　　　　日時　　○年○月○日(○)　　○校時

　　　　　　　　　　生徒　　第3学年○組(○○名)

　　　　　　　　　　指導者　　○○　○○

1　単元名　　　「運動の規則性」

2　単元について　　　＝省略＝

3　単元の目標

　(1)　運動の規則性を日常生活や社会と関連付けながら，運動の速さと向き，力と運動を理解するとともに，それらの観察，実験などに関する技能を身に付けること。

　(2)　運動の規則性について，見通しをもって観察，実験などを行い，その結果を分析して解釈し，物体の運動の規則性や関係性を見いだして表現すること。また，探究の過程を振り返ること。

　(3)　運動の規則性に関する事物・現象に進んで関わり，科学的に探究しようとする態度を養うこと。

4　単元の評価規準

知識・技能	思考・判断・表現	主体的に学習に取り組む態度
運動の規則性を日常生活や社会と関連付けながら、運動の速さと向き、力と運動についての基本的な概念や原理・法則などを理解しているとともに、科学的に探究するために必要な観察、実験などに関する基本操作や記録などの基本的な技能を身に付けている。	運動の規則性について、見通しをもって観察、実験などを行い、その結果を分析して解釈し、物体の運動の規則性や関係性を見いだして表現しているとともに、探究の過程を振り返るなど、科学的に探究している。	運動の規則性に関する事物・現象に進んで関わり、見通しをもったり振り返ったりするなど、科学的に探究しようとしている。

5　指導と評価の計画(9時間)

時間	ねらい・学習活動	重点	記録
1	・身の回りの物体の運動の様子を詳しく観察し、物体の運動の要素を調べる。 ・運動している物体の速さは、単位時間に移動する距離で表されることを理解する。	知	
2	・身近な物体の運動の様子を調べる実験を行い、記録タイマーの正しい操作と物体の運動の様子を定量的に記録する技能を身に付ける。	知	○
3	・物体の運動の様子を調べた実験結果を分析して解釈し、運動の規則性を見いだす。	思	
4	・水平面上で、おもりを糸でつないだ力学台車を運動させる実験を行い、問題を見いだして課題を設定する。	態	○
5	・傾きを変えた斜面などを使って、力学台車の運動の様子を調べる実験を行い、実験の結果を分析して解釈し、水平面に対する斜面の傾きと速さの変わり方の規則性を見いだす。	思	○
6	・エアトラックなどを使って、物体の運動の様子を観察し、力が働かない運動では物体は等速直線運動をすることを見いだす。 ・物体に力が働かないときや、力が働いていてもそれらがつり合っているとき、物体は静止し続けることを理解する。	思	○

6　本時の学習(第5時)

　(1)　本時の目標

　　　・斜面を下る力学台車の運動の様子を調べる実験を行い，一定の力が働き続けるときの物体の運動についての規則性を見いだすことができる。

　(2)　本時の展開

過程	○　主な学習活動	◇　教師の主な働きかけ	□　評価規準
導入	課題の設定 ○　既習事項を確認する。 ○　問題を見いだし、課題を設定する。	◇　水平面上で、おもりを糸でつないだ力学台車の運動の様子を確認する。	
	【学習課題】斜面上の力学台車に働く力の大きさと力学台車の速さの変わり方にはどのような関係があるのだろうか。		
展	仮説の設定 ○　斜面上の力学台車に働く力の大きさと力学台車の速さの変わり方の関係について予想する。	◇　これまでに習得した知識・技能を基に、根拠を明らかにして予想するよう助言し、予	

		想を明確にして実験に取り組めるようにする。	
開	**観察・実験の実施** ○ 観察、実験を行い、結果をまとめる。	◇ 斜面を下る運動では、斜面下方向に一定の力が働くことを確認するよう助言する。 ◇ 傾きが異なる斜面上で、力学台車が運動する様子を比較するよう助言する。	
	考察・推論 ○ 実験結果を処理し、グループで考察する。	◇ ①理科の見方・考え方を働かせ、結論の導出まで見通しをもって科学的に探究できるようにする。	□ A （思考・判断・表現）
	表現・伝達 ○ グループの考察を学級全体で共有し、③ワークシートに結論を書く。	◇ グループの考察を共有して話し合い、学級全体で結論を確認できるようにする。	
終 末	【まとめ】　　　　　　　　　　　　　B		
	○ 本時の学習を振り返る。	◇ ③探究の過程を振り返らせるようにする。	

問1　①＿＿＿部について，「エネルギー」を柱とする領域における理科の見方として，特徴的な視点を書きなさい。

問2　　A　　に当てはまる評価規準を書きなさい。

問3　　B　　に当てはまるまとめを書きなさい。

問4　②＿＿＿部について，「斜面が急なほど速さの増し方が大きくなる」と記述した生徒に対し，教師が「努力を要する」状況と判断した場合，生徒への教師の指導の手立てとして考えられることを，本時の目標を踏まえて書きなさい。

問5　③＿＿＿部について，理科学習指導案「6(2)　本時の展開」に記載されているものを除き，3つ書きなさい。

▼中学英語・特別支援(中学部)英語

【課題】

第1問　次は，第3学年の外国語科学習指導案の一部です。問1～問4に
　　答えなさい。

1　単元名

　　まとまりのある文章の必要な情報を聞き取ったり，概要や
　要点を捉えたりする。

2　「聞くこと」における第3学年の目標

　　はっきりと話されれば，日常的な話題について，必要な情
　報を聞き取ったり話の概要を捉えたりすることができるとと
　もに，社会的な話題について，話の要点を捉えることができ
　る。

3　単元の目標及び評価規準

　(1)　単元の目標

　　　自分のことをよりよく知ってもらうために，自分が好き
　　な言葉についてスピーチをしたり，級友のスピーチや教科
　　書本文を聞いて要点を聞き取ったりすることができる。

　(2)　単元の評価規準

知識・技能	(a)	主体的に 学習に取り組む態度
・受け身の特徴やきまりを 理解している。 ・受け身の特徴やきまりの 理解を基に，教科書の登 場人物や級友の自己紹介 スピーチの内容を聞き取 る技能を身に付けている。	・教科書の登場人物や級友の 自己紹介スピーチから、好 きな言葉が何で、理由は何 かなどの要点を聞き取って いる。	・教科書の登場人物や級友の 自己紹介スピーチから、好 きな言葉が何で、理由は何 かなどの要点を聞き取ろう としている。

4　指導と評価の計画

□主な学習活動	知	思	態	備考
第1時　□　単元の目標を理解し、自己目標を設定する。 　　　　□　教科書本文の内容を捉えたり聞き取ったりするなど、内容に応じた聞き方を理解する。 　　　　〔聞き方〕 　　　　①「要点」を捉える場合の聞き方 　　　　②「必要な情報」を聞き取る場合の聞き方 　　　　③「概要」を捉える場合の聞き方				※　第1時から第3時の学習については、記録に残す評価は行わない。ただし、ねらいに即して生徒の活動の状況を確実に見届
第2時 第3時　□　第1時で学んだ①～③の「聞き方」を意識して教科書本文を聞く。 　　　　※　適宜、中間評価を踏まえ必要な指導を行う。 　　　　□　自分の好きな言葉について伝え合う。				けて指導に生かすことは毎時間必ず行う。
第4時 第5時　□　先生やALTのスピーチを聞くとともに、自分の好きな言葉についてスピーチする。 　　　　□　自己目標の達成状況等を振り返り、次の課題を明らかにする。		○	○	※　活動させているだけにならないよう十分留意する。 ※　○については、記録に残す評価とする。
後日　□　ペーパーテスト	○	○	○	

問1　(a)に当てはまる言葉を書きなさい。

問2　(a)と「主体的に学習に取り組む態度」の評価規準を対の形で示し，評価する理由を答えなさい。

問3　〜〜〜について，教科書を読む前の指示として，生徒に①～③の聞き方を意識させ，教科書本文を聞きとらせるためには，教師がどのような視点を伝えればよいかそれぞれ書きなさい。

問4　＝＝＝について，活動を繰り返しても聞き取ることができない生徒に対して，どのような指導が考えられるか書きなさい。

▼中学音楽・特別支援(中学部)音楽

【課題】

第1問　中学校第2学年において，器楽の活動の3時間目に長唄「勧進帳」から〈寄せの合方〉を用いて指導する際，本時のねらいを生徒が実現することができるよう，次に示す題材の目標等及び参考資料を用いて，「2　本時の展開」の導入・展開・終末における「主な学

習活動，予想される生徒の発言等」，「教師の主な働きかけ」，「まとめ」を作成しなさい。

　なお，「学習課題」，「評価規準」については，解答用紙に記載しているものを使いなさい。

○　題材名

　楽器の音色の違いを感じ取り，三味線の特徴を理解して演奏しよう

○　題材の目標

(1)　三味線の音色や響きと奏法との関わりを理解するとともに，創意工夫を生かした表現で演奏するために必要な奏法，身体の使い方などの技能を身に付ける。

(2)　三味線の音色や長唄の旋律(節回し)，リズム(間)を知覚し，それらの働きが生み出す特質や雰囲気を感受しながら，知覚したことと感受したこととの関わりについて考え，曲にふさわしい器楽表現を創意工夫する。

(3)　三味線の構造や奏法による音色の違いに関心をもち，音楽活動を楽しみながら主体的・協働的に器楽の学習活動に取り組むとともに，我が国の伝統音楽に親しむ。

○　題材の評価規準

知識・技能	思考・判断・表現	主体的に学習に取り組む態度
知　三味線の音色や響きと奏法との関わりについて理解している。 技　創意工夫を生かした表現で演奏するために必要な奏法、身体の使い方などの技能を身に付け、器楽で表している。	思　三味線の音色や長唄の旋律、リズムを知覚し、それらの働きが生み出す特質や雰囲気を感受しながら、知覚したことと感受したこととの関わりについて考え、曲にふさわしい器楽表現としてどのように演奏するかについて思いや意図をもっている。	態　三味線の構造や奏法による音色の違いに関心をもち、音楽活動を楽しみながら主体的・協働的に器楽の学習活動に取り組もうとしている。

○ 題材における各時間のねらいと評価の観点(4時間計画)

時間	ねらい	評価の観点 ＜　＞内は評価方法		
		知識・技能	思考・判断・表現	主体的に学習に取り組む態度
1	三味線の音色を知覚し、それらの働きが生み出す特質や雰囲気を感受しながら、三味線の音色や響きと楽器の構造や奏法との関わりについて知るとともに、三味線の音色や奏法への関心をもつ。			
2	三味線の奏法を生かして長唄「勧進帳」から〈寄せの合方〉の一節を演奏しながら、音色や響きと奏法との関わりについて理解する。	知 ＜観察＞ ＜ワークシート＞		
3 本時	三味線の音色や奏法を生かして、長唄「勧進帳」から〈寄せの合方〉の一節をどのように演奏するかについて思いや意図をもつ。		思 ＜観察＞ ＜ワークシート＞	
4	三味線の音色や響きと奏法との関わりに関心をもち、本題材の学習を振り返りながら学習活動に取り組むとともに、三味線の演奏に必要な技能を身に付ける。	技 ＜観察＞		態 ＜観察＞ ＜ワークシート＞

[参考]　本題材で扱う学習指導要領の内容(扱う内容のみ記載)

中学校学習指導要領(平成29年3月)「第5節　音楽」
　第2学年及び第3学年　A表現(2)器楽
　　ア　器楽表現に関わる知識や技能を得たり生かしたりしな
　　　がら，曲にふさわしい器楽表現を創意工夫すること。
　　イ　次の(ア)及び(イ)について理解すること。
　　(イ)　楽器の音色や響きと奏法との関わり
　　ウ　次の(ア)及び(イ)の技能を身に付けること。
　　(ア)　創意工夫を生かした表現で演奏するために必要な奏
　　　法，身体の使い方などの技能
〔共通事項〕(1)
　(本題材の学習において，生徒の思考・判断のよりどころとな
る主な音楽を形づくっている要素:「音色」,「リズム」,「旋律」)

163

〈解答用紙〉

1 本時のねらい 三味線の音色や奏法を生かして、長唄「勧進帳」から〈寄せの合方〉の一節をどのように演奏するかについて思いや意図をもつ。		
2 本時の展開		

過程	○ 主な学習活動 ・予想される生徒の発言等	◇ 教師の主な働きかけ	■評価規準 □評価方法
導入			
	〈学習課題〉 長唄「勧進帳」から〈寄せの合方〉にふさわしい表現を工夫しよう。		
展開			■ 三味線の音色や長唄の旋律、リズムを知覚し、それらの働きが生み出す特質や雰囲気を感受しながら、知覚したことと感受したこととの関わりについて考え、曲にふさわしい器楽表現としてどのように演奏するかについて思いや意図をもっている。思 □ 観察 ワークシート
終末	〈まとめ〉		

164

▼中学美術・特別支援(中学部)美術

【課題】

第1問　次は，中学校第3学年美術科の学習指導案の一部です。題材の指導における教師の働きかけや評価に関わって，問1〜問3に答えなさい。

1　題材名　私たちの町を案内しよう　〜多様な人々に伝わるピクトグラムの制作〜

2　題材の目標

  (1)　「知識及び技能」に開する題材の目標

　　・形などの性質及びそれらが感情にもたらす効果や，場所や造形的な特徴などを基に，全体のイメージで捉えることを理解する。([共通事項])

　　・意図に応じて表現方法を創意工夫して，制作の順序などを総合的に考えながら，見通しをもって創造的に表す。(「A表現」〈2〉)

  (2)　「思考力，判断力，表現力等」に関する題材の目標

　　・伝える相手や施設，場所などのイメージなどから主題を生み出し，形などが感情にもたらす効果や，分かりやすさと美しさなどとの調和，統一感などを総合的に考え，表現の構想を練る。(「A表現」(1))

　　・伝達のデザインの調和のとれた洗練された美しさなどを感じ取り，作者の心情や表現の意図と創造的な工夫などについて考えるなどして，美意識を高め，見方や感じ方を深める。(「B鑑賞」(1))

  (3)　「学びに向かう力，人間性等」に関する題材の目標

　　・美術の創造活動の喜びを味わい，主体的に地域の人や訪れる人々に対して情報を分かりやすく伝えることなどを基に表現したり鑑賞したりする学習活動に取り組もうとする。

---

3 題材の評価規準

「知識・技能」	「思考・判断・表現」	「主体的に学習に取り組む態度」
知 形などの性質及びそれらが感情にもたらす効果や、場所や造形的な特徴などを基に、全体のイメージで捉えることを理解している。 技 意図に応じて表現方法を創意工夫して、制作の順序などを総合的に考えながら、見通しをもって創造的に表している。	発 私たちの町を案内するために、伝える相手や施設、場所などのイメージなどから主題を生み出し、形などが感情にもたらす効果や、分かりやすさと美しさなどとの調和、統一感などを総合的に考え、表現の構想を練っている。 鑑 伝達のデザインの調和のとれた洗練された美しさなどを感じ取り、作者の心情や表現の意図と創造的な工夫などについて考えるなどして、美意識を高め、見方や感じ方を深めている。	態表 美術の創造活動の喜びを味わい主体的に主題を生み出し、統一感などを総合的に考え構想を練り、意図に応じて創意工夫し見通しをもって表す表現の学習活動に取り組もうとしている。 態鑑 美術の創造活動の喜びを味わい主体的に伝達のデザインの調和のとれた洗練された美しさなどを感じ取り、作者の心情や表現の意図と創造的な工夫などについて考えるなどの見方や感じ方を深める鑑賞の学習活動に取り組もうとしている。

4 題材の指導計画(7時間)

○主な学習活動	◇教師の働きかけ	■評価規準 □評価方法
1．鑑賞（1時間） ○ピクトグラムを鑑賞し、伝達のデザインに対する見方や感じ方を深めるとともに、形などの感情にもたらす効果や、統一感など全体のイメージで捉えることを理解する。 A	(略)	■ (略) □ (略)
2．発想や構想（3時間） ○鑑賞の学習で学んだことを生かしながら、伝える相手や施設、場所などのイメージなどから主題を生み出す。 ○創出した主題を基に、形などが感情にもたらす効果や、分かりやすさと美しさなどとの調和、統一感などを総合的に考え、表現の構想を練る。	1	■ (略) □ (略)

3．制作（2時間） ○発想や構想を基に，意図に応じて表現 　方法を創意工夫し，見通しをもって表す。	(略)	■ (略) □ (略)
4．鑑賞（1時間） ○お互いの完成した作品を鑑賞し，作品 　から感じたことや考えたことを説明し 　合い，主題と表現の関係や，意図と創 　造的な工夫などについて考える。	(略)	②

問1　題材の指導計画[2.発想や構想]の[1]において，「主題を生み出すことができない」生徒に対する指導の手立てを具体的に書きなさい。

問2　題材の指導計画[4.鑑賞]の[2]において，「主体的に学習に取り組む態度」の観点から，生徒の学習状況を見取る評価方法を具体的に書きなさい。

問3　題材の指導計画[1.鑑賞]の[A]において，生徒が造形的な視点に着目して，伝達のデザインにおける統一感について理解できるよう，教師が参考として提示する「会議室」を表すピクトグラムを考えて描きなさい。なお，解答に当たっては，次の点を踏まえること。

ア　子どもや大人，外国人など，不特定多数の方々が利用する公共施設で使われるピクトグラムであること。

イ　この施設には既に，次のピクトグラムが使われていること。

ウ　解答用紙は縦に使用すること。

受付・案内

階段

くず入れ

▼中学保健体育・特別支援(中学部)保健体育

【課題】

第1問　次の中学校第2学年保健体育科(保健分野)学習指導案について，問1〜問3に答えなさい。

第2学年　保健体育科(保健分野)学習指導案

1　単元名　「傷害の防止」

2　単元の目標

(1)　交通事故や自然災害などによる傷害の発生要因，交通事故などによる傷害の防止，自然災害による傷害の防止，応急手当の意義と実際について，理解することができるようにするとともに，心肺蘇生法などの技能を身に付けることができるようにする。

(2)　傷害の防止に関わる事象や情報から課題を発見し，自他の危険の予測を基に，危険を回避したり，傷害の悪化を防止したりする方法を考え，適切な方法を選択し，それらを伝え合うことができるようにする。

(3)　傷害の防止について，自他の健康の保持増進や回復についての学習に自主的に取り組もうとすることができるようにする。

3　単元の評価規準

知識・技能	思考・判断・表現	主体的に学習に取り組む態度
①交通事故や自然災害などによる傷害は、人的要因、環境要因及びそれらの相互の関わりによって発生することについて、理解したことを言ったり書いたりしている。 ②交通事故などによる傷害を防止するためには、人的要因や環境要因に関わる危険を予測し、それぞれの要因に対して適切な対策を行うことが必要であり、人的要因に対しては、安全に行動すること、環境要因に対しては、交通環境などの整備、改善をすることがあることや、交通事故を防止するためには、自転車や自動車の特性を知り、交通法規を守り、周囲の状況に応じ、安全に行動することが必要であることについて、理解したことを言ったり書いたりしている。 ③自然災害による傷害は、例えば、地震が発生した場合に家屋の倒壊などによる危険が原因となって生じることや、地震に伴って発生する津波などの二次災害によっても生じることについて、理解したことを言ったり書いたりしている。 ④自然災害による傷害の防止には、自他の安全を確保するために冷静かつ迅速に行動する必要があることについて、理解したことを言ったり書いたりしている。 ⑤傷害が発生した際に、迅速かつ適切な手当は傷害の悪化を防止できることや、応急手当には止血や患部の保護や固定があり、その方法について、理解したことを言ったり書いたりしているとともに、実習を通して包帯法や止血法としての直接圧迫法ができる。 ⑥心肺停止に陥った人に遭遇したときの応急手当には、気道確保、人工呼吸、胸骨圧迫、AED使用などの心肺蘇生法があり、その方法について、理解したことを言ったり書いたりしているとともに、実習を通して胸骨圧迫、AED使用などの心肺蘇生法ができる。	①傷害の防止について、それらに関わる事柄や情報などを整理したり、個人生活と関連付けたりして、自他の課題を発見している。 ② A ③傷害の防止について、自他の危険の予測や回避の方法と、それを選択した理由などを、他者と話し合ったり、ノートなどに記述したりして、筋道を立てて伝え合っている。	①傷害の防止について、課題の解決に向けての学習に自主的に取り組もうとしている。

4　単元の指導計画(8時間扱い)

時間	本時の目標	主な学習内容	【評価の観点】		
			知識・技能	思・判・表	態度
1	傷害の防止について、課題の解決に向けての学習に自主的に取り組み、交通事故や自然災害などによる傷害は、人的要因や環境要因などの関わりによって発生することについて理解することができるようにする。	○ 単元の課題設定 ○ 事故や自然災害などによる傷害について ○ 事故や自然災害などの発生に係る人的要因、環境要因について	① (学習カード)		① (観察)
2	交通事故などによる傷害は、安全な行動、環境の改善によって防止できることについて理解することができるようにする。	○ 中学生の交通事故の特徴について ○ 様々な交通事故事例の共通点について ○ 交通事故などによる傷害の防止に向けた安全な行動、環境の改善について	② (観察)		
3	傷害の防止について、それらに関わる事柄や情報などを整理したり、個人生活と関連付けたりして、自他の課題を発見することができるようにする。	○ 事故や犯罪が原因となる傷害に係る人的要因と環境要因について ○ 事故や犯罪が原因となる傷害の防止について		① (学習カード)	
4	自然災害などによる傷害の防止について、習得した知識を自他の生活に適用したり、傷害の状態に合わせて悪化を防止する方法を見いだしたりして、傷害を引き起こす様々な危険を予測し、回避する方法を選択するとともに、自然災害による傷害には、自然災害発生による傷害と二次災害による傷害があることについて理解することができるようにする。	○ 大地震による傷害について ○ 大地震発生時の行動について ○ 二次災害による傷害について	③ (学習カード)	② (学習カード)	
5 本時	自然災害への備えと傷害の防止について理解することができるようにする。	○ 自然災害に対する各家庭での備えについて ○ 災害による傷害の防止について	④ (学習カード)		
6	応急手当による傷害の悪化防止について理解することができるようにするとともに、包帯法や止血法としての直接圧迫法ができるようにする。	○ 応急手当の意義や手順について ○ 手当の基本の確認、患部の固定、止血の行い方について ○ 包帯法と直接圧迫法の実習	⑤ (学習カード) (観察)		
7	心肺蘇生法について理解することができるようにするとともに、胸骨圧迫やAED使用などの心肺蘇生法をできるようにする。	○ 応急手当の手順や心肺蘇生法について ○ 心肺蘇生法の実習	⑥ (学習カード) (観察)		
8	傷害の防止について、課題の解決に向けての学習に自主的に取り組み、自他の危険の予測や回避の方法と、それを選択した理由などを、他者と話し合ったり、ノートなどに記述したりして、筋道を立てて伝え合うことができるようにする。	○ 本単元の学習内容の確認 ○ 傷害の発生した場面やけがの状況に適した応急手当の方法と手順について ○ 危険の予測と回避方法について ○ これからの生活における活用について		③ (学習カード)	① (観察)

5 本時の展開(5時間目)

○ 本時の目標

・自然災害への備えと傷害の防止について理解することが
できるようにする。

指導過程	○主な学習活動 ・予想される生徒の発言等	◇教師の 主な働きかけ	【評価の観点】 ■評価規準（評価方法） ▲努力を要すると判断される生徒への手立て
導入	○ 前時の学習内容を振り返る。 ○ これまでに自分が経験した自然災害を想起し交流する。 ・夜中に地震が発生して驚いた。 ・吹雪で学校が臨時休校となった。 ○ 本時の課題を確認する。	◇ 学習カードを基に前時の学習を振り返るよう促す。 ◇ 自らが経験した自然災害について想起させる。	
	本時の課題：自然災害による傷害の防止には、どのような対策が必要か。		
展開			【知識・技能】 ■自然災害による傷害の防止には、自他の安全を確保するために冷静かつ迅速に行動する必要があることについて、理解したことを言ったり書いたりしている。(学習カード) ▲ B
終末	○ 本時のまとめをする。		
	【本時のまとめ】 ・自然災害による傷害の防止には、日頃から災害時の安全の確保に備えておくこと、緊急地震速報を含む災害情報を正確に把握すること、自他の安全を確保するために冷静かつ迅速に行動する必要がある。		
	○ 学習カードに本時の振り返りを記入する。 ○ 次時の学習内容を確認する。	◇ 学習した内容を自らの生活に生かす方法について、学習カードに記入するよう促す。	

問1　単元の目標や評価規準，指導計画に基づき，「5　本時の展開(5時間目)」を完成させなさい。なお，本時の展開の作成に当たっては，単元の指導計画及び本時の目標を基に，評価の観点，単元の評価規準を参考にしながら，指導過程の展開における「○主な学習活動，・予想される生徒の発言等」及び「◇教師の主な働きかけ」を具体的に解答用紙に記入しなさい。

問2　「3　単元の評価規準」「思考・判断・表現」「②」の空欄Aに当てはまる評価規準を解答用紙に記入しなさい。

問3　「5　本時の展開(5時間目)」の空欄Bに当てはまる，展開の過程において評価規準を満たしていない生徒に対する具体的な指導内容(▲努力を要すると判断される生徒への手立て)を解答用紙に記入しなさい。

▼中学技術・特別支援(中学部)技術

【課題】

第1問　次の題材の目標を達成するために，1～5時間目にどのような学習活動を設定しますか。A，B及びCに当てはまる主な学習活動を書きなさい。なお，履修学年は第1学年とします。

第1学年　技術・家庭(技術分野)学習指導案

1　題材名　「環境に優しい野菜づくりにチャレンジ」
　　　　　　B(1)(2)(3)

2　題材の目標

　　生物育成の技術の見方・考え方を働かせ，地域の自然環境へ配慮して野菜を栽培する実践的・体験的な活動を通して，生活や社会で利用されている生物育成の技術についての基礎的な理解を図り，それらに係る技能を身に付け，生物育成の技術と生活や社会，環境との関わりについて理解を深めるとともに，地域社会の中から生物育成の技術と環境に関わる問題を見いだして課題を設定し解決する力，よりよい地域社会

の構築に向けて，適切かつ誠実に生物育成の技術を工夫し創
造しようとする実践的な態度を身に付ける。

3　題材の評価規準

知識・技能	思考・判断・表現	主体的に学習に取り組む態度
生活や社会で利用されている生物育成の技術についての科学的な原理・法則や基礎的な技術の仕組み及び、生物育成の技術と生活や社会、環境との関わりについて理解しているとともに、安全・適切な栽培または飼育、検査等ができる技能を身に付けている。	生物育成の技術が地域の自然環境に及ぼす影響に関わる問題を見いだして課題を設定し、解決策を構想し、実践を評価・改善し、表現するなどして課題を解決する力を身に付けているとともに、よりよい地域社会の構築を目指して生物育成の技術を評価し、適切に選択、管理・運用する力を身に付けている。	よりよい地域社会の構築に向けて、課題の解決に主体的に取り組んだり、振り返って改善したりして、生物育成の技術を工夫し創造しようとしている。

4　指導と評価の計画(15時間扱い)

時間	主な学習活動	評価規準		
		知識・技能	思考・判断・表現	主体的に学習に取り組む態度
1 2	A	作物、動物及び水産生物の成長、生態などについての科学的な原理・法則を説明できる。生物の育成環境を調節する方法などの基礎的な技術の仕組みを説明できる。		進んで生物育成の技術と関わり、主体的に理解し、技能を身に付けようとしている。
3			生物育成の技術に込められた工夫を読み取り、生物育成の技術が最適化されてきたことに気付くことができる。	
4 5	B		生物育成の技術が地域の自然環境に及ぼす影響に関わる問題を見いだして課題を設定できる。	自分なりの新しい考え方や捉え方によって、解決策を構想しようとしている。
	C		課題の解決策を条件を踏まえて構想し、育成計画表等に表すことができる。	自らの問題解決とその過程を振り返り、よりよ

6 ～ 12	○安全・適切に栽培・検査し、必要に応じて適切に対応する。 ○設定した課題の解決状況を評価するため、作物の生育状況と、LEDを点灯させた時間や消費した養液の量、成長の度合いなどのデータを記録する。	育成計画に沿い、観察や検査の結果を踏まえ、安全・適切に育成環境の調節や、作物の管理・収穫ができる。	育成計画に基づき、記録したデータと作物の生育状況とを比べながら、合理的な解決作業を決定できる。	いものとなるよう改善・修正しようとしている。
13	○収穫の様子（品質や収穫量など）と、解決過程で収集したデータとを整理して、収穫レポートにまとめながら、問題解決の過程と結果を振り返る。		自らの問題解決の工夫を、生物育成の技術の見方・考え方に照らして整理するとともに、課題の解決結果を記録したデータに基づいて評価することができる。	
14	○ここまでの学習活動を踏まえ、技術の概念を理解する。 ○研究開発が進められている新しい生物育成の技術の優れた点や問題点を話し合う。	これまでの学習を踏まえ、生物育成の技術の役割や影響、最適化について説明できる。	よりよい地域社会の構築を目指して、生物育成の技術を評価し、適切な選択、管理・運用の在り方について提言をまとめることができる。	よりよい地域社会の構築を目指して、生物育成の技術を進んで工夫し創造しようとしている。
15	○よりよい地域社会の構築を目指して、生物育成の技術の在り方や将来展望について提言する。			

▼中学家庭・特別支援(中学部)家庭

【課題】

第1問　次の題材について，問1，問2に答えなさい。

　問1　「2　題材の目標」及び「3　題材の評価規準」を踏まえ，「4　指導と評価の計画」の1時間目を参考に，2～6時間目の「○ねらい」及び「・主な学習活動」を作成しなさい。

第1学年　技術・家庭科(家庭分野)学習指導案(略案)

1　題材名　「家族・家庭や地域との関わり」

2　題材の目標

(1)　家族の互いの立場や役割，家族関係をよりよくできること，家庭生活と地域との相互の関わり，高齢者など地域の人々と協働する必要があること，介護など高齢者との関わり方について理解する。

(2)　家族関係をよりよくする方法及び高齢者など地域の人々と関わり，協働する方法について問題を見いだして課題を設定し，解決策を構想し，実践を評価・改善し，考察したことを論理的に表現するなどして課題を解決する力を身に付ける。

(3)　家族や地域の人々と協働し，よりよい生活の実現に向けて，家族・家庭や地域との関わりについて，課題解決に主体的に取り組んだり，振り返って改善したりして，生活を工夫し創造し，実践しようとする。

3　題材の評価規準

知識・技能	思考・判断・表現	主体的に学習に取り組む態度
・家族の互いの立場や役割が分かり、協力することによって家族関係をよりよくできることについて理解している。 ・家庭生活は地域との相互の関わりで成り立っていることが分かり、高齢者など地域の人々と協働する必要があることや介護など高齢者との関わり方について理解している。	家族関係をよりよくする方法及び高齢者など地域の人々と関わり、協働する方法について問題を見いだして課題を設定し、解決策を構想し、実践を評価・改善し、考察したことを論理的に表現するなどして課題を解決する力を身に付けている。	家族や地域の人々と協働し、よりよい生活の実現に向けて、家族・家庭や地域との関わりについて、課題解決に主体的に取り組んだり、振り返って改善したりして、生活を工夫し創造し、実践しようとしている。

4　指導と評価の計画(6時間)

　　〔1〕家族や地域の人々との関わり　　　　　　　　1時間

　　〔2〕家族関係をよりよくするには　　　　　　　　2時間

〔3〕高齢者との関わり方　　　　　　　　　　　　　　1時間

〔4〕地域の人々との協力・協働プロジェクト　2時間

※本題材では,「家族や地域の人々と,どのように関わるとよい
　のだろうか」を題材全体を貫く課題として設定している。

小題材	時間	○ねらい　・主な学習活動	評価規準評価方法
家族や地域の人々との関わり	1	○家庭生活は地域との相互の関わりで成り立っていることが分かり,家族や地域の人々と協力・協働し,よりよい家庭生活に向けて問題を見いだし,課題を設定することができる。 ・自分と家族や地域の人々との関わりを図等に表す。 ・自治会長など地域の人による講話等を通して,家庭生活と地域との関わりについて話し合う。 ・家族や地域の人々との関わりについて問題点を挙げ,課題を設定する。 　家族や地域の人々と,どのように関わるとよいのだろうか	
家族関係をよりよくするには	2・3		略
高齢者との関わり方	4		
地域の人々との協力・協働プロジェクト	5		
		地域での実践又は他教科等との連携を図った実践	
	6		

問2　中学校学習指導要領(平成29年3月)「第8節　技術・家庭」〔家庭分野〕「A　家族・家庭生活」の「(4)家族・家庭生活についての課題と実践」について，生徒が家族，幼児の生活又は地域の生活の中から問題を見いだして課題を設定し，その解決に向けてよりよい生活を考え，計画を立てて実践できるようにするため，指導に当たって考えられる生徒の活動を2つ書きなさい。

▼高校国語・特別支援(高等部)国語
【課題】
第1問　「現代の国語」における「話すこと・聞くこと」の領域の指導として，「論点を共有し，考えを広げたり深めたりしながら，話合いの目的，種類，状況に応じて，表現や進行など話合いの仕方や結論の出し方を工夫すること」をねらいとした単元「話合いの目的を意識して，建設的な話合いをしよう」の授業を行うときの「単元の指導と評価の計画表」を作成しなさい。ただし，作成に当たっては，次の点に留意するとともに，解答用紙の様式にしたがうこと。
1　「単元の指導と評価の計画表」
　(1)　「単元の目標」は，解答用紙に示した3点について設定することとし，下に示す「2　高等学校学習指導要領(平成30年告示)(抜粋)」を参考に，生徒に身に付けさせたい言語能力を明らかにすること。
　(2)　「取り上げる言語活動」は，「2　高等学校学習指導要領(平成30年告示)(抜粋)」を参考に，単元の目標を達成するのにふさわしいものを設定すること。
　(3)　「単元の評価規準」は，1(1)で明らかにした，「単元の目標」に即して設定すること。
　(4)　5単位時間(1単位時間を50分とする。)で指導する計画とし，「単元の目標」を踏まえた「各時間の目標」を設定すること。
　(5)　「主な学習活動」の欄には，生徒の学習活動の概要が分かるように記入すること。
　(6)　「評価の観点」は，単位時間ごとに○印を付けて示すこと。

2 高等学校学習指導要領(平成30年告示)(抜粋)

第1 現代の国語

1 目標

　言葉による見方・考え方を働かせ，言語活動を通して，国語で的確に理解し効果的に表現する資質・能力を次のとおり育成することを目指す。

(1) 実社会に必要な国語の知識や技能を身に付けるようにする。

(2) 論理的に考える力や深く共感したり豊かに想像したりする力を伸ばし，他者との関わりの中で伝え合う力を高め，自分の思いや考えを広げたり深めたりすることができるようにする。

(3) 言葉がもつ価値への認識を深めるとともに，生涯にわたって読書に親しみ自己を向上させ，我が国の言語文化の担い手としての自覚をもち，言葉を通して他者や社会に関わろうとする態度を養う。

2 内容

〔知識及び技能〕

(1) 言葉の特徴や使い方に関する次の事項を身に付けることができるよう指導する。

　ア　言葉には，認識や思考を支える働きがあることを理解すること。

　イ　話し言葉と書き言葉の特徴や役割，表現の特色を踏まえ，正確さ，分かりやすさ，適切さ，敬意と親しさなどに配慮した表現や言葉遣いについて理解し，使うこと。

　ウ　常用漢字の読みに慣れ，主な常用漢字を書き，文や文章の中で使うこと。

　エ　実社会において理解したり表現したりするために必要な語句の量を増やすとともに，語句や語彙の構造や特色，用法及び表記の仕方などを理解し，話や文章の中で使うこと

を通して，語感を磨き語彙を豊かにすること。

オ　文，話，文章の効果的な組立て方や接続の仕方について理解すること。

カ　比喩，例示，言い換えなどの修辞や，直接的な述べ方や婉曲的な述べ方について理解し使うこと。

(2)　話や文章に含まれている情報の扱い方に関する次の事項を身に付けることができるよう指導する。

ア　主張と根拠など情報と情報との関係について理解すること。

イ　個別の情報と一般化された情報との関係について理解すること。

ウ　推論の仕方を理解し使うこと。

エ　情報の妥当性や信頼性の吟味の仕方について理解を深め使うこと。

オ　引用の仕方や出典の示し方，それらの必要性について理解を深め使うこと。

(3)　我が国の言語文化に関する次の事項を身に付けることができるよう指導する。

ア　実社会との関わりを考えるための読書の意義と効用について理解を深めること。

〔思考力，判断力，表現力等〕

A　話すこと・聞くこと

(1)　話すこと・聞くことに関する次の事項を身に付けることができるよう指導する。

ア　目的や場に応じて，実社会の中から適切な話題を決め，様々な観点から情報を収集，整理して，伝え合う内容を検討すること。

イ　自分の考えが的確に伝わるよう，自分の立場や考えを明確にするとともに，相手の反応を予想して論理の展開を考

えるなど，話の構成や展開を工夫すること。
ウ　話し言葉の特徴を踏まえて話したり，場の状況に応じて
資料や機器を効果的に用いたりするなど，相手の理解が得
られるように表現を工夫すること。
エ　論理の展開を予想しながら聞き，話の内容や構成，論理
の展開，表現の仕方を評価するとともに，聞き取った情報
を整理して自分の考えを広げたり深めたりすること。
オ　論点を共有し，考えを広げたり深めたりしながら，話合
いの目的，種類，状況に応じて，表現や進行など話合いの
仕方や結論の出し方を工夫すること。
(2)　(1)に示す事項については，例えば，次のような言語活動を
通して指導するものとする。
ア　自分の考えについてスピーチをしたり，それを聞いて，
同意したり，質問したり，論拠を示して反論したりする活
動。
イ　報告や連絡，案内などのために，資料に基づいて必要な
事柄を話したり，それらを聞いて，質問したり批評したり
する活動。
ウ　話合いの目的に応じて結論を得たり，多様な考えを引き
出したりするための議論や討論を，他の議論や討論の記録
などを参考にしながら行う活動。
エ　集めた情報を資料にまとめ，聴衆に対して発表する活動。

〈解答用紙〉

「単元の指導と評価の計画表」

科 目 名	現代の国語	単元名	「話合いの目的を意識して、建設的な話合いをしよう」	配当時間	5 時間
単元の目標	(1) 知識及び技能				
	(2) 思考力、判断力、表現力等（話す・聞く能力）				
	(3) 学びに向かう力、人間性等				

取り上げる言語活動	

評価の観点	知識・技能	思考・判断・表現	主体的に学習に取り組む態度
単 元 の評 価 規 準			

時	各時間の目標	主 な 学 習 活 動	評価の観点		
			知・技	思・判・表	態度
1					

181

時	各時間の目標	主 な 学 習 活 動	評価の観点		
			知・技	思・判・表	態度
2					
3					
4					
5					

※各単位時間における「評価の観点」について、「知識・技能」は「知・技」、「思考・判断・表現」は「思・判・表」、「主体的に学習に取り組む態度」は「態度」としている。

▼高校地理・特別支援(高等部)地理

【課題】

第1問　次の(1)，(2)に答えなさい。

(1)　高等学校学習指導要領(平成30年3月)には，「第2節　地理歴史　第1　地理総合」の「2　内容」の「C　持続可能な地域づくりと私たち」の中項目「(1)自然環境と防災」について，次のように示されています。

---

(1)　自然環境と防災

　人間と自然環境との相互依存関係や地域などに着目して，課題を追究したり解決したりする活動を通して，次の事項を身に付けることができるよう指導する。

ア　次のような知識及び技能を身に付けること。

(ア)　我が国をはじめ世界で見られる自然災害や生徒の生活圏で見られる自然災害を基に，地域の自然環境の特色と自然災害への備えや対応との関わりとともに，自然災害の規模や頻度，地域性を踏まえた備えや対応の重要性などについて理解すること。

(イ)　様々な自然災害に対応したハザードマップや新旧地形図をはじめとする各種の地理情報について，その情報を収集し，読み取り，まとめる地理的技能を身に付けること。

イ　次のような思考力，判断力，表現力等を身に付けること。

(ア)　地域性を踏まえた防災について，自然及び社会的条件との関わり，地域の共通点や差異，持続可能な地域づくりなどに着目して，主題を設定し，自然災害への備えや対応などを多面的・多角的に考察し，表現すること。

　このことを踏まえ，中項目「(1)自然環境と防災」を「世界と日本の自然災害」と「私たちのまちの防災対策」の二つの単元に分け，単元「私たちのまちの防災対策」の内容である，第一次「生活圏での防災対策に関する見通し」，第二次「生活圏での自然災害に関す

183

る資料の読み取り」，第三次「生活圏での自然災害に対する避難計画の作成」及び第四次「防災対策に関する振り返り」のうち，第一次及び第二次について，4単位時間(1単位時間は50分とする。)で授業を実施するとき，どのような指導と評価の計画を作成しますか。単元のねらいを踏まえた単元全体に関わる問い，4単位時間の学習活動，指導上の留意点及び評価方法等を書きなさい。ただし，次の点に留意すること。

＜留意する点＞

① 地域性を踏まえ，地震災害や津波災害，風水害，火山災害などの中から，適切な事例を取り上げ，地域性を踏まえた備えや対応の重要性などについて取り扱うこと。

② 単元など内容や時間のまとまりを見通した「問い」を設定すること。

③ 諸資料から，社会的事象等に関する様々な情報を効果的に収集し，読み取り，まとめる技能を身に付ける学習活動を取り入れること。

④ コンピュータや情報通信ネットワークなどの情報手段を積極的に活用すること。

(2) 第1問(1)で作成した4単位時間の指導と評価の計画のうち，任意に選んだ1単位時間(1単位時間は50分とする。)について，当該授業の目標，本時の問い及び本時の流れを書きなさい。ただし，次の点に留意すること。

＜留意する点＞

① 「過程」の欄には，1単位時間の授業の流れが分かるように，導入や展開，まとめなどの過程を示し，必要な時間(分)をそれぞれ記入すること。

② 資料を活用する際には，どのような資料を用いるのかが分かるように，具体的に記入すること。

③ 生徒の活動について，どのような活動をするのかが分かるように，具体的に記入すること。

▼高校日本史・世界史・特別支援(高等部)日本史・世界史
【課題】
第1問　次の(1),(2)に答えなさい。
　(1)　高等学校学習指導要領(平成30年3月)には,「第2節　地理歴史
　　　第3　歴史総合」の「2　内容」の「D　グローバル化と私たち」
　　　の中項目「(2)冷戦と世界経済」について,次のように示されてい
　　　ます。

---

(2)　冷戦と世界経済
　　諸資料を活用し,課題を追究したり解決したりする活動を
通して,次の事項を身に付けることができるよう指導する。
ア　次のような知識を身に付けること。
　(ア)　(省略)
　(イ)　西ヨーロッパや東南アジアの地域連携,計画経済と
　　　その波及,日本の高度経済成長などを基に,世界経済の
　　　拡大と経済成長下の日本の社会を理解すること。
イ　次のような思考力,判断力,表現力等を身に付けること。
　(ア)　(省略)
　(イ)　冷戦が各国経済に及ぼした影響,地域連携の背景と
　　　影響,日本の高度経済成長の背景と影響などに着目して,
　　　主題を設定し,日本とその他の国や地域の動向を比較し
　　　たり,相互に関連付けたりするなどして,冷戦下の世界
　　　経済や地域連携の特徴,経済成長による生活や社会の変
　　　容などを多面的・多角的に考察し,表現すること。

　また,上記の小項目「ア(イ)」及び「イ(イ)」について,高等学校学
習指導要領解説地理歴史編(平成30年7月)には,内容の取扱いについて
次のように示されています。

　　学習に当たっては，(1)で表現した学習への問いを踏まえて生徒の学習への動機付けや見通しを促しつつ，イ(イ)の冷戦が各国経済に及ぼした影響，地域連携の背景と影響，日本の高度経済成長の背景と影響などに着目し，小項目のねらいに則した考察を導くための主題を設定する。その主題を学習上の課題とするために，(中略)この小項目全体に関わる問いを設定して，生徒に提示する。これを踏まえ，日本とその他の国や地域の動向を比較したり，相互に関連付けたりするなどして，多面的・多角的に考察したり表現したりすることにより，世界経済の拡大と経済成長下の日本の社会を理解する学習が考えられる。
　　※上記の(1)とは，「グローバル化への問い」のこと

　これらのことを踏まえ，「(2) 冷戦と世界経済」の小項目について，4単位時間(1単位時間は50分とする。)で授業を実施するとき，どのような指導と評価の計画を作成しますか。小項目のねらいを踏まえた小項目全体に関わる問い，4単位時間の学習活動，指導上の留意点及び評価方法等を書きなさい。ただし，次の点に留意すること。
＜留意する点＞
　①　政治，経済，社会，文化，宗教，生活などの観点から諸事象を取り上げ，近現代の歴史を多面的・多角的に考察できるようにすること。
　②　単元など内容や時間のまとまりを見通した「問い」を設定すること。
　③　諸資料から，社会的事象等に関する様々な情報を効果的に収集し，読み取り，まとめる技能を身に付ける学習活動や言語活動に関わる学習を取り入れること。
　④　コンピュータや情報通信ネットワークなどの情報手段を積極的に活用すること。
(2)　第1問(1)で作成した4単位時間の指導と評価の計画のうち，任意に

選んだ1単位時間(1単位時間は50分とする。)について，当該授業の目標，本時の問い及び本時の流れを書きなさい。ただし，次の点に留意すること。

＜留意する点＞

① 「過程」の欄には，1単位時間の授業の流れが分かるように，導入や展開，まとめなどの過程を示し，必要な時間(分)をそれぞれ記入すること。

② 資料を活用する際には，どのような資料を用いるのかが分かるように，具体的に記入すること。

③ 生徒の活動について，どのような活動をするのかが分かるように，具体的に記入すること。

▼高校公民・特別支援(高等部)公民

【課題】

第1問 次の(1)，(2)に答えなさい。

(1) 高等学校学習指導要領(平成30年3月)には，「公共」の「2 内容」の「B 自立した主体としてよりよい社会の形成に参画する私たち」のアの(ア)について，次のように示されています。

B 自立した主体としてよりよい社会の形成に参画する私たち

自立した主体としてよりよい社会の形成に参画することに向けて，現実社会の諸課題に関わる具体的な主題を設定し，幸福，正義，公正などに着目して，他者と協働して主題を追究したり解決したりする活動を通して，次の事項を身に付けることができるよう指導する。

ア 次のような知識及び技能を身に付けること。

(ア) 法や規範の意義及び役割，多様な契約及び消費者の権利と責任，司法参加の意義などに関わる現実社会の事柄や課題を基に，憲法の下，適正な手続きに則り，法や規範に基づいて各人の意見や利害を公平・公正に調整し，

> 個人や社会の紛争を調停，解決することなどを通して，
> 権利や自由が保障，実現され，社会の秩序が形成，維持
> されていくことについて理解すること。

また，高等学校学習指導要領解説公民編(平成30年7月)には，次のように示されています。

> 法や規範の意義及び役割については，法には国家と国民の間を規律する公法や，私人間を規律する私法などがあること，法は刑罰などによって国民の行為を規制し社会の秩序を維持するだけではなく，国民の活動を積極的に促進し，紛争を解決するなど，日常生活に密接に関連していることを理解できるようにする，また，法の支配を実現するために，法の一般性，明確性など，法が公正なルールとして備えるべき特質を理解し，法の適切さを考える視点を身に付けるとともに，公共的な空間を作る自立的な主体として，法の内容を吟味して，よりよいものにしていこうとする努力が大切であることを理解できるようにする。
>
> その際，「法や道徳などの社会規範がそれぞれの役割を有していることや，法の役割の限界についても扱うこと」(内容の取扱い)が必要であり，人々の間で社会規範として機能するものには，法以外にも，道徳や宗教などがあり，主体的な個人の内面規律や自立，個の確立を重視することを特色としていることを理解できるようにし，法と道徳や宗教の関係について留意して，法の役割の限界についても理解できるようにすることが大切である。

これらのことを踏まえ，「法や規範の意義及び役割」について，3単位時間(1単位時間は50分とする。)で授業を実施するとき，どのような指導と評価の計画を作成しますか。小項目のねらいを踏まえた小項目全体に関わる問い，3単位時間の学習活動，指導上の留意点及び評価

方法等を書きなさい。ただし，次の点に留意すること。

＜留意する点＞

① 小項目全体に関わる問いを設定すること。

② 諸資料から，社会的事象等に関する様々な情報を効果的に収集し，読み取り，まとめる技能を身に付ける学習活動を取り入れること。

③ 言語活動に関わる学習を取り入れること。

④ コンピュータや情報通信ネットワークなどの情報手段を積極的に活用すること。

(2) 第1問(1)で作成した3単位時間の指導と評価の計画のうち，任意に選んだ1単位時間(1単位時間は50分とする。)について，当該授業の目標，本時の問い及び本時の流れを書きなさい。ただし，次の点に留意すること。

＜留意する点＞

① 「過程」の欄には，1単位時間の授業の流れが分かるように，導入や展開，まとめなどの過程を示し，必要な時間(分)をそれぞれ記入すること。

② 資料を活用する際には，どのような資料を用いるのかが分かるように，具体的に記入すること。

③ 生徒の活動について，どのような活動をするのかが分かるように，具体的に記入すること。

▼高校数学・特別支援(高等部)数学

【課題】

第1問 高等学校学習指導要領(平成30年3月告示)では，「数学A」の「2内容」の「(2)場合の数と確率」のア(ウ)及びイ(ウ)に，次のように示されています。次の(1)，(2)に答えなさい。

189

> (2) 場合の数と確率
>
> 　場合の数と確率について，数学的活動を通して，その有用性を認識するとともに，次の事項を身に付けるとができるよう指導する。
>
> ア　次のような知識及び技能を身に付けること。
>
> (ウ)　確率の意味や基本的な法則についての理解を深め，それらを用いて事象の確率や期待値を求めること。
>
> イ　次のような思考力，判断力，表現力等を身に付けること。
>
> (ウ)　確率の性質などに基づいて事象の起こりやすさを判断したり，期待値を意思決定に活用したりすること。

(1)　科目「数学A」の「期待値」の内容について授業を実施するとき，配当時間が3単位時間(1単位時間は50分とする。)の指導計画を，1単位時間ごとの学習内容が分かるように作成しなさい。

　　ただし，いずれかの学習内容の中に，期待値を意思決定に活用する内容を含むこと。なお，参考として次の資料を示しますが，使用の有無は問いません。

[資料]

> 　「指導と評価の一体化」のための学習評価に関する参考資料(高等学校　数学科)
>
> 　　　　　　　　　　　(令和3年8月　国立教育政策研究所)
>
> 高等学校数学科における「内容のまとまりごとの評価規準(例)」
>
> 第4　数学A　2　内容のまとまりごとの評価規準(例)　(2)場合の数と確率

知識・技能	思考・判断・表現	主体的に学習に取り組む態度
・集合の要素の個数に関する基本的な関係や和の法則，積の法則などの数え上げの原則について理解している。 ・具体的な事象を基に順列及び組合せの意味を理解し，順列の総数や組合せの総数を求めることができる。 ・確率の意味や基本的な法則についての理解を深め，それらを用いて事象の確率や期待値を求めることができる。 ・独立な試行の意味を理解し，独立な試行の確率を求めることができる。 ・条件付き確率の意味を理解し，簡単な場合について条件付き確率を求めることができる。	・事象の構造などに着目し，場合の数を求める方法を多面的に考察することができる。 ・確率の性質や法則に着目し，確率を求める方法を多面的に考察することができる。 ・確率の性質などに基づいて事象の起こりやすさを判断したり，期待値を意思決定に活用したりすることができる。	・事象を場合の数や確率の考えを用いて考察するよさを認識し，問題解決にそれらを活用しようとしたり，粘り強く考え数学的論拠に基づき判断しようとしたりしている。 ・問題解決の過程を振り返って考察を深めたり，評価・改善したりしようとしている。

(2) (1)で作成した3単位時間の指導計画のうち，期待値を意思決定に活用する内容を取り入れた1単位時間(1単位時間は50分とする。)の指導計画を作成しなさい。

　　ただし，作成に当たっては，次の2つの事項に留意すること。

　ア　本時の学習の目標を実現するために，具体的な題材を提示し，数学的活動を重視すること。

　イ　本時の学習の目標に照らして，生徒の学習状況を適切に評価する方法や場面を設定すること。

▼高校物理・特別支援(高等部)物理

【課題】

第1問　次の問1，問2に答えなさい。

　問1　高等学校学習指導要領(平成30年3月告示)「物理基礎」の授業
　　において，マルチメーター(テスター)を用いて，導体の電気抵抗
　　と導体の長さ及び断面積との関係を調べる実験を行うとき，(1)〜
　　(3)に答えなさい。

　(1)　この実験を行うとき，マルチメーター(テスター)のほかにどの
　　ようなものを準備しますか，書きなさい。

　(2)　この実験を行う手順を箇条書きで書きなさい。なお，必要であ
　　れば図や式をかき加えてもよい。

　(3)　この実験において，マルチメーター(テスター)が壊れた場合は，
　　マルチメーター(テスター)の代わりにどのような実験器具を用い
　　て，どのように抵抗値を求めますか，書きなさい。

　問2　「物理基礎」の「様々な物理現象とエネルギーの利用」の学習
　　において，単元「波」の中で「波の性質」について授業を行うと
　　き，次の留意事項を踏まえ「学習指導案」を作成しなさい。ただ
　　し，作成に当たっては，次の資料を参考にすること。

　ア　留意事項

　　(ア)　指導内容については，具体的な例を取り入れるとともに，
　　　基礎的・基本的な事項を重視すること。

　　(イ)　「Ⅱ　単元の指導計画」や「Ⅲ　本時の目標」をもとに，本
　　　時1時間(1単位時間を50分とする。)の「Ⅳ　本時の指導計画」
　　　を作成すること。

　　(ウ)　「過程」の欄には，本時1時間の指導の流れが分かるよう，
　　　導入や展開，まとめなど，過程を示すこと。

　　(エ)　「学習活動」及び「教師の働きかけ」の欄は，具体的に記入
　　　すること。

　　(オ)　「評価の観点及び評価方法」の欄は，本時における「評価の
　　　観点(知識・技能，思考・判断・表現，主体的に学習に取り組

む態度)」と「評価方法」を評価すべき場面で設定し，記入すること。

イ　資料

(ア)　高等学校学習指導要領(平成30年3月告示)(一部抜粋)

第2　物理基礎

1　目標

　物体の運動と様々なエネルギーに関わり，理科の見方・考え方を働かせ，見通しをもって観察，実験を行うことなどを通して，物体の運動と様々なエネルギーを科学的に探究するために必要な資質・能力を次のとおり育成することを目指す。

(1)　日常生活や社会との関連を図りながら，物体の運動と様々なエネルギーについて理解するとともに，科学的に探究するために必要な観察，実験などに関する基本的な技能を身に付けるようにする。

(2)　観察，実験などを行い，科学的に探究する力を養う。

(3)　物体の運動と様々なエネルギーに主体的に関わり，科学的に探究しようとする態度を養う。

2　内容

(2)　様々な物理現象とエネルギーの利用

　様々な物理現象についての観察，実験などを通して，次の事項を身に付けることができるよう指導する。

ア　様々な物理現象とエネルギーの利用を日常生活や社会と関連付けながら，次のことを理解するとともに，それらの観察，実験などに関する技能を身に付けること。

(ア)　波

　⑦　波の性質

　　波の性質について，直線状に伝わる場合を中心に理解すること。

イ　様々な物理現象とエネルギーの利用について，観察，実

験などを通して探究し，波，熱，電気，エネルギーとその
利用における規則性や関係性を見いだして表現すること。

(イ)　「物理基礎　(2)ア(ア)　波」の評価規準の例
(国立教育政策研究所作成「『指導と評価の一体化』のための学
習評価に関する参考資料　高等学校理科」より抜粋)

知識・技能	思考・判断・表現	主体的に学習に取り組む態度
波を日常生活や社会と関連付けながら，波の性質，音と振動についての基本的な概念や原理・法則などを理解しているとともに，科学的に探究するために必要な観察，実験などに関する基本操作や記録などの基本的な技能を身に付けている。	波について，観察，実験など通して探究し，波における規則性や関係性を見いだして表現している。	波に主体的に関わり，見通しをもったり振り返ったりするなど，科学的に探究しようとしている。

▼高校化学・特別支援(高等部)化学

【課題】

第1問　次の問1，問2に答えなさい。

　問1　高等学校学習指導要領(平成30年3月告示)「化学基礎」の授業
　　において，0.0200mol/Lの過マンガン酸カリウム水溶液を用いて市
　　販のオキシドール(過酸化水素水)の濃度を求める実験を行うとき，
　　(1)〜(3)に答えなさい。

　(1)　この実験を行うとき，0.0200mol/Lの過マンガン酸カリウム水
　　溶液と市販のオキシドールのほかにどのようなものを準備します
　　か，書きなさい。

　(2)　この実験を行う手順を箇条書きで書きなさい。なお，必要であ
　　れば図や式をかき加えてもよい。

　(3)　この実験を安全かつ適切に行わせるために，あなたは生徒にど
　　のような指示をしますか，1つ書きなさい。

　問2　「化学基礎」の「物質の構成」の学習において，単元「物質と
　　化学結合」の中で「イオンとイオン結合」について授業を行うと
　　き，次の留意事項を踏まえ「学習指導案」を作成しなさい。ただ

し，作成に当たっては，次の資料を参考にすること。

ア　留意事項

(ア)　指導内容については，具体的な例を取り入れるとともに，基礎的・基本的な事項を重視すること。

(イ)　「Ⅱ　単元の指導計画」や「Ⅲ　本時の目標」をもとに，本時1時間(1単位時間を50分とする。)の「Ⅳ　本時の指導計画」を作成すること。

(ウ)　「過程」の欄には，本時1時間の指導の流れが分かるよう，導入や展開，まとめなど，過程を示すこと。

(エ)　「学習活動」及び「教師の働きかけ」の欄は，具体的に記入すること。

(オ)　「評価の観点及び評価方法」の欄は，本時における「評価の観点(知識・技能，思考・判断・表現，主体的に学習に取り組む態度)」と「評価方法」を評価すべき場面で設定し，記入すること。

イ　資料

(ア)　高等学校学習指導要領(平成30年3月告示)(一部抜粋)

第4　化学基礎

1　目標

　物質とその変化に関わり，理科の見方・考え方を働かせ，見通しをもって観察，実験を行うことなどを通して，物質とその変化を科学的に探究するために必要な資質・能力を次のとおり育成することを目指す。

(1)　日常生活や社会との関連を図りながら，物質とその変化について理解するとともに，科学的に探究するために必要な観察，実験などに関する基本的な技能を身に付けるようにする。

(2)　観察，実験などを行い，科学的に探究する力を養う。

(3)　物質とその変化に主体的に関わり，科学的に探究しよう

　　　　とする態度を養う。

2　内容

　(2)　物質の構成

　　　物質の構成について，次の事項を身に付けることができ
　　るよう指導する。

　　ア　物質の構成粒子について，次のことを理解すること。
　　　また，物質と化学結合についての観察，実験などを通し
　　　て，次のことを理解するとともに，それらの観察，実験
　　　などに関する技能を身に付けること。

　　(イ)　物質と化学結合

　　　⑦　イオンとイオン結合

　　　　　イオンの生成を電子配置と関連付けて理解すること。
　　　　また，イオン結合及びイオン結合でできた物質の性質
　　　　を理解すること。

　　イ　物質の構成について，観察，実験などを通して探究し，
　　　物質の構成における規則性や関係性を見いだして表現す
　　　ること。

　(イ)「化学基礎　(2)ア(イ)　物質と化学結合」の評価規準の例
　　(国立教育政策研究所作成「『指導と評価の一体化』のための学
　　習評価に関する参考資料　高等学校理科」より抜粋)

知識・技能	思考・判断・表現	主体的に学習に取り組む態度
物質と化学結合について，イオンとイオン結合，分子と共有結合，金属と金属結合の基本的な概念や原理・法則などを理解しているとともに，科学的に探究するために必要な観察，実験などに関する基本操作や記録などの基本的な技能を身に付けている。	物質と化学結合について，観察，実験などを通して探究し，物質と化学結合における規則性や関係性を見いだして表現している。	物質と化学結合に主体的に関わり，見通しをもったり振り返ったりするなど，科学的に探究しようとしている。

.▼高校生物・特別支援(高等部)生物

【課題】

第1問　次の問1, 問2に答えなさい。

　問1　高等学校学習指導要領(平成30年3月告示)「生物基礎」の授業において, 肝臓やブロッコリーなどがらDNAの抽出実験を行うとき, (1)〜(3)に答えなさい。

(1)　この実験を行うとき, 肝臓やブロッコリーのほかにどのようなものを準備しますか, 書きなさい。

(2)　この実験を行う手順を箇条書きで書きなさい。なお, 必要であれば図を書き加えてもよい。

(3)　この実験で, 一定量の材料からDNAを確実に抽出するために, あなたは生徒にどのような指示をしますか, 1つ書きなさい。

　問2　「生物基礎」の「生物の特徴」の学習において, 単元「生物の特徴」の中で「生物とエネルギー」について授業を行うとき, 次の留意事項を踏まえ「学習指導案」を作成しなさい。ただし, 作成に当たっては, 次の資料を参考にすること。

ア　留意事項

　(ア)　指導内容については, 具体的な例を取り入れるとともに, 基礎的・基本的な事項を重視すること。

　(イ)　「Ⅱ　単元の指導計画」や「Ⅲ　本時の目標」をもとに, 本時1時間(1単位時間を50分とする。)の「Ⅳ　本時の指導計画」を作成すること。

　(ウ)　「過程」の欄には, 本時1時間の指導の流れが分かるよう, 導入や展開, まとめなど, 過程を示すこと。

　(エ)　「学習活動」及び「教師の働きかけ」の欄は, 具体的に記入すること。

　(オ)　「評価の観点及び評価方法」の欄は, 本時における「評価の観点(知識・技能, 思考・判断・表現, 主体的に学習に取り組む態度)」と「評価方法」を評価すべき場面で設定し, 記入すること。

イ　資料

　(ア)　高等学校学習指導要領(平成30年3月告示)(一部抜粋)

第6　生物基礎

1　目標

　生物や生物現象に関わり，理科の見方・考え方を働かせ，見通しをもって観察，実験を行うことなどを通して，生物や生物現象を科学的に探究するために必要な資質・能力を次のとおり育成することを目指す。

(1)　日常生活や社会との関連を図りながら，生物や生物現象について理解するとともに，科学的に探究するために必要な観察，実験などに関する基本的な技能を身に付けるようにする。

(2)　観察，実験などを行い，科学的に探究する力を養う。

(3)　生物や生物現象に主体的に関わり，科学的に探究しようとする態度と，生命を尊重し，自然環境の保全に寄与する態度を養う。

2　内容

(1)　生物の特徴

　生物の特徴についての観察，実験などを通して，次の事項を身に付けることができるよう指導する。

ア　生物の特徴について，次のことを理解するとともに，それらの観察，実験などに関する技能を身に付けること。

(ア)　生物の特徴

　⑦　生物とエネルギー

　　　生物とエネルギーに関する資料に基づいて，生命活動にエネルギーか必要であることを理解すること。また，光合成や呼吸などの代謝とATPを関連付けて理解すること。

イ　生物の特徴について，観察，実験などを通して探究し，多様な生物がもつ共通の特徴を見いだして表現すること。

(イ)「生物基礎 (1)ア(ア) 生物の特徴」の評価規準の例

(国立教育政策研究所作成「『指導と評価の一体化』のための学習評価に関する参考資料 高等学校理科」より抜粋)

知識・技能	思考・判断・表現	主体的に学習に取り組む態度
生物の特徴について，生物の共通性と多様性，生物とエネルギーの基本的な概念や原理，法則などを理解しているとともに，科学的に探究するために必要な観察，実験などに関する基本操作や記録などの基本的な技能を身に付けている。	生物の特徴について，観察，実験などを通して探究し，多様な生物がもつ共通の特徴を見いだして表現している。	生物の特徴に主体的に関わり，見通しをもったり振り返ったりするなど，科学的に探究しようとしている。

▼高校地学・特別支援(高等部)地学

【課題】

第1問 次の問1，問2に答えなさい。

問1 高等学校学習指導要領(平成30年3月告示)「地学基礎」の授業において，地球内部の層構造を調べるために岩石や金属の密度を測定する実習を行うとき，(1)～(3)に答えなさい。

(1) この実習を行うとき，試料としてどのような岩石や金属を準備しますか，具体的に4つ書きなさい。

(2) この実習を行う手順を箇条書きで書きなさい。なお，必要であれば図を書き加えてもよい。

(3) この実習において，より正確な測定結果を得るために，あなたは生徒にどのような指示をしますか，2つ書きなさい。

問2 「地学基礎」の「地球のすがた」の学習において，単元「大気と海洋」の中で「大気と海洋の運動」について授業を行うとき，次の留意事項を踏まえ「学習指導案」を作成しなさい。ただし，作成に当たっては，次の資料を参考にすること。

ア 留意事項

(ア) 指導内容については，具体的な例を取り入れるとともに，基礎的・基本的な事項を重視すること。

(イ) 「Ⅱ 単元の指導計画」や「Ⅲ 本時の目標」をもとに，本

　　　時1時間(1単位時間を50分とする。)の「Ⅳ　本時の指導計画」
　　　を作成すること。
　(ウ)　「過程」の欄には，本時1時間の指導の流れが分かるよう，
　　　導入や展開，まとめなど，過程を示すこと。
　(エ)　「学習活動」及び「教師の働きかけ」の欄は，具体的に記入
　　　すること。
　(オ)　「評価の観点及び評価方法」の欄は，本時における「評価の
　　　観点(知識・技能，思考・判断・表現，主体的に学習に取り組
　　　む態度)」と「評価方法」を評価すべき場面で設定し，記入す
　　　ること。
イ　資料
　(ア)　高等学校学習指導要領(平成30年3月告示)(一部抜粋)

第8　地学基礎
1　目標
　　地球や地球を取り巻く環境に関わり，理科の見方・考え方を
働かせ，見通しをもって観察，実験を行うことなどを通して，
地球や地球を取り巻く環境を科学的に探究するために必要な資
質・能力を次のとおり育成することを目指す。
　(1)　日常生活や社会との関連を図りながら，地球や地球を取
　　　り巻く環境について理解するとともに，科学的に探究する
　　　ために必要な観察，実験などに関する基本的な技能を身に
　　　付けるようにする。
　(2)　観察，実験などを行い，科学的に探究する力を養う。
　(3)　地球や地球を取り巻く環境に主体的に関わり，科学的に
　　　探究しようとする態度と，自然環境の保全に寄与する態度
　　　を養う。
2　内容
　(1)　地球のすがた
　　　地球のすがたについての観察，実験などを通して，次の事

項を身に付けることができるよう指導する。

ア　地球のすがたについて，次のことを理解するとともに，それらの観察，実験などに関する技能を身に付けること。

(ウ)　大気と海洋

㋑　大気と海水の運動

大気と海水の運動に関する資料に基づいて，大気と海洋の大循環について理解するとともに，緯度により太陽放射の受熱量が異なることなどから，地球規模で熱が輸送されていることを見いだして理解すること。

イ　地球のすがたについて，観察，実験などを通して探究し，惑星としての地球，活動する地球，大気と海洋について，規則性や関係性を見いだして表現すること。

(イ)「地学基礎　(1)ア(ウ)　大気と海洋」の評価規準の例

(国立教育政策研究所作成「『指導と評価の一体化』のための学習評価に関する参考資料　高等学校理科」より抜粋)

知識・技能	思考・判断・表現	主体的に学習に取り組む態度
大気と海洋について，地球の熱収支，大気と海水の運動の基本的な概念や原理・法則などを理解しているとともに，科学的に探究するために必要な観察，実験などに関する基本操作や記録などの基本的な技能を身に付けている。	大気と海洋について，観察，実験などを通して探究し，大気と海洋について，規則性や関係性を見いだして表現している。	大気と海洋に主体的に関わり，見通しをもったり振り返ったりするなど，科学的に探究しようとしている。

▼高校英語・特別支援(高等部)英語

【課題】

第1問　「論理・表現Ⅰ」は，話すこと[やり取り]，話すこと[発表]，書くことの三つの領域別に設定する目標の実現を目指した指導を通して，「知識・技能」及び「思考力，判断力，表現力等」の資質・能力を一体的に育成するとともに，その過程を通して，「学びに向かう力，人間性等」の資質・能力を育成することをねらいとして，話

したり書いたりする言語活動を中心に，情報や考えなどを表現した
り伝え合ったりする能力の向上を図るように指導することが求めら
れています。

　このことを踏まえ，「論理・表現Ⅰ」の授業において，別紙に示
す単元について3単位時間(1単位時間は50分とする。)を配当して授業
を行うものとして，次の問1，問2に答えなさい。

問1　任意の1単位時間について，「学習指導案」を日本語で作成しな
　　さい。ただし，作成に当たっては，次の資料を参考とし，続く1〜5
　　に留意するとともに，解答用紙の様式にしたがうこと。

[資料]　高等学校学習指導要領(平成30年告示)(抜粋)

第4　論理・表現Ⅰ
1　目標
　英語学習の特質を踏まえ，以下に示す，話すこと[やり取り]，
話すこと[発表]，書くことの三つの領域別に設定する目標の実現
を目指した指導を通して，第1款の(1)及び(2)に示す資質・能力
を一体的に育成するとともに，その過程を通して，第1款の(3)に
示す資質・能力を育成する。

　(1)　話すこと[やり取り]
　　ア　日常的な話題について，使用する語句や文，対話の展
　　　開などにおいて，多くの支援を活用すれば，基本的な語
　　　句や文を用いて，情報や考え，気持ちなどを話して伝え
　　　合ったり，やり取りを通して必要な情報を得たりするこ
　　　とができるようにする。
　　イ　日常的な話題や社会的な話題について，使用する語句
　　　や文，対話の展開などにおいて，多くの支援を活用すれ
　　　ば，ディベートやディスカッションなどの活動を通して，
　　　聞いたり読んだりしたことを活用しながら，基本的な語
　　　句や文を用いて，意見や主張などを論理の構成や展開を
　　　工夫して話して伝え合うことができるようにする。

1　「本時の目標」については，3単位時間のうち，何時間目の指導案かを示すとともに，その該当する1単位時間の目標を少なくとも2つ設定することとし，その中で生徒に身に付けさせたい資質・能力を明らかにすること。

2　「時間」については，単元や題材など内容や時間のまとまりを見通しながら，生徒の主体的・対話的で深い学びを実現できるよう配分すること。

3　「生徒の学習活動」については，生徒の学習活動の概要が分かるようにすること。英語で表現したり，伝え合ったりすることに関する事項について，コミュニケーションを行う目的や場面，状況などに応じて，情報を整理しながら考えなどを形成し，論理的に適切な英語で表現する言語活動を複数設定することとし，少なくともその内1つを複数の領域を結び付けた統合的な言語活動とすること。

4　「教師の活動及び指導上の留意点」については，話すことや書くことの指導における工夫や生徒が発話する機会を増やし他者と協働する力を育成する指導の工夫，生徒が学習の見通しを立てたり，振り返ったりして，主体的，自律的に学習することができる工夫を記入すること。教師が使用する言語を明確にし，補助的に日本語を使用する場面があれば，その理由を具体的に記入すること。

5　評価については，生徒の学習状況を的確に捉え，教師が指導の改善を図るとともに，生徒が自らの学びを振り返って次の学びに向かうことができるようにすることに重点を置くこと。「知識・技能」及び「思考・判断・表現」の評価の記録については，原則として単元や題材等のまとまりごとに，それぞれの実現状況が把握できる段階で行うこととしているが，本学習指導案においては，次のことに留意し，1単位時間で2つ以上の評価の観点を入れるように作成すること。

　(1)　「評価の観点」の欄に記入する観点については，「知識・技能」は①，「思考・判断・表現」は②，「主体的に学習に取り組む態度」は③で示すこと。

(2) 「評価方法」については、「評価の観点」ごとに、何をどのように評価するのかが分かるような評価方法を記入すること。

問2　問1で作成した「学習指導案」に記載した言語活動の中から、複数の領域を結び付けた統合的な言語活動を取り上げ、その言語活動の領域を示した上で、活動のねらいや具体的な内容、指導上の留意点を120語以上の英語で書きなさい。

〈別紙〉

Lesson8　Owning a Pet is a Huge Commitment

Mio:　Do you have any pets, John?

John:　Yes. My family and I love animals. We especially love dogs and have a Labrador retriever at home.

Mio:　Are you sure? I also have Labrador retrievers. They are smart, active, and friendly, aren't they?

John:　I completely agree with you. Actually, my dog, Max, is a gentle and faithful dog.

Mio:　How did you get him?

John:　We bought him at a nearby pet shop. Why do you ask me that, Mio?

Mio:　France approved a bill to prohibit the sale of young dogs and cats in pet shops. I watched the news on TV yesterday.

John:　I didn't know that. Then, how do people get dogs and cats?

Mio:　They are able to buy from licensed breeders or adopt from shelters. However, to avoid impulsive purchases, future animal owners must obtain a certificate of Commitment and Knowledge.

John:　I see, but why was such a bill submitted in France? Are there any problems?

Mio:　It is said that one French person out of the two owns a pet, but

---

about 100,000 pets are abandoned each year.

John: Since people had to stay home for a long period due to the spread of COVID-19, it might be reasonable to think that the number of people who own their pets increased. We can easily imagine that more pets will be abandoned. Everyone should understand that pets are not toys, products or consumer goods.

Mio: You are correct. Keeping pets is not easy. Every pet owners should make sure to raise them responsibly.

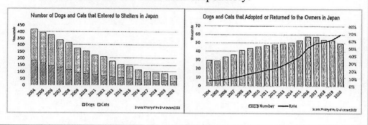

▼高校音楽・特別支援(高等部)音楽

【課題】

第1問　問1，問2に答えなさい。

　問1　次の旋律を用いて，「音楽Ⅲ」で使用する四重奏曲に編曲し，記譜しなさい。ただし，それぞれの注にしたがって解答すること。

　注1　楽器は，次の中から，移調楽器1つ以上を含む，異なる楽器2つ以上を選ぶものとする。

```
フルート
オーボエ
クラリネット(in B♭)
バス・クラリネット(in B♭)
ファゴット
ソプラノ・サクソフォーン(in B♭)
アルト・サクソフォーン(in E♭)
テナー・サクソフォーン(in B♭)
バリトン・サクソフォーン(in E♭)
トランペット(in B♭)
ホルン(in F)
トロンボーン
ユーフォニアム
テューバ
ヴァイオリン
ヴィオラ
チェロ
コントラバス
```

注2　楽器を選ぶ際には，その楽器の音域，音部記号，調性，特性を
　　　考慮すること。

注3　必要に応じて旋律を移調してもよい。

注4　記載されているコード進行を用いて編曲すること。

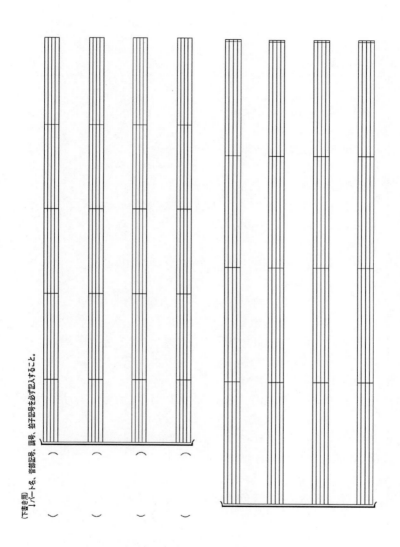

（下書き用）
パート名、音部記号、調号、拍子記号を必ず記入すること。

問2 「音楽Ⅰ」における鑑賞の授業について，次に示された「指導計
　　画書」に沿って，「使用する教材」を設定し，第1時における「本時
　　の展開」を作成しなさい。ただし，1単位時間は50分として作成す

ること。

指導計画書

---

1 題材名
   舞台芸術の楽しみ方を探ろう
2 題材設定の理由
   現代においては様々な舞台芸術とその音楽が存在し，人々に親しまれている。代表的な作品や楽曲の鑑賞を通して，その音楽の特徴に親しむとともに，舞台芸術の楽しみ方を考えることで，自分や社会にとっての音楽の意味や価値について考えを深めることをねらいとし設定した。
3 題材の目標
   (1) 音楽の特徴と文化的・歴史的背景，他の芸術との関わりについて理解する。
   (2) リズム，旋律を知覚し，それらの働きを感受しながら，知覚したことと感受したことの関わりについて考えるとともに，曲に対する評価とその根拠，及び自分や社会にとっての音楽の意味や価値について考え，音楽のよさや美しさを自ら味わって聴く。
   (3) 舞台芸術における音楽の特徴に関心をもち，主体的・協働的に創作や鑑賞の学習活動に取り組むとともに，音楽に対する感性を豊かにし，音楽を愛好する心情を養う。
4 本題材で扱う学習指導要領の内容
   音楽Ⅰ B鑑賞
      ア 鑑賞に関わる知識を得たり生かしたりしながら，次の(ア)から(ウ)までについて考え，音楽のよさや美しさを自ら味わって聴くこと。
      (ア) 曲や演奏に対する評価とその根拠
      (イ) 自分や社会にとっての音楽の意味や価値

　イ　次の(ア)から(ウ)までについて理解すること。

　（イ）　音楽の特徴と文化的・歴史的背景，他の芸術との関わり

〔共通事項〕(1)

　(本題材の学習において，生徒の思考・判断のよりどころとなる主な音楽を形づくっている要素：「リズム」「旋律」)

※　ア(ウ)及びイ(ア)，(ウ)については本題材で扱わないため，記載を省略している。

5　題材の評価基準

知識・技能	思考・判断・表現	主体的に学習に取り組む態度
知　音楽の特徴と文化的・歴史的背景，他の芸術との関わりについて理解している。	思　リズム、旋律を知覚し、それらの働きを感受しながら、知覚したことと感受したことの関わりについて考えるとともに、曲や演奏に対する評価とその根拠、及び自分や社会にとっての音楽の意味や価値について考え、音楽のよさや美しさを自ら味わって聴いている。	態　舞台芸術における音楽の特徴に関心をもち、主体的・協働的に鑑賞の学習活動に取り組もうとしている。

6　指導と評価の計画(全4時間)

時	題材全体の学習指導 主な学習内容	評価の場面 知	思	態
1	・作品の概要を知るとともに、代表的な楽曲を鑑賞し、音楽の特徴を知覚・感受する。	⇩		⇩
2 3	・作品（抜粋）を鑑賞するとともに、舞台芸術における音楽の特徴について整理する。	知		
4	・「舞台芸術の楽しみ方」について、作品を鑑賞したことを支えとし、自分の考えをまとめる。		思	態

▼高校保健体育・特別支援(高等部)保健体育
【課題】
第1問　科目「保健」の指導に当たっては，健康課題を解決する学習
　　活動を重視して，思考力，判断力，表現力等を育成していくととも
　　に，「保健」で身に付けた知識及び技能を生かすことができるよう
　　に健康に関する関心や意欲を高めることが重要である。
　　　このことを踏まえ，科目「保健」の「健康を支える環境づくり」
　　における「環境と健康」を単元として，次の「単元の指導計画」に
　　基づき，5単位時間で指導する際，その2時間目の学習指導案を次の
　　点に留意して作成しなさい。
　　　・1単位時間は50分とすること。
　　　・評価規準については，1観点とすること。
　　　・記入に当たっては解答用紙の様式に従うこと。
【単元の指導計画】

1　単元の目標
(1)　環境の汚染と健康，環境と健康に関わる対策，環境衛生
　　に関わる活動について，理解することができるようにする。
(2)　環境と健康に関わる情報から課題を発見し，疾病等のリ
　　スクの軽減，生活の質の向上，健康を支える環境づくりな
　　どと，解決方法を関連付けて考え，適切な整備や活用方法
　　を選択し，それらを説明することができるようにする。
(3)　環境の汚染と健康，環境と健康に関わる対策，環境衛生
　　に関わる活動について，自他や社会の健康の保持増進や回
　　復についての学習に主体的に取り組もうとすることができ
　　るようにする。

---

2 単元の評価規準

知識・技能	思考・判断・表現	主体的に学習に取り組む態度
①人間の生活や産業活動は、大気汚染、水質汚濁、土壌汚染などの自然環境汚染を引き起こし、健康に影響を及ぼしたり被害をもたらしたりすることがあるということについて、理解したことを言ったり書いたりしている。 ②健康への影響や被害を防止するためには、汚染物質の排出をできるだけ抑制したり、排出された汚染物質を適切に処理したりすることなどが必要であること、そのために環境基本法などの法律等が制定されており、環境基準の設定、排出物の規制、監視体制の整備などの総合的・計画的対策が講じられていることについて、理解したことを言ったり書いたりしている。 ③上下水道の整備、ごみやし尿などの廃棄物を適切に処理する等の環境衛生活動は、自然環境や学校・地域などの社会生活における環境、及び人々の健康を守るために行われていること、その現状、問題点、対策などを総合的に把握し改善していかなければならないことについて、理解したことを言ったり書いたりしている。	①環境と健康について、それらに関わる事象や情報などを整理したり、個人及び社会生活と関連付けたりして、自他や社会の課題を発見している。 ②人間の生活や産業活動などによって引き起こされる自然環境汚染について、事例を通して理解し、疾病等のリスクを軽減するために、環境汚染の防止や改善の方策に応用している。 ③環境と健康について、自他や社会の課題の解決方法と、それを選択した理由などを話し合ったり、ノートなどに記述したりして、筋道を立てて説明している。	①環境の汚染と健康、環境と健康に関わる対策、環境衛生に関わる活動について、課題の解決に向けた学習活動に主体的に取り組もうとしている。

3 指導と評価の計画

時間	ねらい・学習活動	評価規準		
		知識技能	思考判断表現	態度
1 大気汚染と健康	**(ねらい)** 環境と健康に関わる事象や情報などを整理したり、個人及び社会生活を関連付けたりして、自他や社会の課題を発見することができるようにする。 (学習活動) 1 大気汚染の原因と健康影響について調べる。 2 大気汚染が原因の健康被害について、グループで話し合う。 3 環境と健康にはどのような課題があるのかを整理し、発表する。		①	
2 水質汚濁と土壌汚染と健康	**(ねらい)** 人間の生活や産業活動は、大気汚染、水質汚濁、土壌汚染などの自然環境汚染を引き起こし、健康に影響を及ぼしたり被害をもたらしたりすることがあることについて、理解することができるようにする。 (学習活動)			

3 環境と健康に関わる対策	(ねらい) 環境と健康に関わる対策について理解することができるようにするとともに、理解したことを環境汚染の防止や改善の方針に応用することができるようにする。		
	(学習活動) 1　環境汚染防止のための総合的・計画的対策について調べる。 2　環境汚染の防止や改善の方策を整理し、産業廃棄物の処理方法に当てはめて考える。 3　環境と健康に関わる対策をワークシートにまとめ、発表する。	②	②
4 上下水道の整備・廃棄物の処理	(ねらい) 環境衛生活動における課題などについて理解できるようにする。		
	(学習活動) 1　ごみ処理の現状と課題について調べる。 2　上下水道の整備と健康との関わりについてまとめる。 3　安全な水を確保するための方法を考え、グループで話し合い、発表する。	③	
5 新たな環境問題と環境衛生活動	(ねらい) 環境と健康について、課題の解決方法について説明することができるようにするとともに、課題の解決に向けた学習活動に主体的に取り組むことができるようにする。		
	(学習活動) 1　新たな環境問題から発生している健康課題や健康被害を調べる。 2　1を解決するための環境衛生活動を考え、グループで話し合う。 3　単元を通して学んだことをこれからの生活にどのように生かしていくかをワークシートに記入し、発表する。	③	①

▼高校家庭・特別支援(高等部)家庭

【課題】

第1問　高等学校学習指導要領解説(平成30年7月)「家庭編」で示されている専門教科の科目「課題研究」の「内容」の「(5)学校家庭クラブ活動」において，地域と連携した地域の持続可能なライフスタイルと環境について考えさせる活動を指導するとき，次の留意事項に基づき「目標及び指導と評価の流れ」を作成しなさい。

[留意事項]

1　4単位時間(1単位時間は，50分とする。)で指導する計画とすること。なお，事前学習として1単位時間，実際の活動として連続する2単位時間，事後学習として1単位時間の配当とすること。

2　活動を行う際に生徒が移動する時間は，4単位時間に含めないこと。

3　4単位時間の「単元の目標」を記入すること。

4　4単位時間の「単元の評価規準」を記入すること。

5　「指導計画」に，4単位時間のうち，活動を行う第2～3時(2単位時間)についてのみ，次の内容を記入すること。

(1)　「本時の目標」を記入すること。

(2)　「授業の概要」を記入すること。ただし，生徒の学習活動が分かるようにすること。

(3)　「評価の観点」の欄には，「知識・技術」,「思考・判断・表現」,「主体的に学習に取り組む態度」から，この時間において重視する評価の観点を記入すること。

(4)　「概ね満足できる状況と判断される生徒の実現状況の具体例」の欄には，設定した本時の目標について，生徒がどのような学習状況を実現すればよいのかを，「(4)評価の観点」で記入したそれぞれの観点ごとに，具体的に記入すること。

▼高校情報・特別支援(高等部)情報

【課題】

第1問　次の問1，問2に答えなさい。

　問1　高等学校学習指導要領(平成30年告示)では，「情報Ⅰ」の「2 内容」の「(2)コミュニケーションと情報デザイン」のアの(イ)及びイの(イ)に，次のように示されています。

> (2)　コミュニケーションと情報デザイン
> 　ア　次のような知識及び技能を身に付けること。
> 　　(イ)　情報デザインが人や社会に果たしている役割を理解すること。
> 　イ　次のような思考力，判断力，表現力等を身に付けること。
> 　　(イ)　コミュニケーションの目的を明確にして，適切かつ効果的な情報デザインを考えること。

　　　「情報Ⅰ」の「(2)コミュニケーションと情報デザイン」のアの(イ)及びイの(イ)の内容について授業を実施するとき，配当時間が4単位時間(1単位時間は50分とする。)の指導計画を，1単位時間ごとの学習内容が分かるように作成しなさい。

問2　問1で作成した4単位時間の指導計画のうち，任意に選んだ1単位時間(1単位時間は50分とする。)の指導計画を作成しなさい。

　　　ただし，作成に当たっては，次の2つの事項に留意すること。

(1)　本時の学習の目標を実現するために，身近で具体的な情報デザインの例を取り上げること。

(2)　本時の学習の目標に照らして，生徒の学習の実現状況を適切に評価すること。

▼高校農業・特別支援(高等部)農業

【課題】

第1問　高等学校学習指導要領解説(農業編)(平成30年7月)では，科目「農業と環境」における，「2 内容　(2)暮らしと農業　ア 食料と農業」について，次の資料のとおり示されています。(1)，(2)に答えなさい。

[資料]　高等学校学習指導要領解説(農業編)(平成30年7月)一部抜粋

第1節　農業と環境

　第2　内容とその取扱い

　　2　内容

　　(2)　暮らしと農業

　　　ここでは，暮らしと農業について，地域の農業と環境の実態などの具体的な事例を通して理解できるようにすることをねらいとしている。

　　　ア　食料と農業

　　　ここでは，食料と生産，食料の供給や我が国農業の特色，世界の農業と食料，農業を支える生産技術の特色，安全で

> 持続的な食料生産と生産工程の管理，食料の流通と消費や
> 食品産業，有機農産物と環境保全型農業について取り上げ，
> 食料の安定供給について考察する学習活動を取り入れる。

(1)　単元「食料と農業」について，4単位時間(1単位時間は50分と
する)で指導するとき，あなたはどのような「指導と評価の計画」
を作成しますか。解答用紙に示されている単元の目標を踏まえ，
各時間における「指導と評価の計画」を作成しなさい。
　　なお，評価の観点は，時間ごとに，最も重視する「評価の観点」
を一つ選び，評価規準を記入しなさい。

(2)　(1)で作成した「指導と評価の計画」の中から，任意の1単位時
間を選び，本時のねらいを設定した上で，「指導と評価の計画」
を作成しなさい。

▼高校工業・特別支援(高等部)工業
【課題】
第1問　高等学校学習指導要領(平成30年3月)工業の科目「課題研究」
には，次のように示されています。

1　目標
　工業の見方・考え方を働かせ，実践的・体験的な学習活動を
行うことなどを通して，社会を支え産業の発展を担う職業人と
して必要な資質・能力を次のとおり育成することを目指す。
　(1)　工業の各分野について体系的・系統的に理解するととも
　　に，相互に関連付けられた技術を身に付けるようにする。
　(2)　工業に関する課題を発見し，工業に携わる者として独創
　　的に解決策を探究し，科学的な根拠に基づき創造的に解決
　　する力を養う。
　(3)　課題を解決する力の向上を目指して自ら学び，工業の発
　　展や社会貢献に主体的かつ協働的に取り組む態度を養う。

　　この目標を踏まえ，科目「課題研究」における年度当初の授業を連続3単位時間(150分)で実施するとき，あなたは，どのように授業を展開しますか。指導のねらい及び指導と評価の計画を作成しなさい。

　　また，この連続3単位時間(150分)における評価の観点を一つ選択し，「おおむね満足できると判断される状況(B)」を書きなさい。

　　なお，作成に当たっては，次の留意事項を踏まえること。

＜留意事項＞

1　科目「課題研究」を履修することによって，「総合的な探究の時間」の履修に代替していること。

2　上記1を踏まえて，課題研究のねらいを理解させた上で，課題を設定させること。

3　課題の設定に当たっては，指導項目の「作品製作，製品開発」を取り上げ，学校又は地域の課題解決につながるよう配慮すること。

4　専門的な知識，技術などの深化・総合化を図り，工業に関する課題の解決に取り組むことができるようにすること。

▼高校商業・特別支援(高等部)商業

【課題】

第1問　次の(1)，(2)に答えなさい。

(1)　高等学校学習指導要領(平成30年)解説「商業編」の「第1節ビジネス基礎」では，「2　内容」の〔指導項目〕の「(4)取引とビジネス計算　ア 売買取引と代金決済」については，(内容の範囲や程度)において，「新たな代金決済の手段とその仕組みについても扱うこと。」としています。

　　このことを踏まえ，単元「売買取引と代金決済」の授業を実施するとき，配当時間が5単位時間(1単位時間は50分)の指導計画を，1単位時間ごとの主な学習活動，教師の指導(留意点等)，評価の観点及び具体的な評価方法について記載し，作成しなさい。

なお，作成に当たっては，次の資料を参考にするとともに，下記の留意事項を踏まえること。

○　資料

高等学校学習指導要領(平成30年)解説「商業編」(一部抜粋)

第1節　ビジネス基礎

2　内容

〔指導項目〕

> (4)　取引とビジネス計算
> 　　ア　売買取引と代金決済
> 　　イ　ビジネス計算の方法

(内容の範囲や程度)

> エ　〔指導項目〕の(4)のアについては，新たな代金決済の手段とその仕組みについても扱うこと。イについては，ビジネス計算の用具としてのそろばんの歴史についても触れること。

(4)　取引とビジネス計算

ア　売買取引と代金決済

　　ここでは，売買契約を締結する際に取り決めておく必要がある条件，売買契約の締結と履行の流れ及び通貨，小切手，手形，クレジットカードなど代金決済の手段とその仕組みについて扱う。また，情報技術を活用するなどした新たな代金決済の手段とその仕組みについて扱う。

○　留意事項

(1)　取引について実務に即して理解するとともに，関連する技術を身に付けること。

(2)　取引に関する課題を発見し，科学的な根拠に基づいて課題への対応策を考案すること。

(3)　取引について自ら学び，適切な契約の締結と履行に主体的かつ協働的に取り組むこと。

(2)　(1)で作成した5単位時間の指導計画のうち，任意に選んだ1単位時間(1単位時間は50分)の学習指導案について，何時間目の授業であるかを本時の括弧に示すとともに，各種メディアの情報を活用するなどして経済社会の動向を捉えることにより，ビジネスについての理解が深められるような学習活動と教師の指導内容を具体的に記載し，作成しなさい。

また，学習評価の欄には，本授業において最も重視する評価の観点を一つ選び，「おおむね満足できる」と判断する生徒の学習状況を具体的に記載しなさい。

▼高校福祉・特別支援(高等部)福祉
【課題】
第1問　高等学校学習指導要領(平成30年告示)解説福祉編で示されている科目「介護福祉基礎」の「2内容(1)介護の意義と役割」では，人間の尊厳を保持するための介護の在り方今その必要性を扱い，サービス利用者が望む豊かな生活のために必要な自立の考え方を理解するとともに，現代社会における介護の意義や役割について自ら考え，サービス利用者が地域社会と深く関わりをもつ存在であることを理解できるようにさせることをねらいとしています。

このことを踏まえ，単元「介護の意義と役割」における尊厳を支える介護について，3単位時間(1単位時間は50分とする。)で指導するとき，あなたはどのような指導計画を作成しますか。また，指導したことをどのように評価しますか。指導のねらいを書き，各単位時間の指導内容，評価方法が分かるように指導計画の概要を書きなさい。ただし，次の点に留意すること。

＜留意する点＞

(1) 「主な学習活動」の欄には，自身が設定した指導のねらいを踏まえ，具体的な事例を通して理解させるよう，記入すること。

(2) 「教師のはたらきかけ(指導上の留意点)」の欄には，生徒の理解か深まるように工夫する事項等を記入すること。

(3) 「評価の観点及び評価方法」の欄には，評価の観点を記載するとともに，具体的な評価方法を明確に記入すること。

[資料]

○　高等学校学習指導要領(平成30年告示)解説福祉編(抜粋)

第1章　福祉科の各科目

第2節　介護福祉基礎

　第2　内容とその取扱い

　2　内容

　(1)　介護の意義と役割

　ア　尊厳を支える介護

　　ここでは，尊厳を支える介護として，介護の意義，介護の目的と役割，生活の質(QOL)，ノーマライゼーション，サービス利用者の潜在的能力を引き出すことなど介護の必要性について扱う。また，サービス利用者主体の考え方や虐待防止の重要性についても扱う。

▼養護教諭

【課題】

第1問　次の事例について，問1～問3に答えなさい。

　A高等学校2年生のBさんは，発熱等の症状があっため，学校を欠席して，医療機関を受診したところ，麻しんと診断されました。

　保健所が，Bさんの疫学調査を実施したところ，感染の可能性

がある期間に，公共の交通機関を利用して通学していたことがわかり，接触者が特定できないことから，保健所は広く情報提供を行いました。

　A高等学校と同じ市内に所在するC高等学校では，Bさんと同じ交通機関を利用して通学する生徒が複数います。

問1　C高等学校は，保健所からの情報提供を受けて，緊急の職員会議を開催することになり，養護教諭から，麻しんについて説明することになりました。説明する内容として，麻しんの感染経路や症状及び経過，予防法について，解答用紙の枠組みに従って具体的に書きなさい。

問2　麻しんと診断された生徒Bが在籍するA高等学校では，関係者や関係機関と連携のもと，必要な情報を収集し，生徒及び保護者へ情報提供を行う必要があります。収集すべき内容と生徒及び保護者へ情報提供する内容を解答用紙の枠組みに従って具体的に書きなさい。

問3　学校保健安全法に基づく麻しんに係る出席停止について，麻しんに感染した者の出席停止の期間及び，麻しんに感染した者以外で出席停止を行う場合とそれぞれの出席停止の期間について，解答用紙の枠組みに従って具体的に書きなさい。

▼栄養教諭

【課題】

第1問　小学校「生活」における食に関する指導では，食に関する理解をより身近に実感をもって深めることができるよう，自分で野菜を育て，食べる活動などを通して，食の安全や命の大切さについて考えられるようにすることが求められています。

　このことを踏まえ，次の学級担任と連携したティーム・ティーチングの授業について，本時の学習過程の「展開」と「終末」の学習活動，児童の反応，教師の主な働きかけを具体的に書きなさい。

　なお,「学習課題」と「児童一人一人のまとめの例」は,問題に記載されているとおりとする。

第2学年　生活科学習指導案

1　単元名「やさいはかせになろう」

　　内容(7)　動物を飼ったり植物を育てたりする活動を通して,それらの育つ場所,変化や成長の様子に関心をもって働きかけることができ,それらは生命をもっていることや成長していることに気付くとともに,生き物への親しみをもち,大切にしようとする,

2　単元の目標

　主体的に野菜を育てる活動を通して,変化や成長の様子に関心をもって働きかけることができ,それらは生命をもっていることや成長していることに気付くとともに,野菜への親しみをもち,世話をする楽しさや喜びを味わわせる。

3　食育の視点

　(1)　食べ物には栄養があり,好き嫌いなく食べることの大切さが分かる。〈心身の健康〉

　(2)　食べ物を大切にし,残さずに感謝をして食べようとする。〈感謝の心〉

4　単元の評価規準

知識・技能	思考・判断・表現	主体的に学習に取り組む態度
野菜を育てる活動を通して,自分が育てている野菜が生命をもっていることや自分が世話の仕方を工夫したことで野菜が大きく成長していることに気付いている。	野菜を育てる活動を通して,野菜の変化や成長の様子に関心をもち,世話の仕方を工夫したり,観察したりしている。	野菜を育てる活動を通して,自分が育てている野菜に親しみをもち,生き物を大切にしようとしている。

5　単元の指導計画(全12時間)

　(1)　やさいのいいところをみつけよう(1時間(本時))

　(2)　そだてるやさいをきめてうえよう(2時間)

　(3)　やさいのせわをしよう(7時間)

　(4)　やさい作りをふりかえろう(2時間)

6　本時の指導計画

(1)　本時の目標

　　野菜に触れたり，調理の様子を想起させたりする活動など
を通して，野菜は手触りや形，におい等に違いがあることに
気付き，野菜への関心を高め，意欲的に栽培活動に取り組も
うとする。

(2)　本時の学習過程

	「○」主な学習活動 「・」児童の反応	□教師の主な働きかけ		評価規準
		T1（学級担任）	T2（栄養教諭）	評価方法
導入	○　はてなボックスの中の野菜に触れた特徴から野菜の名前を予想して発表し合い，野菜への興味・関心を高める。 ・でこぼこ・ふわふわ→ピーマン ・すべすべ・とげとげ→なす ・丸い　つるつる→ミニトマト	□　児童が発表した大きさ，形，手触りを黒板に書き，野菜の特徴を全体で確認する。	□　児童が野菜の特徴を捉えやすいよう，「大きさは？」「形は？」「触った感じは？」などと問いかける。	(略)
	学習課題：やさいのいいところをみつけよう			
展開				
終末	＜児童一人一人のまとめの例＞ ・家の食事や給食で，たくさんの野菜を食べていたんだな。 ・野菜にはたくさんの種類があって，それぞれ特徴があるんだな。 ・自分で育てる野菜を決めて，自分でお世話をしてみたいな。			
	○　教科書を見ながら，次時の学習活動への見通しをもつ。			

〈解答用紙〉

	「○」主な学習活動 「・」児童の反応	□教師の主な働きかけ	
		T1（学級担任）	T2（栄養教諭）
導入	○ はてなボックスの中の野菜に触れた特徴から野菜の名前を予想して発表し合い、野菜への興味・関心を高める。 ・でこぼこ・ふわふわ→ピーマン ・すべすべ・とげとげ→なす ・丸い・つるつる→ミニトマト	□ 児童が発表した大きさ、形、手触りを黒板に書き、野菜の特徴を全体で確認する。	□ 児童が野菜の特徴を捉えやすいよう、「大きさは？」「形は？」「触った感じは？」などと問いかける。
	学習課題：やさいのいいところをみつけよう		
展開			
終末	<児童一人一人のまとめの例> ・家の食事や給食で、たくさんの野菜を食べていたんだな。 ・野菜にはたくさんの種類があって、それぞれ特徴があるんだな。 ・自分で育てる野菜を決めて、自分でお世話をしてみたいな。 ○ 教科書を見ながら、次時の学習活動への見通しをもつ。		

◆個人面接Ⅰ(2次試験)
　▼小学校　面接官2人×2　20分×2
　【質問内容】
　〈面接Ⅰ〉
　□地方公務員法としての教員の義務は。
　　→教員に様々な義務が課せられている理由は。
　□休日の過ごし方は。
　□ストレスがかかりやすい方か。
　〈面接Ⅱ〉
　□札幌市の教育重点について。
　□わかる，できる，楽しい授業とはどのような授業か。
　　→その中であなたが大切にしたいのがどれか。
　□不登校の子どもが学級に復帰するとき，どのようなことに配慮する
　　か。

　▼小学校　面接官2人×2　20分×2
　【質問内容】
　〈面接Ⅰ〉
　□公務員の義務に関する質問。
　□健康に関する質問。
　□勤務地，指導可能な部活動や少年団に関する質問。
　□教員の不祥事に関する質問。
　□願書に関する質問。
　〈面接Ⅱ〉
　□札幌市学校教育の重点に関する質問。

　▼中学数学　面接官2人×2　20分×2
　【質問内容】
　〈面接Ⅰ〉
　□志望理由。

□日頃心がけていることは。
□健康状態について。
□採用後，部活のメインスポンサーが可能かどうか。
〈面接Ⅱ〉
□教科でのICT活用法について。
□生徒に「死にたい」と言われた時，どう対応するか。

▼高校商業　面接官2人×2　20分×2
【質問内容】
□志望動機について。
□これまでの仕事内容について。
□学校と関わった経験について。
□ICTを使って学校で実施できそうなことは。
□長所，短所について。
□なぜ教員の不祥事が起こるのか。
□趣味，特技について。

▼栄養教諭　面接官2人×2　20分×2
【質問内容】
〈面接Ⅰ〉
□北海道に来たことはあるか。
□(実施場所が農業高校だったため)農業高校に入った時，何を思ったか。
□栄養教諭の志望理由は。
□栄養教諭にしかできないことは何か。
　→(食に関する指導と答えたことに対して)食に関する指導で何ができるか。
　→それをするために何を学ばないといけないか。
　→それをどうやって子ども達に伝えるか。
□1人1台タブレットを持っているが，どうやって使うか。

□教育実習で思い描いていたことと，思い描いていなかったことは。
　→そのときどうしたか。
□人生の糧になっていることは。
□ストレス発散方法について。
□苦手な人はどんな人か。
　→今までどうやって苦手な人とつきあってきたか。
　→職場にいたらどうやって付き合っていくか。
□ボランティアや勉強以外で力を注いだことは。
□子どもから傷つくこと言われた，どう対応するか。
□職場でもそんなことを言われるかもしれないが，どう対応するか。
□最近気になった教員の不祥事，どうして関心を持ったか，自分だったらどうするか。
□何を食べてもいいよと言われたら，何を食べるか。

〈面接Ⅱ〉
□午前の試験(指導案作成)はどうだったか。
□栄養教諭の志望理由。
□北海道の志望理由。
□北海道で特に印象に残っている食べ物は。
□エントリーシートに書いた特技について。
　→得意になったきっかけは。
　→どうやって活かすか。
□健康について。
□ほかの自治体の受験状況について。
□人生で頑張ったことは。
□困難だったことは
□失敗したことは。
□挫折したことは。
□周囲と関わる中での自分の立ち位置(前で引っ張るか，支えるか)について。
□周りからどんな人と言われるか。

□ストレス発散方法は。

・各日20分ずつ，2日に分けて行われる。栄養教諭としての対応というよりは，これまでどのような人生を送ってきたかについて問われるような質問が多かった。

・1日目と2日目で違う面接官が担当。特に情報共有もされていなかったため，いくつか同じ質問も聞かれた。

◆実技試験(2次試験)

▼中高英語・特別支援(中学部・高等部)英語

【課題1】

□自由会話

日常的なことについて自由に会話をする。

【課題2】

□英問英答

(1) 英文課題1つが示され，黙読する(2分間)。

(2) 黙読の後，英文を音読する。試験官が英文の内府に関する質問をするのでそれに答える。

〈英文課題〉

Interview Test　A

　In recent years it has become very popular to learn a new language. For some people it's a necessity while for others it may be a hobby. In both cases, people often hope to become fluent in their new language; but what does it mean to be fluent? For many people being fluent means to be able to speak perfectly in their new learned language. However, this could be an unrealistic goal. Often times many native speakers may not speak their own language correctly. In some cases, they may be unaware of certain 'mistakes' that over time have become more acceptable in daily conversation. In addition, there are certain nuances in language that cannot be learned in textbooks such as cultural perspectives.

What is most important is that the meaning of the message can be understood. This makes it easier to communicate with native speakers of that language and will encourage fluent conversation.

Although there is much to consider when learning a language, it may be useful to focus on getting your message across rather than using perfectly correct grammar.

Interview Test   C

Scotland's most popular organized sport is association football, or soccer. Forty-two professional teams play in the Scottish Football League. Leading teams play in European competitions, and the Scottish national team competes in the World Cup. Rugby football is also prevailing in Scotland.

The Highland Games, which resemble track meets, are held throughout the Highlands during the spring, summer, and early fall. There are various competitions and a lot of Scottish people participate in it. One of them is the origin of the Olympic hammer throw. In the opening of the Highland Games, multiple bands play marching together. It's amazing to see it.

People from around the world come to fish for trout and salmon in the clear mountain streams of the Highlands. Hiking, mountain climbing, and shooting are also common in the Highlands. The area around Ben Nevis in western Scotland is one of the best mountain-climbing regions in Europe.

Popular winter sports in Scotland include skiing and curling. Curling is a game in which the players slide heavy stones across a sheet of ice toward a target. This sport is becoming more and more popular in Japan.

Interview Test   D

Atlanta is the capital and largest city of the state of Georgia. It serves as a center of trade and transportation for the southeastern United States. The city is the historic core of a metropolitan area of 4.25 million people. It lies in northern Georgia, in the foothills of the Blue Ridge Mountains.

In 1837, a town called Terminus emerged at a railroad intersection. In 1845, it was renamed Atlanta and soon developed into a busy trade and transportation center. In the late 1800's and early 1900's, Atlanta leaders promoted its transportation advantages at the center of the Southeastern rail network. Today, with excellent rail, air, and interstate highway links, it is the center of one of the fastest-growing metropolitan areas in the United States.

Atlanta is famous as the birthplace of Martin Luther King Jr. and is closely linked to the civil rights movement. You can visit his birthplace, grave, and the Church which is associated with him. The places will give you a first-hand look at the history of civil rights.

Interview Test　E

How did you feel when you first looked out from the top of the Ferris wheel? As you know, it is a structure consisting of a rotating upright wheel with passenger cars. it is one of the popular rides which children love in amusement parks.

The term Ferris Wheel was named after George W. Ferris from Pennsylvania. He built the first observation Wheel for the 1893 World's Fair, which was held in Chicago to commemorate the 400th anniversary of Columbus's landing in America. The Chicago Fair's organizers wanted something that would rival the Eiffel Tower built in 1889 for the 100th anniversary of the French Revolution. The original Ferris Wheel was the world's first mechanical wheel. It was huge with a diameter of about 75-meter, 20 minutes per lap, and a capacity of 2,160 people.

Since the Chicago Ferris Wheel was built, there have been twelve subsequent world's tallest-ever Ferris Wheels. The current record is 250 meters high, which is owned by Dubai's. It opened to the public in October 2021.

▼中高音楽・特別支援(中学部・高等部)音楽

【課題】

□ピアノ演奏

1 課題曲(1曲)が与えられる。

2 準備時間(3分程度)。ピアノを使って和音, 伴奏等の練習をしても よい。

3 原調のまま, 伴奏を付けて演奏する。

4 移調先が示されるので, 移調し, 先に演奏した曲に伴奏を付けて 演奏する。

※主旋律の楽譜を見ながら伴奏を付けて演奏する。さらにその後には 移調して演奏する。

A

D

E

□視唱

1　楽譜が与えられ，目を通す(1分程度)。

2　調性の希望を聞かれる(音域にあわせる)。試験官がはじめの和音を
　弾いてくれる。

3 階名唱をする(移動ド唱法，固定ド唱法のどちらでもよい)。

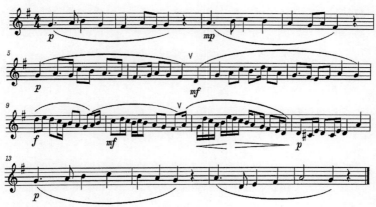

2022年度

◆適性検査(2次試験)　30分

【検査内容】

□YGPI検査

・120の質問について，「はい」「いいえ」「わからない」で回答。

・質問は「人の世話が好きである」や「人前に出るのが恥ずかしい」
　など。

・かなりスピード感のある放送で，考える余裕はない。

・配布されたプリントにはボールペンで記入するように指示されてい
　るが，HBの鉛筆を使用して回答すればよい。

※説明や質問は校内放送で流れる。

◆教科等指導法検査(2次試験)　60分

　▼小学校教諭・特別支援(小学部)

【課題】

第1問　小学校学習指導要領解説(平成29年7月)「国語編」に示されている内容を踏まえて，次の問1，問2に答えなさい。

問1　A小学校では，国語科において，語彙指導の充実を図る場面を具体化して指導計画に位置付けることとしました。第1学年及び第2学年の指導に当たり，どのような場面を設定すると指導の効果が高まるか，書きなさい。

問2　次は，第5学年の国語科「Ｃ　読むこと」の学習における【児童B，Cの様子】と児童Bが書き込みをした新聞記事(図1)，その書き込みを基にして情報を整理した図(図2)です。これらを踏まえ，後の学習指導案にある[知識・技能②]の評価規準で評価をする場合，「努力を要する」状況(C)と判断した児童Cに対する具体的な手立てを解答用紙に書きなさい。

【児童B，Cの様子】

　児童Bは，図1のように，余白に凡例を示した上で，開催時期や参加人数などの「図書祭り」の基本的なことがらは四角で，リード文に書かれている「さまざまなイベント」の具体例である「図書館探検ツアー」や「登場人物当てクイズ」等に関する情報を具体的なイベントとして丸で囲んだ。また，グラフとそれに関する文章を矢印で結び付けたり，それぞれのイベントの詳細な内容について線を引いたりしている。

（図1：児童Bが新聞記事に書き込みをした内容）

　さらに児童Bは，「図書祭り」に関する情報を整理して図2を作成した。図1で四角で囲んだ「図書祭り」に関する基本的な情報や，丸で囲んだイベント名などを，「いつ」，「どこで」，「行われたイベント」などといった小見出しを付けて中心に配置し，図1で線を引いた詳細な内容を補足的に吹き出しにして図に表している。

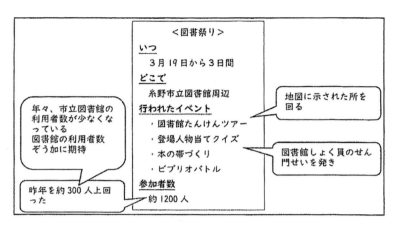

（図2：児童Bが図1を基にして情報を整理した図）

　これらの図1と図2から，児童Bは，情報と情報との関係付けの仕方，図などによる語句と語句との関係の表し方を理解し，使っていると判断し，「おおむね満足できる」状況(B)と評価した。

　一方，語句と語句との関係に気付けずに図に表すことができない児童Cを「努力を要する」状況(C)と判断した。

第5学年国語科学習指導案

1　単元名　読書に関する情報を読んで活用しよう
2　単元の目標
　(1)　文章の構成について理解することができる。
　　〔知識及び技能〕(1)カ
　(2)　情報と情報との関係付けの仕方，図などによる語句と語句との関係の表し方を理解し使うことができる。
　　〔知識及び技能〕(2)イ
　(3)　目的に応じて，文章と図表などを結び付けるなどして必

　　　要な情報を見付けることができる。
　　　〔思考力，判断力，表現力等〕C(1)ウ
　(4)　言葉がもつよさを認識するとともに，進んで読書をし，
　　　国語の大切さを自覚して思いや考えを伝え合おうとする。
「学びに向かう力，人間性等」
3　単元で取り上げる言語活動
　新聞記事など複数の情報を読んで活用する。
(関連：〔思考力，判断力，表現力等〕C(2)ウ)
4　単元の評価規準

知識・技能	思考・判断・表現	主体的に学習に取り組む態度
①文章の構成について理解している。（(1)カ） ②情報と情報との関係付けの仕方，図などによる語句と語句との関係の表し方を理解し使っている。（(2)イ）	①「読むこと」において，目的に応じて，文章と図表などを結び付けるなどして必要な情報を見付けている。（C(1)ウ）	①粘り強く，情報と情報との関係付けの仕方，図などによる語句と語句との関係の表し方を理解して使い，学習課題に沿って，情報を読んで活用しようとしている。

5　指導と評価の計画(全6時間)

時	主な学習活動	指導上の留意点	評価規準・評価方法等
1	○読書月間に際して，自分たちの読書生活や自分たちの学校の取組を振り返る。 ○自分たちが住んでいる市の読書推進に関する情報を知るにはどのような方法があるかを知る。 ○読書推進に関する取組について，複数の情報を読んで，図にまとめるという学習の見通しをもつ。	・読書の量や傾向，読書の楽しさ，読書をしない原因などを観点として示し，読書への関心を高める。 ・新聞記事，図書館だより，広報誌，インターネットのウェブサイトを提示する。 ・多くの情報には，文章だけでなく写真や図表が掲載されていることが多いことを確認し，今回は，その中でも地域の最新の情報が掲載される新聞記事を共通の教材として取り上げるようにする。	
2 ・ 3 ・ 4	○自分たちが住んでいる市の図書館に関する新聞記事について，見出し，リード文，本文がどのような構成になっているのかを捉えながら読む。 ○記事中の関連する語句と語句に印を付けるなどして，情報と情	・新聞記事は「逆三角形の構成」であることを確認する。 ・他の記事を基にした印の付け方，図へのまとめ方のモデルを提示する。	[知識・技能①] ノート ・文章の構成についての記述の確認 [知識・技能②] 新聞記事・図 ・記事への書き込みと図に表

報との関係を捉え、分かったことを整理して簡単な図にまとめる。 ○まとめたものを交流し、情報の整理の仕方について、よさや留意点などを話し合う。	・全体と部分、類似点と相違点などで分類したり、順序立てて整理したりすることの大切さを実感できるようにする。	したものの内容の確認 【主体的に学習に取り組む態度①】 新聞記事・図・観察 ・情報と情報の関係を捉えようとしているかの確認
5・6 ○教師が用意した、自分たちが住んでいる市の読書推進について書かれた複数の文章を読み、図にまとめる。 ○図にまとめたものを交流し、文章にまとめる。 ○学習の振り返りを行う。	・図書館だより、広報誌、別の新聞記事などから、文章と図表を結び付けて読む必要のあるもの、第1時で児童の関心が高かった内容に関するものなどを提示する。 ・前時までの学習を生かして図にまとめられるように指導する。	【思考・判断・表現①】 図 ・必要な情報を見付けて図に表したものの内容の確認

第2問　下の┊┄┄┄┊は，小学校第5学年算数科「四角形と三角形の面積」の学習指導案の一部です。

次の問1～問3に答えなさい。

第5学年算数科学習指導案
1　単元名　四角形と三角形の面積
2　単元の目標
(1)　三角形，平行四辺形，ひし形，台形の面積の計算による求め方について理解し，それらの面積を公式を用いて求めることができる。
(2)　図形を構成する要素などに着目して，求積可能な図形に帰着させ，基本図形の面積の求め方を見いだすとともに，その表現を振り返り，簡潔かつ的確な表現に高め，公式として導くことができる。
(3)　求積可能な図形に帰着させて考えると面積を求めることができるというよさに気付き，三角形，平行四辺形，ひし形，台形の面積を求めようとしたり，見いだした求積方法や式表現を振り返り，簡潔かつ的確な表現に高めようとしたりしている。

3 単元の評価規準

知識・技能	思考・判断・表現	主体的に学習に取り組む態度
①必要な部分の長さを用いることで、三角形、平行四辺形、ひし形、台形の面積は計算によって求めることができることを理解している。②三角形、平行四辺形、ひし形、台形の面積を、公式を用いて求めることができる。	①三角形、平行四辺形、ひし形、台形の面積の求め方を、求積可能な図形の面積の求め方を基に考えている。②見いだした求積方法や式表現を振り返り、簡潔かつ的確な表現を見いだしている。	①求積可能な図形に帰着させて考えると面積を求めることができるというように気付き、三角形、平行四辺形、ひし形、台形の面積を求めようとしている。②見いだした求積方法や式表現を振り返り、簡潔かつ的確な表現に高めようとしている。

4 指導と評価の計画(全10時間)

時間	ねらい・学習活動	評価規準（評価方法）		
		知識・技能	思考・判断・表現	主体的に学習に取り組む態度
（1～3時間目省略）				
4	三角形の面積の求め方を考え、説明することができる。		・思①（ノート分析、行動観察）	・態①（ノート分析、行動観察）
5	三角形の面積を求める公式をつくり出し、それを適用して面積を求めることができる。	・知②（ノート分析）	・思②（ノート分析、行動観察）	・態②（ノート分析、行動観察）
6	高さが三角形の外にある場合でも、三角形の面積の公式を適用できることを理解する。どんな三角形でも、底辺の長さと高さが等しければ、面積は等しくなることを理解する。	・知①（ノート分析、行動観察）	・思①（ノート分析、行動観察）	
7 (本時)	台形の面積の求め方を考え、説明することができる。		○思①（ノート分析、行動観察）	○態①（ノート分析、行動観察）
8	台形の面積を求める公式をつくり出し、それを適用して面積を求めることができる。	・知②（ノート分析、行動観察）	○思②（ノート分析、行動観察）	○態②（ノート分析、行動観察）
（9・10時間目省略）				

※ 指導に生かす評価を行う代表的な機会については「・」を，その中で特に学級全員の児童の学習状況について，総括の資料にするために記録に残す評価を行う機会には「○」を付けている。

5 本時の目標

台形の面積の求め方を考え，説明することができる。

6 本時の評価規準

・台形の面積の求め方を，求積可能な図形の面積の求め方を基に考えている。(思考・判断・表現)

・求積可能な図形に帰着させて考えると面積を求めることが

できるというよさに気付き，台形の面積を求めようとしている。(主体的に学習に取り組む態度)

7　本時の展開(7/10)

過程	○主な学習活動 ・予想される児童の発言等	◇教師の主な働きかけ	■評価規準・評価方法
導入	○　問題場面を把握する。	◇　問題を提示する。	

<問題>
　次の台形ＡＢＣＤの面積を求めましょう。

過程	○主な学習活動 ・予想される児童の発言等	◇教師の主な働きかけ	■評価規準・評価方法
	○　平行四辺形や三角形等の面積の求め方を確認する。	◇　既習の図形の面積の求め方を生かして、台形の面積の求め方を考えるよう働きかける。	
	○　学習課題を把握する。	◇　学習課題を提示する。	

<課題>
　学習した図形の面積の求め方をどのように活用すると、台形の面積を求めることができるのか説明しよう。

過程	○主な学習活動 ・予想される児童の発言等	◇教師の主な働きかけ	■評価規準・評価方法
	○　既習の図形の面積の求め方を想起し、解決の見通しをもつ。	◇　解決の見通しをもてるよう働きかける。	

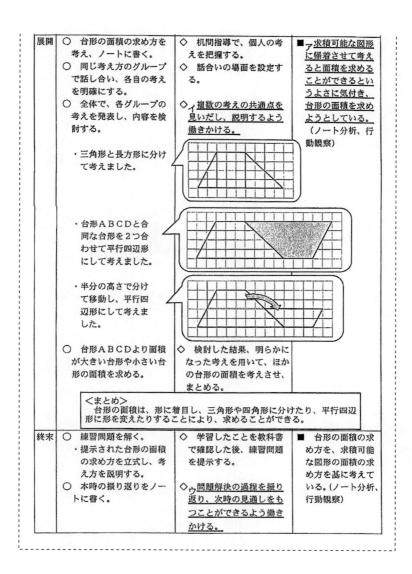

展開	○ 台形の面積の求め方を考え、ノートに書く。 ○ 同じ考え方のグループで話し合い、各自の考えを明確にする。 ○ 全体で、各グループの考えを発表し、内容を検討する。	◆ 机間指導で、個人の考えを把握する。 ◆ 話合いの場面を設定する。 <u>イ 複数の考えの共通点を見いだし、説明するよう働きかける。</u>	■ <u>ア 求積可能な図形に帰着させて考えると面積を求めることができるというよさに気付き、台形の面積を求めようとしている。</u> （ノート分析、行動観察）
	・三角形と長方形に分けて考えました。		
	・台形ＡＢＣＤと合同な台形を2つ合わせて平行四辺形にして考えました。		
	・半分の高さで分けて移動し、平行四辺形にして考えました。		
	○ 台形ＡＢＣＤより面積が大きい台形や小さい台形の面積を求める。	◆ 検討した結果、明らかになった考えを用いて、ほかの台形の面積を考えさせ、まとめる。	
	＜まとめ＞ 台形の面積は、形に着目し、三角形や四角形に分けたり、平行四辺形に形を変えたりすることにより、求めることができる。		
終末	○ 練習問題を解く。 ・提示された台形の面積の求め方を立式し、考え方を説明する。 ○ 本時の振り返りをノートに書く。	◆ 学習したことを教科書で確認した後、練習問題を提示する。 <u>ウ 問題解決の過程を振り返り、次時の見通しをもつことができるよう働きかける。</u>	■ 台形の面積の求め方を、求積可能な図形の面積の求め方を基に考えている。（ノート分析、行動観察）

問1　次の【評価する際の留意点】を踏まえ，下線アの場面における「主体的に学習に取り組む態度」の評価規準を満たしている児童の

姿を具体的に2つ書きなさい。

【評価する際の留意点】

「主体的に学習に取り組む態度」の評価については，粘り強く考えたり，よりよく問題解決しようとしたりしている姿を評価することが大切です。

問2　次の【発問をする際の留意点】を踏まえ，下線イに適した発問を具体的に書きなさい。

【発問をする際の留意点】

この場面では，児童が，単に問題を解決することだけではなく，得られた結果を捉え直し，統合的に考察を進めていくことが大切です。また，算数の用語を用いて表現することができるようにすることも大切です。

問3　次の【振り返りをさせる際の留意点】を踏まえ，下線ウに適した発問を具体的に書きなさい。

【振り返りをさせる際の留意点】

この場面では，児童が問題解決の過程を振り返り，よりよく問題解決しようとすることが大切です。

▼中学国語・特別支援(中学部)

【課題】

第1問　中学校学習指導要領解説(平成29年7月)「国語編」に示されている内容を踏まえて，次の問1〜問3に答えなさい。

問1　A中学校では，〔知識及び技能〕「(2)情報の扱い方に関する事項」の指導計画の作成において，第3学年で指導する内容の一部を第3学年の内容と併せて指導することにより，指導の効果が高まると判断したため，第2学年で取り上げることとしました。このような指導計画の作成が妥当である根拠を説明しなさい。

問2　B中学校では，〔思考力，判断力，表現力等〕「A　話すこと・聞

くこと」の指導計画の作成において，教師の授業改善や生徒の振り返りに有効であることから，次年度はタブレット端末等を活用した生徒の話合い活動場面の録画を，全ての学年で位置付けることにしました。このような指導計画の作成が妥当である根拠を説明しなさい。

問3　C中学校では，古典の指導に当たって，分かりやすい現代語訳や古典について解説した文章などを用いて指導することとしました。このような指導が妥当である根拠を説明しなさい。

第2問　中学校第3学年の「B　書くこと」における指導について，次の問1，問2に答えなさい。

問1　次に示す「単元の目標」を達成するために，言語活動「多様な読み手を想定して文章を整え，投書を書こう」を通して指導する場合の，4時間の単元の指導計画を書きなさい。その際，後に示す「考えられる情報機器の活用場面」を参考に，指導の効果を高めるために有効であると考えられる場面に，情報機器の活用場面を設定すること。ただし，情報機器を活用する場面の回数は問わない。

【単元の目標】
1　具体と抽象など情報と情報との関係について理解を深めることができる。
〔知識及び技能〕(2)ア
2　目的や意図に応じた表現になっているかなどを確かめて，文章全体を整えることができる。〔思考力，判断力，表現力等〕B(1)エ
3　言葉がもつ価値を認識するとともに，読書を通して自己を向上させ，我が国の言語文化に関わり，思いや考えを伝え合おうとする。
「学びに向かう力，人間性等」
【言語活動】多様な読み手を想定して文章を整え，投書を書こう。

> 【考えられる情報機器の活用場面】
> 1　情報を収集して整理する場面
> 2　自分の考えを深める場面
> 3　考えたことを表現・共有する場面
> 4　知識・技能の習得を図る場面
> 5　学習の見通しをもったり，学習した内容を蓄積したりする場面

問2　問1で設定した場面について，情報機器を活用しない場合に比べ，どのような指導の効果の高まりが期待できるか具体的に説明しなさい。ただし，情報機器の活用場面を複数設定している場合は，場面を一つ選んで，選んだ場所を明確にした上で説明すること。

▼中学社会・特別支援(中学部)社会
【課題】
第1問　次の問1，問2に答えなさい。
問1　次の【資料1】を読み，(1)，(2)に答えなさい。
【資料1】中学校学習指導要領(平成29年3月)　第2章　各教科　第2節　社会　第2　各分野の目標及び内容〔公民的分野〕

---

1 目標

　　　①　　を働かせ，課題を追究したり解決したりする活動を通して，広い視野に立ち，グローバル化する国際社会に主体的に生きる平和で民主的な国家及び社会の形成者に必要な公民としての資質・能力の基礎を次のとおり育成することを目指す。

(1)…中略…

2 内容

　A　…中略…

　D　私たちと国際社会の諸課題

(1) 世界平和と人類の福祉の増大

　　　②　　，　③　　，　④　　，　⑤　　などに着目して，課題を追究したり解決したりする活動を通して，次の事項を身に付けることができるよう指導する。

　ア　…中略…

---

(1) 【資料】の空欄①に当てはまる語句を答えなさい。
(2) 【資料】の空欄②〜⑤に当てはまる語句を答えなさい。ただし，②から⑤の順序は問いません。

問2　次の【資料2】の―――を扱う単元の指導計画において，単元の終末で【資料3】のワークシート内に設定した問いに考えを記述させる際，「おおむね満足できる」と評価できる生徒の記述内容を答えなさい。

【資料2】中学校学習指導要領(平成29年3月)　第2章　各教科　第2節　社会　第2　各分野の目標及び内容〔歴史的分野〕2　内容　B　近世までの日本とアジア

(3) 近世の日本

課題を追究したり解決したりする活動を通して，次の事項を身に付けることができるよう指導する。

ア　次のような知識を身に付けること。

(ア)…中略…

(イ)　江戸幕府の成立と対外関係

江戸幕府の成立と大名統制，身分制と農村の様子，鎖国などの幕府の対外政策と対外関係などを基に，幕府と藩による支配が確立したことを理解すること。

(ウ)…中略…

(エ)…中略…

イ　次のような思考力，判断力，表現力等を身に付けること。

(ア)　交易の広がりとその影響，統一政権の諸政策の目的，産業の発達と文化の担い手の変化，社会の変化と幕府の政策の変化などに着目して，事象を相互に関連付けるなどして，アの(ア)から(エ)までについて近世の社会の変化の様子を多面的・多角的に考察し，表現すること。

(イ)　近世の日本を大観して，時代の特色を多面的・多角的に考察し，表現すること。

【資料3】ワークシート内に設定した問い

これまでの学習を振り返り，学習課題「なぜ，江戸幕府は，長い間政治の権力を保てたのか」について考えたことを記入しなさい。

第2問　次の【資料1】は，【資料2】を基にして作成された，ある中学校の社会科地理的分野の単元の指導計画です。【資料1】，【資料2】を見て，問1〜問3に答えなさい。

【資料1】

1　単元名　「世界各地の人々の生活と環境」

2　単元の目標

・人々の生活は，その生活が営まれる場所の気温や降水量，標高などの自然的条件及び，宗教や歴史的背景，科学技術の発展などの社会的条件から影響を受けたり，その場所の自然及び社会的条件に影響を与えたりすることを理解する。

・世界各地における人々の生活やその変容を基に，世界の人々の生活や環境の多様性とともに，世界の主な宗教の分布について理解する。

・「なぜ世界各地では人々の生活に多様な特色が見られるのか，また，なぜそれは変容するのか」を，その生活が営まれる場所の自然及び社会的条件などに着目して多面的・多角的に考察し，表現する。

・世界各地の人々の生活と環境について，よりよい社会の実現を視野に各地の人々の生活の特色やその変容の理由を，主体的に追究しようとする態度を養う。

3　単元の評価規準

知識・技能	思考・判断・表現	主体的に学習に取り組む態度
・人々の生活は，その生活が営まれる場所の気温や降水量，標高などの自然的条件及び，宗教や歴史的背景，科学技術の発展などの社会的条件から影響を受けたり，その場所の自然及び社会的条件に影響を与えたりすることを理解している。 ・世界各地における人々の生活やその変容を基に，世界の人々の生活や環境の多様性とともに，世界の主な宗教の分布について理解している。	・「なぜ世界各地では人々の生活に多様な特色が見られるのか。また，なぜそれは変容するのか」を，その生活が営まれる場所の自然及び社会的条件などに着目して多面的・多角的に考察し，表現している。	・世界各地の人々の生活と環境について，よりよい社会の実現を視野に各地の人々の生活の特色やその変容の理由を，主体的に追究しようとしている。

4　単元の展開例

(問題作成上の理由で，第一次，第二次は主な学習内容を記述しています。また，指導上の留意点及び評価規準は一部を記述しています。)

247

時数	目標	○主な学習活動	◆指導上の留意点	評価規準
第一次	○ 単元の学習課題を設定する。 ＜単元の学習課題＞の設定 A なぜ世界各地では、人々の生活に多様な特色が見られるのか。また、なぜそれは変容するのか。			主体的に学習に取り組む態度
第二次	○ 世界各地に居住する人々の生活を取り上げ、次のことについて考察する。 ・自然環境の影響を受けた生活の様子が見られること ・自然環境の特徴を生かした生活の工夫や伝統的な生活の様子の変容 ・自然環境と宗教の関わりや、自然環境の変容が見られる理由 ○ 上記の事例を基に考察し、人々の生活と自然環境が相互に影響を与え合うことを理解する。 ○ 緯度や標高、降水量等の違い等を基に、第一次のまとめとして、気候帯の分布の様子を概観し、理解する。			知識・技能 思考・判断・表現

時数	目標	○主な学習活動	◆指導上の留意点	評価規準
第三次	異なる環境下での類似の生活の工夫や、類似の環境下での異なる生活の工夫が行われる事例を基に、自然環境と生活との関わりを考察する。	○ 環境の異なる地域で同様の住居や食事が見られる理由を、班で話し合う活動を行い、考察したことをワークシートにまとめる。 ○ 世界各地の生活に見られる同様の事例から、生活と社会環境との関わりを理解する。 ○ 日本と同じ温帯である複数の国を比較し、同じ気候条件の中にも降水量の違いや宗教の違い等の要因から生活の様子が異なってくることを考察する。その後、追究した情報を持ち寄って班で話し合い、ワークシートに記述する。	◆ 複数の場所を比較し、それぞれの生活が営まれる場所の自然及び社会的条件に着目して考察できるよう指導する。	B 思考・判断・表現
第四次	世界各地の人々の多様な生活について、学習成果を踏まえて考察し、学習を振り返る。	○ ワークシートの気候帯の分布図や宗教分布図上に、学習した特色ある生活や変容に関する写真を貼り、 C それが見られる主な理由を書き添えて、これまでの学習内容をまとめる。 ○ 単元の学習を振り返って、関心をもち、さらに調べたことや、よく分からなかったこと、学習に向かう姿勢などを自己評価し、記述する。	◆ 単元の学習課題に対し、具体例を挙げながら多面的・多角的に考察し、自分の考えをまとめることができるよう指導する。	思考・判断・表現 主体的に学習に取り組む態度

【資料2】中学校学習指導要領(平成29年3月)　第2章　各教科　第2節　社会第2　各分野の目標及び内容〔地理的分野〕2　内容　B　世界の様々な地域

---

(1)　世界各地の人々の生活と環境

　　場所や人間と自然環境との相互依存関係などに着目して，課題を追究したり解決したりする活動を通して，次の事項を身に付けることができるよう指導する。

ア　次のような知識を身に付けること。

　(ア)　人々の生活は，その生活が営まれる場所の自然及び社会的条件から影響を受けたり，その場所の自然及び社会的条件に影響を与えたりすることを理解すること。

　(イ)　世界各地における人々の生活やその変容を基に，世界の人々の生活や環境の多様性を理解すること。その際，世界の主な宗教の分布についても理解すること。

イ　次のような思考力，判断力，表現力等を身に付けること。

　(ア)　世界各地における人々の生活の特色やその変容の理由を，その生活が営まれる場所の自然及び社会的条件などに着目して多面的・多角的に考察し，表現すること。

問1　【資料1】のA————について，第一次で単元の学習課題を設定する学習活動をします。あなたは，単元の学習課題を設定するため，どのような資料を活用しますか。また，その資料を活用して，どのような指導の工夫を行いますか。活用する資料を箇条書きで示し，指導の工夫を書きなさい。なお，活用する資料の数は問いません。

問2　【資料1】のB————について，第三次の最後の時間において，これまでの学習を振り返り，日本と同じ温帯の複数の地域を比較する学習活動で，「思考・判断・表現」の観点で評価します。あなたはどのような評価規準を設定しますか。【資料1】の「3　単元の評価

規準」，「4　単元の展開例」にある主な学習活動を参考にして書き
なさい。

問3　【資料1】のC━━━について，単元のまとめである第四次の学習
　　において，班での話合いの前に，ワークシートに次のような記述を
　　した生徒がいました。「思考・判断・表現」の観点において，「努力
　　を要する」と判断される状況であるこの生徒を「おおむね満足でき
　　る」と判断される状況とするために，どのような指導をしますか。
　　【資料1】の「3　単元の評価規準」や「4　単元の展開例」にある目
　　標及び主な学習活動を基に，指導の内容を具体的に書きなさい。

> 　世界の人々の生活は，その場所の気候に合わせ，いろいろな
> 工夫がされており，だんだんと変容してきた。

▼中学数学・特別支援(中学部)数学
【課題】
第1問　下の┊┄┄┄┄┊の問題は，ある学校で行われた単元テストです。
　　次の問1～問2に答えなさい。

> 問題
> 　みさきさんは，連続する2つの整数について，大きい方の数の
> 2乗から小さい方の数の2乗をひいた差は，もとの2つの整数の和
> になると予想し，次のように証明しました。
> 　下の┌────┐に式や言葉を書き，証明を完成させなさい。
>
> > ＜証明＞
> > 　連続する2つの整数は，整数nを使って，
> > 　$n,\ n+1$
> > と表される。このとき，大きい方の2乗から小さい方の2乗
> > をひくと，

```




```

となる。

　したがって，大きい方の数の2乗から小さい方の数の2乗をひいた差は，もとの2つめの整数の和になる。

問1　この問題は，観点別学習状況の評価の【思考・判断・表現】について把握するために出題しました。その際の評価規準について，下の□に当てはめて書きなさい。

【思考・判断・表現】
文字を用いた式で

```



```

ことができる。

問2　この問題では，生徒のつまずきとして，例えば，<u>問題解決に必要な数量に着目し，それを文字を用いた式に表すことができていない</u>ことなどが考えられます。
　このとき，(1)，(2)について答えなさい。
(1)　上記の下線部のつまずきを解消するための指導の工夫を具体的に書きなさい。
(2)　上記の下線部以外に生徒のつまずきとして考えられることと，そのつまずきを解消するための指導の工夫を具体的に書きなさい。

第2問　下の┌──────┐は，一次関数における指導と評価の計画の一部です。次の問1〜問3に答えなさい。

1　単元名　一次関数

2　単元の目標

  (1)　一次関数についての基礎的な概念や原理・法則などを理解するとともに，事象を数学化したり，数学的に解釈したり，数学的に表現・処理したりする技能を身に付ける。

  (2)　関数関係に着目し，その特徴を表，式，グラフを相互に関連付けて考察し表現することができる。

  (3)　一次関数について，数学的活動の楽しさや数学のよさを実感して粘り強く考え，数学を生活や学習に生かそうとする態度，問題解決の過程を振り返って評価・改善しようとする態度を身に付ける。

3　単元の評価規準

知識・技能	思考・判断・表現	主体的に学習に取り組む態度
①一次関数について理解している。 ②事象の中には一次関数として捉えられるものがあることを知っている。 ③二元一次方程式を関数を表す式とみることができる。 ④変化の割合やグラフの傾きの意味を理解している。 ⑤一次関数の関係を表，式，グラフを用いて表現したり，処理したりすることができる。	①一次関数として捉えられる二つの数量について，変化や対応の特徴を見いだし，表，式，グラフを相互に関連付けて考察し表現することができる。 ②一次関数を用いて具体的な事象を捉え考察し表現することができる。	①一次関数について考えようとしている。 ②一次関数について学んだことを生活や学習に生かそうとしている。 ③一次関数を活用した問題解決の過程を振り返って評価・改善しようとしている。

4　指導と評価の計画(17時間)

小単元等	授業時間数	
1．事象と一次関数	2時間	
2．一次関数の特徴	9時間	17時間
3．一次関数の利用	5時間	
単元のまとめ	1時間	

時間	ねらい・学習活動	重点	記録	備考
1	・具体的な事象を捉え考察することを通して、問題の解決に必要な二つの変数を取り出し、それらの関係を表や座標平面上に表すことができるようにするとともに、一次関数の定義を理解できるようにする。	知		知①：行動観察
2	・いろいろな事象で二つの変数の関係を $y=ax+b$ で表すことを通して、事象の中には一次関数として捉えられるものがあることを理解できるようにする。 ・小単元1の学習を振り返って、「学びの足跡」シートに分かったことや疑問などを記述することを通して、その後の学習を見通すことができるようにする。	知 態		知②：小テスト ※小テストの結果は指導等に生かす。 態①③：「学びの足跡」シート ※小単元2以降の指導等に生かす。
3	・2変数の関係を事象から一旦切り離して抽象化し、表から式を求めたり、式から表をつくったりすることを通して、一次関数の変化の割合について理解し、一次関数の表の値から変化の割合を求めることができるようにする。 ・一次関数の二つの数量の関係を表す表、式の相互関係を考察することを通して、一次関数の特徴を見いだし表現することができるようにする。	知		知④：小テスト ※理解が不十分な場合、既習の事象を関連付けて補説する。 思①：行動観察
4	・一次関数の二つの数量の関係について、表の値からグラフで表すことができるようにする。	知		知⑤：行動観察
5	一次関数の二つの数量の関係を表す表、式、グラフの相互関係について考察することを通して、 ・一次関数の特徴を見いだし表現できるようにする。 ・一次関数の特徴に基づいて、グラフで表すことができるようにする。	知	○	思①：行動観察 知④⑤：小テスト ※第3、4時から知識及び技能が高まった状況を評価する。
6	・直線の式が一つに決まるための条件や直線の式を求める方法を考察し表現することを通して、一次関数のグラフから直線の式を求めることができるようにする。	思		思①：行動観察
7	・与えられた条件から直線の式を求めることを通して、1点の座標と傾きから直線の式を求めることができるようにするとともに、2点の座標から直線の式を求めることができるようにする。	知	○	知⑤：小テスト ※前時から知識及び技能が高まった状況を評価する。
8	周の長さが一定の二等辺三角形における底辺と等辺の関係を、変域を意識しながら考察し表現することを通して、 ・二元一次方程式を一次関数としてみることができるようにする。 ・具体的な事象における数量の関係の表し方を見直し、よりよいものに改善しようとする態度を養う。	思 態	○	思①②：行動観察 態③：行動観察、ノート
9	・二元一次方程式のグラフをかいたり、二つの二元一次方程式のグラフの交点の座標を求めたりすることを通して、座標平面上の2直線の交点の座標は、連立方程式の解として求められることを理解できるようにする。	知		知③：行動観察
10	・変域を考える必要がある問題に取り組むことを通して、変域のあるグラフをかくことができるようにするとともに、x の変域から y の変域を求めることができるようにする。	知		知⑤：行動観察

		重点	記録	備考
11	・一次関数の特徴に関する練習問題に取り組み、これまで学習したことがどの程度身に付いているかを自己評価することができるようにする。 ・小単元2までの学習を振り返り、「学びの足跡」シートに分かったことや疑問などを記述することを通して、その後の学習を見通すことができるようにする。	知 態		知①～⑤：小テスト 態③：「学びの足跡」 シート ※小単元3以降の指導 等に生かす。
12	・長方形の辺上の点が動いたとき、頂点と動点を結んでできる三角形の面積について考察することを通して、具体的な事象から二つの数量を取り出し、その関係を表、式、グラフを用いて表現することができるようにする。	思		思②：行動観察
13	・複数の料金設定から、Tシャツのプリント料金が安い設定を見いだし、その理由を説明することを通して、現実的な事象から二つの数量を取り出し、一次関数のグラフを基にして考察し表現することができるようにする。	思	○	思②：ノート
14	・水を熱し始めてからの時間と水温の関係が一次関数といえるかどうかを、表やグラフなどを用いて考察することを通して、現実的な事象における二つの数量の関係を一次関数とみなして問題を解決する方法について理解できるようにする。	知		知②：行動観察
15	・気温が標高の一次関数であるとみなし、富士山の6合目の気温を予測することを通して、現実的な事象から二つの数量を取り出し、理想化・単純化することにより、その関係を一次関数とみなして問題を解決することができるようにする。	思 思	 ○	思②：行動観察 思②：小テスト
16	・小単元3や単元全体の学習を振り返って、「学びの足跡」シートに分かったことや疑問、問題の解決に有効であった方法などを記述することを通して、学習の成果を実感できるようにする。	態	○	態①～③：行動観察、 「学びの足 跡」シート
17	・単元全体の学習内容についてのテストに取り組み、単元で学習したことがどの程度身に付いているかを自己評価することができるようにする。	知 思	○ ○	知①～⑤：単元テスト 思①②：単元テスト

※表中の「重点」は，重点的に生徒の学習状況を見取る観点を
　示しており，観点の略称は以下の通り。

　知識・技能…「知」　　　思考・判断・表現…「思」

　主体的に学習に取り組む態度…「態」

※「記録」は，評価規準に照らして，「十分満足できる」状況(A)，
　「おおむね満足できる」状況(B)，「努力を要する」状況(C)のい
　ずれであるかを判断し，全員の学習状況を記録に残すものに
　○を付している。※「備考」は，生徒の学習状況を把握するた
　めに想定される評価方法を次のように示している。

・行動観察：授業中に机間指導等を通じて捉えた生徒の学習へ

の取組の様子，発言やつぶやきの内容，ノートの記述内容な
どに基づいて評価する。
・ノート　：授業後に生徒のノートやワークシート，レポート
等を回収し，その記述の内容に基づいて評価する。
・小テスト：授業中に5〜10分程度の小テストを実施して回収
し，その結果に基づいて評価する。

問1　本単元において，主体的に学習に取り組む態度を評価するため
の資料の一つとして，小単元や単元の学習の後に生徒が自らの学び
を振り返るための1枚程度のシート(「学びの足跡」シート)を作成し，
生徒が記入したことを基に，各生徒への指導に生かしたり，次の小
単元の指導展開に生かしたりするとともに，必要に応じて総括する
ための資料として記録に残します。
主体的に学習に取り組む態度を評価するための工夫として，シート
に「小単元で学びたいこと」を記述させるなどの工夫が考えられま
すが，他に生徒に記述させることが考えられる項目を具体的に2つ
書きなさい。

問2　「4　指導と評価の計画」の□□□の第3時における評価について，
下のような小テストを行った。終了後，小テストを回収し，変化の
割合の意味を理解しているかどうかについて，「イ」を答えること
ができるかどうか，さらにこれに加えて「ウ」を答えることができ
るかどうかで評価した。このとき，(1), (2)について答えなさい。

小テスト

下のアからエまでの表は，yがxの一次関数である関係を表しています。この中から，変化の割合が3であるものをすべて選びなさい。

ア
x	$\cdots-2$	-1	0	1	2	$\cdots$
y	$\cdots\ 0$	1	2	3	4	$\cdots$

イ
x	$\cdots-2$	-1	0	1	2	$\cdots$
y	$\cdots-2$	1	4	7	10	$\cdots$

ウ
x	$\cdots-4$	-2	0	2	4	$\cdots$
y	$\cdots-10$	-4	2	8	14	$\cdots$

エ
x	$\cdots-2$	-1	0	1	2	$\cdots$
y	$\cdots\ 9$	6	3	0	-3	$\cdots$

(1) 「イ」を答えられない生徒に対して，どのような指導が必要か，具体的に書きなさい。

(2) 「イ」は答えられるが，「ウ」を答えられない生徒に対して，どのような指導が必要か，具体的に書きなさい。

問3 「4　指導と評価の計画」の　　　　の第16時における評価について，下のような小テストを行い，評価の方法に基づいて，評価を行った。このとき，記述できていない生徒に対して，どのような指導が必要か，具体的に2つ書きなさい。

小テスト

　下の図は，8cmのばねにおもりをつるす実験で，xgのおもりをつるしたときのばねの長さ$y$cmの関係を表したものです。

　このとき，ばねの長さが14.0cmになるときのおもりの重さを，この座標平面を用いて予測しなさい。また，どのように予測したのかを説明しなさい。

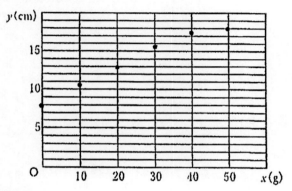

評価の方法

　小テストを回収し，一次関数を用いて具体的な事象を捉え考察し表現することができるかどうかについて評価する。具体的には「実験のデータから，$x=40$，50の点を除き，少なくとも，$0 \leqq x \leqq 30$の変域で座標平面上の点がほぼ一直線に並んでいるので，yはxの一次関数であるとみなして考える。右の2点を除いた4点の多くを通る直線を引いて，$y=14$になるxの値を直線のグラフから読み取ると$x=23$になるから。」などと記述しているかどうかでみる。

▼中学理科・特別支援(中学部)理科

【課題】

第1問　次の文章は，中学校学習指導要領(平成29年3月)「理科」の一

部である。問1，問2に答えなさい。

第3　指導計画の作成と内容の取扱い

　2　第2の内容の取扱いについては，次の事項に配慮するもの
　　とする。

　　(1)　　　　　を重視するとともに，地域の環境や学校の実態
　　　を生かし，自然の事物・現象についての基本的な概念の
　　　形成及び科学的に探究する力と態度の育成が段階的に無
　　　理なく行えるようにすること。

問1　文章中の　　　　に当てはまる語句を書きなさい。

問2　――部について，あなたはどのような点に配慮して指導を行い
　　ますか。具体的に3つ書きなさい。

第2問　次の学習指導案について，問1〜問4に答えなさい。

理科学習指導案

　　　　　　　　　　　　　　日時　　○年○月○日(○)　○校時
　　　　　　　　　　　　　　生徒　　第2学年○組(○○名)
　　　　　　　　　　　　　　指導者　　○○　　○○

1　単元名　　　「植物の体のつくりと働き」

2　単元について　　＝省略＝

3　単元の目標

(1)　植物の体のつくりと働きとの関係に着目しながら，葉・
　茎・根のつくりと働きについての基本的な概念や原理・法則
　などを理解するとともに，科学的に探究するために必要な観
　察，実験などに関する基本操作や記録などの基本的な技能を
　身に付けること。

(2)　植物の体のつくりと働きについて，見通しをもって解決す
　る方法を立案して観察，実験などを行い，その結果を分析し
　て解釈し，植物の体のつくりと働きについての規則性や関係
　性を見いだして表現すること。

---

(3) 植物の体のつくりと働きに関する事物・現象に進んで関わり，見通しをもったり振り返ったりするなど，科学的に探究しようとする態度を養うこと。

4 単元の評価規準

知識・技能	思考・判断・表現	主体的に学習に取り組む態度
植物の体のつくりと働きとの関係に着目しながら、葉・茎・根のつくりや働きについての基本的な概念や原理・法則などを理解しているとともに、科学的に探究するために必要な観察、実験などに関する基本操作や記録などの基本的な技能を身に付けている。	植物の体のつくりと働きについて、見通しをもって解決する方法を立案して観察、実験などを行い、その結果を分析して解釈し、植物の体のつくりと働きについての規則性や関係性を見いだして表現しているなど、科学的に探究している。	植物の体のつくりと働きに関する事物・現象に進んで関わり、見通しをもったり振り返ったりするなど、科学的に探究しようとしている。

5 指導計画(8時間)

次	学習の内容	主な学習活動
第一次（8時間）本時1／8	植物の体のつくりと働き	○ 二酸化炭素の減少が植物によるものであることを調べるための実験を計画する。 ○ 光合成で酸素ができることを調べる実験を行う。 ○ 植物が呼吸をしていることを確かめる実験を行う。 ○ 葉の断面と表皮を観察する。 ○ 葉の表と裏の蒸散の量を比べる実験を行う。 ○ 茎のつくり（道管・師管）を観察する。 ○ 根のつくり（主根・側根、ひげ根）を観察する。

6 本時の学習

(1) 本時の目標

・植物が光合成で二酸化炭素を取り入れていることを確かめるために，「変える条件」と「変えない条件」とを整理し，植物の有無以外の条件を制御した実験を計画することができる。

(2) 本時の展開(第1時)

過程	○ 主な学習活動	◇ 教師の主な働きかけ	□ 評価規準
導入	課題の設定 ○ 小学校第6学年での学習を想起する。 ○ 対照実験となっていない条件制御が不完全な実験の動画を見る。	◇ 植物が日光によってデンプンを作り出していることを想起させる。 ◇ 二酸化炭素の量が変化した原因として、植物以外の要因が考えられることに気付かせ、見通しを立てさせる。	

259

展	検証計画の立案 ○ 条件制御が不完全な実験の計画をグループで検討・改善する。 ○ グループの実験の計画を他のグループに説明し、話し合う。 ○ 他のグループとの対話で得た視点を基に、自分のグループの計画を更に検討・改善する。	◇ 「②理科の見方・考え方」を働かせながら、実験を計画できるようにする。 ◇ 予想が実証できる実験方法を既習の実験から考えるよう助言する。	□ 1 (思考・判断・表現)

【学習課題】二酸化炭素の量が変化した原因が植物であることを確かめるためには、どのような実験を行えばよいだろうか。

開	観察・実験の実施 ○ 実験結果を予想する。 ○ 観察、実験を行い、結果をまとめる。 考察・推論 ○ 実験結果を処理し、グループで考察する。 表現・伝達 ○ グループの考察を学級全体で共有し、結論を導出する。	◇ 結論の導出まで見通しをもって科学的に探究できるようにする。 ◇ グループの考察を共有して話し合い、学級全体で結論を確認できるようにする。	

【まとめ】「変える条件」と「変えない条件」を制御して実験を行うことで、二酸化炭素の量が変化した原因が植物であることを確かめることができる。

終末	○ 個人で、本時の振り返りをする。 ○ 振り返りを全体で発表する。	◇ 振り返りの視点を明確にして振り返らせるようにする。	

問1　小学校において，児童が問題解決の過程で用いる考え方を①——部以外，2つ書きなさい。

問2　②——部について，「理科の見方」とは，どのような視点で捉えることか，3つ書きなさい。

問3　　1　に当てはまる評価規準を書きなさい。

問4　探究の過程において，生徒に身に付けさせたい資質・能力を確実に育成するためには，どのような指導の改善が考えられるか，それぞれの過程ごとに書きなさい。

▼中学英語・特別支援(中学部)英語

【課題】

第1問　次は，第2学年の外国語科学習指導案の一部です。問1～問4に

答えなさい。

1　単元名

　　まとまりのある文章の必要な情報を読み取ったり，概要や要点を捉えたりする。

2　「読むこと」における第2学年の目標

　　日常的な話題や社会的な話題について，絵や図，表なども手がかりにしながら，簡単な語句や文で書かれたものから必要な情報を読み取ったり，概要，要点を捉えたりすることができる。

3　単元の目標及び評価規準

　(1)　単元の目標

　　　あるテーマについての英文を読んで概要，要点を捉えるとともに，その内容を基に自分の意見や考えを伝え合ったり，意見文を書いたりすることができる。

　(2)　単元の評価規準

知識・技能	思考・判断・表現	(a)
・比較表現や受け身に関する事項を理解している。 ・比較表現や受け身などの意味や働きの理解を基に，英文の内容を読み取る技能を身に付けている。	(b)	・あるテーマについての他者の意見を知り，自分の意見や考えを伝えるために，英文の概要，要点を捉えようとしている。

4 指導と評価の計画

	主な学習活動	知	思	態	備考
第1時 第2時	○ 教科書本文から必要な情報を読み取り、読み取った内容を伝え合う。				・第1時から第5時まで記録に残す評価は行わない。ただし、ねらいに即して生徒の活動の状況を確実に見届けて指導に生かすことは毎時間必ず行う。 ・第2時から第6時の学習の振り返りは、適宜行わせる。
第3時	○ 教科書本文の要点を捉え、書き手の最も伝えたいことを伝え合う。				
第4時	○ 教科書本文の概要や要点を捉え、伝え合う。				
第5時	○ 教科書本文全体のテーマについて自分の考えなどを伝え合う。				
第6時	○ 意見文を読んで、概要や要点を捉え、自分の感想や考えを伝え合う。		○	○	
後日	○ ペーパーテスト	○	○	○	

問1　(a)に当てはまる適切な言葉を書きなさい。

問2　単元の目標や指導と評価の計画を踏まえ，(b)に当てはまる評価規準を書きなさい。

問3　本単元のように，「読むこと」の指導の際，生徒に本文の内容から必要な情報，概要や要点を読み取らせるためには，どのような指導が考えられるか書きなさい。

問4　生徒に振り返りをさせる際，教師は，あらかじめ自己調整を図っている生徒の姿をイメージした上で振り返りをさせる必要があります。「読むこと」の領域における自己調整を図っていると考えられる生徒の姿を書きなさい。

第2問　次の文を読んで，自分の考えを70語～90語程度の英語で書きなさい。ただし，符号は語数に含めないこととする。なお，使用した語数を記入すること。

The table below shows the percentages for Internet users who used social networking services (SNSs) by age group between 2012 to 2016.

Describe the table and write your thoughts about it.

The percentages for Internet users who used social networking services (SNSs) by age group between 2012 to 2016

Year	10's	20's	30's	40's	50's	60's
2012	54.7%	81.8%	58.8%	37.1%	20.6%	10.0%
2014	78.6%	95.0%	82.6%	70.3%	45.9%	17.3%
2016	81.4%	97.7%	92.1%	78.3%	60.8%	30.7%

H29 WHITE PAPER Information and Communications in Japan
:Ministry of Internal Affairs and Communications, Japan

▼中学音楽・特別支援(中学部)音楽

【課題】

第1問　中学校第2学年において，歌唱の活動の3時間目に「荒城の月」(土井晩翠　作詞，滝廉太郎　作曲)，「夏の思い出」(江間章子　作詞，中田喜直　作曲)，を用いて指導する際，本時の目標を生徒が実現することができるよう，次に示す題材の目標等及び別紙1，別紙2の教材を用いて，「2　本時の展開」の「学習課題」，「主な学習活動，予想される生徒の発言等」，「教師の主な働きかけ」を作成しなさい。

なお，「評価規準」については，記載しているものを使いなさい。

○　題材名

歌詞が表す情景や心情を思い浮かべ，曲想を味わいながら表現を工夫して歌おう。

○　題材の目標

「荒城の月」，「夏の思い出」の曲想と音楽の構造や歌詞の内容との関わりについて理解するとともに，「夏の思い出」にふさわしい歌唱表現を創意工夫して歌い，我が国で長く歌われている歌曲に親しむ。

○　題材の評価規準

知識・技能	思考・判断・表現	主体的に学習に取り組む態度
知　「荒城の月」、「夏の思い出」の曲想と音楽の構造や歌詞の内容との関わりを理解している。 技　創意工夫を生かした表現で「夏の思い出」を歌うために必要な発声、言葉の発音、身体の使い方などの技能を身に付け、歌唱で表している。	思　「荒城の月」、「夏の思い出」のリズム、旋律、強弱、形式を知覚し、それらの働きが生み出す特質や雰囲気を感受しながら、知覚したことと感受したこととの関わりについて考え、「夏の思い出」にふさわしい歌唱表現としてどのように表すかについて思いや意図をもっている。	態　「荒城の月」、「夏の思い出」の歌詞が表す情景や心情及び曲の表情や味わいに関心をもち、音楽活動を楽しみながら主体的・協働的に歌唱の学習活動に取り組もうとしている。

○　題材の指導計画と評価規準(4時間計画)

時間	ねらい	評価の観点		
		知識・技能	思考・判断・表現	主体的に学習に取り組む態度
1	「荒城の月」、「夏の思い出」の歌詞が表す情景や心情及び曲の表情や味わいなどに関心をもつ。			↓
2	「荒城の月」の音楽を形づくっている要素を知覚し、それらの働きが生み出す特質や雰囲気を感受するとともに、知覚したことと感受したこととの関わりについて考える。		↓	↓
3 本時	「荒城の月」と対比しながら、「夏の思い出」のリズム、旋律、強弱、形式などの特徴を捉え、曲想と音楽の構造や歌詞の内容との関わりを理解するとともに、音楽表現を創意工夫する。	知	思	↓
4	創意工夫を生かして「夏の思い出」を歌う。	技		態

264

[参考]本題材で扱う学習指導要領の内容(扱う内容のみ記載)

中学校学習指導要領(平成29年3月)「第5節　音楽」
第2学年及び第3学年　A表現(1)歌唱

ア　歌唱表現に関わる知識や技能を得たり生かしたりしながら，
　　曲にふさわしい歌唱表現を創意工夫すること。

イ　次の(ア)及び(イ)について理解すること。

　(ア)　曲想と音楽の構造や歌詞の内容及び曲の背景との関わり

ウ　次の(ア)及び(イ)の技能を身に付けること。

　(ア)　創意工夫を生かした表現で歌うために必要な発声，言葉の
　　　発音，身体の使い方などの技能

〔共通事項〕(1)

(本題材の学習において，生徒の思考・判断のよりどころとなる主
な音楽を形づくっている要素:「リズム」,「旋律」,「強弱」,「形
式」)

夏の思い出　江間章子作詞／中田喜直作曲

江間章子(1913～2005)

　新潟県に生まれ，岩手県で育った。雑誌「椎の木」の同人として詩を書き始め，「イラク紀行」などの著書や訳書がある。歌曲の詩も多い。

中田喜直(1923～2000)

　東京生まれ。「めだかのがっこう」などの童謡をはじめ，歌曲，合唱曲，ピアノ曲など，多岐にわたる数多くの作品を残した。

○　自然保護の原点の地

　「夏の思い出」に歌われる尾瀬では，自然保護活動や植生復元，ごみ持ち帰り運動，マイカー規制などの取り組みが熱心に行われています。これらの中には，尾瀬を発祥として全国に広まったものもあることから，尾瀬は我が国における「自然保護の原点」と呼ばれています。

　皆さんも，自然環境を大切にすることの意義を理解し，進んで自然の愛護に努めましょう。

荒城の月　土井晩翠作詞／滝廉太郎作曲

土井晩翠(1871〜1952)

詩人。宮城県生まれ。本名は土井林吉。東京帝国大学英文科に学び，仙台の第二高等学校(旧制二高)で教授を務めた。漢文調の詩を得意とした他，翻訳も手がけた。

滝廉太郎(1879〜1903)

作曲家。東京に生まれるが，横浜(神奈川県)や竹田(大分県)など，父の転任地で育つ。東京音楽学校卒業後，ドイツに留学。西洋音楽の様式を，わが国では最も早い時期に用いて作曲した。「花」「荒城の月」の他に，「箱根八里」が知られる。

A Message for You

東京音楽学校(現在の東京芸術大学)が中等唱歌集の編集を企て，私にあてられたのは他の二編とともに「荒城の月」であった。この題を与えられてまず第一に思い出したのは会津若松の鶴ヶ城であった。その理由は学生時代ここで遊び，多大の印象を受けたからである。明治維新史上の会津落城の悲劇はあまりにも著名である。

私の故郷の仙台の青葉城，この名城も作詞の材料を供したことはいうまでもない。「垣に残るはただかずら，松に歌うはただあらし」はその実況である。この作詩を音楽学校が採用して，作曲を滝君に依頼したようだ。滝君は竹田町郊外の岡の城跡でこの曲を完成した。この岡の城跡で作曲されたことを私は当時全く知らなかった。(土井晩翠)「晩翠放談」から

【ワークシートⅠ】

		「荒城の月」	「夏の思い出」
①	歌詞が表す情景や心情、曲の雰囲気など	＜他者の意見から＞	＜他者の意見から＞
②	気付いた特徴【リズム、旋律、強弱、形式等に着目】		

【ワークシートⅡ】

			「荒城の月」			
			リズム	旋律	強弱	形式
①	音楽の特徴	音楽を形づくっている要素				
		感じ取ったこと				
②		歌詞の内容				

【ワークシートⅢ】

1　感じ取ったことやどのように歌うかについての思いや意図

2 特に表現を工夫するポイント(理由も書きましょう)

【ワークシートⅣ】＜学習を終えて＞

「荒城の月」と「夏の思い出」を歌唱する学習の全体を振り返って，リズム，旋律，強弱，形式などに触れながら，学習したことについて書きましょう。

第2問 中学校第2学年の生徒が，次の課題及び創作の条件で音楽をつくる際の教師の模範例を作成しなさい。ただし，2小節の動機は，

指定されたものを使用し，8小節で作成すること。

【課題】2小節の長さでつくったハ長調の動機を，反復，変化させたり，重ねたりするなどして，2本のアルトリコーダーのためのまとまりのある音楽をつくること。

創作の条件
① ハ長調の音階から音を選んで，ハ長調の特徴を生かした2小節の動機をつくること。
② まとまりのある感じを生み出すための根拠に基づいて，つくった動機を反復，変化させたり，重ねたりして，音楽をつくること。
③ 2本のアルトリコーダーで演奏することができる音楽をつくること。

▼中学美術・特別支援(中学部)美術
【課題】
第1問 次の文章は，中学校第1学年美術科の学習指導案の一部です。題材の指導における教師の働きかけや評価に関わって，問1〜問3に答えなさい。

1　題材名　材料の形をもとにして(第1学年　A表現(1)ア(2)ア)

2　題材の目標

　自然物や人工物など材料から豊かに発想し，材料の形や色彩を生かしてグルーガンなどで組み立て，その構成を工夫して表すとともに，立体造形の面白さを味わうことができる。

3　題材の評価規準

知識・技能	・枝や石などの自然物，空き缶やペットボトルなどの人工物といった，材料の特性を効果的に生かし，それらを接着して表したいことを工夫して表している。
思考・判断・表現	・材料から感じ取った形や色彩の特徴から想像して主題を生み出し，材料の組合せ・構成を工夫し，立体表現の構想を練っている。 ・互いの作品を鑑賞し，作品から感じ取った魅力を言葉にして伝えている。
主体的に学習に取り組む態度	・様々な材料を接着して表す立体造形に関心をもち，試行錯誤して意欲的に取り組もうとしている。

4　題材の指導計画(全5時間)

時数	○主な学習活動	◇教師の働きかけ	■評価規準 □評価方法 <small>努力を要する場合の手立て</small>
1	○様々な材料を接着してつくる立体造形の面白さを味わい，制作に向けての意欲をもつ。	①	■ (略) □ (略)
2	○自然物や人工物の材料を仮組みしたり，メモしたりして構想を練り，主題を生成する。	(略)	■ (略) □ (略) ②
3・4	○材料の形や色彩の組合せを工夫しながら，グルーガンなどで接着し，形を整える。 ○ペアやグループで話しながら，細かな部分を整えて立体造形を完成させる。	(略)	■ (略) □ (略)
5	○全体で作品を鑑賞し，互いに意見交換をする。	③	■ (略) □ (略)

問1　1時間目の①において，生徒が立体造形の制作に当たり，材料の形や色彩を生かした構成を工夫・追求することに関心をもち，次時からの制作の意欲を高めるための教師の働きかけを具体的に書きな

さい。

問2　2時間目の ② において，次のような「努力を要する」と判断される生徒がいた場合の指導の手立てを具体的に書きなさい。

・自分が表現したい主題を生み出すことができない。

問3　5時間目の ③ において，題材の目標を満たし，生徒が制作の達成感を味わえるようにするための，教師の働きかけを具体的に書きなさい。

第2問　第1問の「材料の形をもとにして」の題材において，1時間目の終わりに教師が参考として提示する，アイデアスケッチを描き(書き)なさい。

　　また，描く(書く)際には，次の点に留意すること。

> ア　解答用紙は縦に使用すること。
> イ　題材の目標を満たすための，作品の説明を書き加えること。

▼中学保健体育・特別支援(中学部)保健体育

【課題】

第1問　次の中学校第1学年保健体育科(体育分野)学習指導案について，単元の目標や評価規準，指導計画に基づき，本時の展開(8時間目)における「指導過程」の「展開」を完成させなさい。

　　なお，本時の展開の作成に当たっては，単元の指導計画及び本時の目標を基に，評価の観点，単元の評価規準を参考にしながら，「指導過程」の「展開」における「○主な学習活動，・予想される生徒の発言等」及び「◇教師の主な働きかけ」を具体的に示すとともに，展開の過程における評価規準に満たない生徒に対する具体的な指導内容(▲努力を要すると判断される生徒への手立て)を記入しなさい。

第1学年保健体育科(体育分野)学習指導案

1　単元名　「E　球技　ア　ゴール型(サッカー)」
2　単元の目標
　(1)　次の運動について，勝敗を競う楽しさや喜びを味わい，
　　　球技の特性や成り立ち，技術の名称や行い方，その運動に
　　　関連して高まる体力などを理解するとともに，基本的な技
　　　能や仲間と連携した動きでゲームを展開することができる
　　　ようにする。
　　　ア　ゴール型では，ボール操作と空間に走り込むなどの動
　　　　きによってゴール前での攻防をすることができるように
　　　　する。
　(2)　攻防などの自己の課題を発見し，合理的な解決に向けて
　　　運動の取り組み方を工夫するとともに，自己や仲間の考え
　　　たことを他者に伝えることができるようにする。
　(3)　球技に積極的に取り組むとともに，フェアプレイを守ろ
　　　うとすること，作戦などについての話合いに参加しようと
　　　すること，一人一人の違いに応じたプレイなどを認めよう
　　　とすること，仲間の学習を援助しようとすることなどや，
　　　健康・安全に気を配ることができるようにする。

3　単元の評価規準

知識・技能		思考・判断・表現	主体的に学習に取り組む態度
【知識】①球技には、集団対集団、個人対個人で攻防を展開し、勝敗を競う楽しさや喜びを味わえる特性があることについて、言ったり書いたりしている。②球技の各型の各種目において用いられる技術には名称があり、それらを身に付けるためのポイントがあることについて、学習した具体例を挙げている。	【技能】①ゴール方向に守備者がいない位置でシュートをすることができる。②得点しやすい空間にいる味方にパスを出すことができる。③ボールとゴールが同時に見える場所に立つことができる。④パスを受けるために、ゴール前の空いている場所に動くことができる。	①提示された動きのポイントやつまずきの事例を参考に、仲間の課題や出来映えを伝えている。②仲間と協力する場面で、分担した役割に応じた活動の仕方を身に付けている。③仲間と話し合う場面で、提示された参加の仕方に当てはめ、チームへの関わり方を見付けている。	①練習の補助をしたり仲間に助言したりして、仲間の学習を援助しようとしている。②健康・安全に留意している。

4　単元の指導計画(10時間扱い)

時間	本時の目標	主な学習活動	【評価の観点】			
			知識	技能	思・判・表	態度
1	学習の進め方を知り見通しをもつとともに、サッカーの特性について理解することができる。	○　オリエンテーション　○　ボール慣れゲーム　○　整理運動、学習の振り返り等	①(学習カード)			
2	健康や安全を確保しながら練習やゲームをすることができる。	○　健康観察、準備運動　○　本時のねらいの確認　○　ボール操作・シュート・パス・トラップ	(②)(学習カード)			②(観察)(学習カード)
3	ゴール方向に守備者がいない位置でシュートをすることができる。	○　シュートゲーム・一定の時間内での得点ゲーム・自己の体力や技能の程度にあった運動　○　整理運動、本時の振り返り等	(②)(学習カード)	①(観察)		
4	練習を補助したり仲間に助言したりして、仲間の学習を援助できる。	○　健康観察、準備運動　○　本時のねらいの確認　○　ボール操作の反復練習　○　空間に走り込む動きの練習				①(観察)(学習カード)
5	得点しやすい空間にいる味方にパスを出すことができる。	・空間に走り込む動き・得点しやすい味方へのパス　○　グリッド型のゲーム　○　整理運動、本時の振り返り等	②(学習カード)	②(観察)		
6	空間に走り込み、ゴールとボールが同時に見える場所に立つことができるよう、仲間と協力し、作戦	○　健康観察、準備運動　○　本時のねらいの確認　○　ボール操作の反復練習　○　チームや個人の課題の確認と解決のための練習		③(観察)	②(学習カード)(観察)	
7	を工夫したり分担した役割に応じて活動の仕方を見付けたり	・マークをかわしてゴール前の空いているところに走り込む動き		④(観察)		

	することができる。	・ボールとゴールが同時に見える場所に立つ動き		
8 本時	提示された動きのポイントやつまずきの事例を参考に、仲間の課題や出来映えを伝えることができる。	・得点しやすい味方へのパス　　　　　　　　など ○ 簡易ゲームⅠ ○ 整理運動、本時の振り返り等		① (学習カード) (観察)
9	仲間と話し合う場面で、提示された参加の仕方に当てはめ、チームへの関わり方を見付けることができる。	○ 健康観察、準備運動 ○ 本時のねらいの確認 ○ ボール操作の反復練習 ○ 簡易ゲームⅠの修正 ○ 最終リーグ戦Ⅰ ○ 整理運動、本時の振り返り等		③ (学習カード) (観察)
10	学習のまとめをすることができる。	○ 健康観察、準備運動 ○ 最終リーグ戦Ⅱ ○ 整理運動、単元のまとめ	総括的な評価	

5　本時の展開(8時間目)

○本時の目標

・提示された動きのポイントやつまずきの事例を参考に，仲間の課題や出来映えを伝えることができる。

指導過程	○　主な学習活動 ・予想される生徒の発言等	◇　教師の主な働きかけ	【評価の観点】 評価規準（評価方法） ▲ 努力を要すると判断される生徒への手立て
導入	○ 挨拶をし、健康観察を行う。 ○ 準備運動を行う。 ○ 本時の学習の見通しをもつ。 ○ ボール操作の反復練習を行う。	◇ 周囲を見ながらボール操作ができるように支援する。	
	本時の課題：得点しやすい空間にいる味方がシュートするために、仲間に何を伝えるとよいだろうか。		
展開			【思考・判断・表現】 ■ 提示された動きのポイントやつまずきの事例を参考に、仲間の課題や出来映えを伝えている。 (学習カード・観察) ▲
終末	○ 整理運動と健康観察を行う。　　○ 本時のまとめをする。	◇ ストレッチを行いながら健康観察を行う。	

275

```
┌─────────────────────────────────────────────────────────────────┐
│  本時のまとめ：得点しやすい空間にいる味方がシュートするためには、        │
│      ・ゴール方向に守備者がいない位置でパスを受け、シュートを          │
│        すること                                                    │
│      ・周囲を確認し、得点しやすい空間にいる味方にパスをすること         │
│      ・ボールとゴールが同時に見える場所に立つこと                      │
│      ・パスを受けるために、ゴール前の空いている場所に動くこと           │
│      など、ボール操作やボールを持たないときの動きのポイントを           │
│      伝えるとよい。                                                 │
├──────────────────────┬──────────────────┬──────────────┤
│ ○ 学習カードに評価を記入する。  │ ◇ 評価の観点を明示 │              │
│                          │   する。         │              │
│ ○ 次時の課題を確認する。      │ ◇ 仲間の発表を参考 │              │
│                          │   にしながら、次時の│              │
│                          │   課題や見通しをもつ│              │
│                          │   ことができるように│              │
│                          │   する。         │              │
│ ○ 換拶をする。            │                  │              │
└──────────────────────┴──────────────────┴──────────────┘
```

第2問　保健体育科の指導方法について，問1，問2に答えなさい。

問1　中学校学習指導要領解説(平成29年7月)「保健体育編」の「B　器械運動　[第1学年及び第2学年]　(1)　知識及び技能」の「知識」の指導において大切なことを具体的に2つ書きなさい。

問2　中学校学習指導要領解説(平成29年7月)「保健体育編」の「C　陸上競技　[第3学年]　(2)　思考力，判断力，表現力等」では，動きなどの自己の課題を発見し，合理的な解決に向けて運動の取り組み方を工夫するとともに，自己の考えたことを他者に伝えることができるようにすることが求められているが，それらをねらいとして行われる学習活動を具体的に2つ書きなさい。

▼中学技術・特別支援(中学部)技術

【課題】

第1問　次の題材の目標を達成するために，あなたは教師として，6〜9時間目にどのような学習活動を設定しますか。3点書きなさい。なお，履修学年は第2学年とします。

第2学年　技術・家庭(技術分野)学習指導案

1　題材名　「エネルギー変換の技術によって，安心・安全な生活を実現しよう」

　　C　(1)(2)(3)

2　題材の目標

　　エネルギー変換の技術の見方・考え方を働かせ，災害時に役立つ製品を開発する実践的・体験的な活動を通して，生活や社会で利用されているエネルギー変換の技術についての基礎的な理解を図り，それらに係る技能を身に付け，エネルギー変換の技術と生活や社会，環境との関わりについて理解を深めるとともに，生活や社会の中からエネルギー変換の技術と安心・安全に関わる問題を見いだして課題を設定し解決する力，安全な社会の構築に向けて適切かつ誠実にエネルギー変換の技術を工夫し創造しようとする実践的な態度を身に付ける。

3　題材の評価規準

知識・技能	思考・判断・表現	主体的に学習に取り組む態度
生活や社会で利用されているエネルギー変換の技術についての科学的な原理・法則や基礎的な技術の仕組み，保守点検の必要性及び，エネルギー変換の技術と生活や社会，環境との関わりについて理解しているとともに，安全・適切な製作，実装，点検及び調整等ができる技能を身に付けている。	災害時に想定される問題を見いだして課題を設定し，解決策を構想し，実践を評価・改善し，表現するなどして課題を解決する力を身に付けているとともに，安全な社会の構築を目指してエネルギー変換の技術を評価し，適切に選択，管理・運用，改良，応用する力を身に付けている。	安全な社会の構築に向けて，課題の解決に主体的に取り組んだり，振り返って改善したりして，エネルギー変換の技術を工夫し創造しようとしている。

4 指導と評価の計画(20時間扱い)

時間	主な学習活動	評価規準		
		知識・技能	思考・判断・表現	主体的に学習に取り組む態度
1〜5	○生活や社会を支えるエネルギー変換の技術の例や、問題解決の工夫について調べる。	エネルギー変換についての科学的な原理・法則と、エネルギー変換の基礎的な技術の仕組みを説明できる。	エネルギー変換の技術に込められた工夫を読み取り、エネルギー変換の技術の見方・考え方に気付くことができる。	進んでエネルギー変換の技術と関わり、主体的に理解し、技能を身に付けようとしている。
6			生活や社会の中からエネルギー変換の技術と安心・安全に関わる問題を見いだして、災害時に必要な課題を設定できる。	
7 8	(問題)	製作・実装に必要な図をかき表すことができる。	課題の解決策となる災害時に役立つ製品の構造や電気回路などを、使用場面などの条件を踏まえて構想し、使用部品を選択したり、設計したりすることができる。	自分なりの新しい考え方や捉え方によって、解決策を構想しようとしている。
9			設計に基づく合理的な解決作業を決定できる。	
10〜17	○安全・適切に製作・実装を行い、製作品の動作を点検し、必要に応じて改善・修正する。	安全・適切に製作・実装することができ、製作品の動作点検及び、調整等ができる。		自らの問題解決とその過程を振り返り、よりよいものとなるよう改善・修正しようとしている。
18	○完成した製作品について、発表し相互評価する。		完成した製作品が設定した課題を解決できるかを評価するとともに、設計や製作の過程に対する改善及び修正を考えることができる。	
19 20	○これまでに学習した内容を振り返る。 ○より安心・安全な社会を構築するエネルギー変換の技術の在り方について話し合い、自分の考えを発表する。	これまでの学習と、エネルギー変換の技術が安心・安全な社会の構築に果たす役割や影響を踏まえ、エネルギー変換の技術の概念を説明できる。	より安心・安全な社会の構築を目指して、エネルギー変換の技術を評価し、適切な管理・運用の仕方や、改良の方向性について提言できる。	より安心・安全な社会の構築に向けて、エネルギー変換の技術を工夫し創造していこうとしている。

第2問　あなたは教師として，下線部②について下線部①を通して指導する際，どのような学習活動を設定しますか。具体的な例を挙げて，3点書きなさい。

---

(1)　①生活や社会を支える生物育成の技術について調べる活動などを通して，次の事項を身に付けることができるよう指導する。

　ア　育成する生物の成長，生態の特性等の原理・法則と，育成環境の調節方法等の基礎的な技術の仕組みについて理解すること。

　②イ　技術に込められた問題解決の工夫について考えること。

　【出典：中学校学習指導要領(平成29年3月)第2章　第8節　第2　技術分野　2内容　B生物育成の技術】

▼中学家庭・特別支援(中学部)家庭

【課題】

第1問　次の題材は，「C　消費生活・環境」の(1)「金銭の管理と購入」のア及びイと(2)「消費者の権利と責任」のア及びイとの関連を図っている。

　題材の始めに，自分の生活を想起し，物資・サービスの選択・購入や消費行動について問題を見いだして課題を設定し，金銭管理と購入や，消費者の権利と責任に関わる知識及び技能を身に付けるとともに，課題を解決する力や，自立した消費者としての責任ある消費行動を工夫し創造しようとする実践的な態度を育成することをねらいとしている。

　「2　題材の目標」及び「3　題材の評価規準」を踏まえ，「4　指導と評価の計画」の1時間目を参考に，2〜9時間目の「○ねらい」及び「・主な学習活動」を作成しなさい。

技術・家庭科(家庭分野)学習指導案(略案)

1　題材名　「自立した消費者となるために」
【第3学年「C　消費生活・環境」(1)(2)】

2　題材の目標

(1)　購入方法や支払い方法の特徴，計画的な金銭管理の必要性，売買契約の仕組み，消費者被害の背景とその対応，消費者の基本的な権利と責任，自分や家族の消費生活が環境や社会に及ぼす影響について理解するとともに，物資・サービスの選択に必要な情報の収集・整理が適切にできる。

(2)　物資・サービスの選択・購入，自立した消費者としての消費行動について問題を見いだして課題を設定し，解決策を構想し，実践を評価・改善し，考察したことを論理的に表現するなどして課題を解決する力を身に付ける。

(3)　よりよい生活の実現に向けて，金銭の管理と購入，消費者の権利と責任について，課題の解決に主体的に取り組んだり，振り返って改善したりして，生活を工夫し創造し，実践しようとする。

3　題材の評価規準

知識・技能	思考・判断・表現	主体的に学習に取り組む態度
・購入方法や支払い方法の特徴が分かり、計画的な金銭管理の必要性について理解している。 ・売買契約の仕組み、消費者被害の背景とその対応について理解しているとともに、物資・サービスの選択に必要な情報の収集・整理が適切にできる。 ・消費者の基本的な権利と責任、自分や家族の消費生活が環境や社会に及ぼす影響について理解している。	物資・サービスの選択・購入、自立した消費者としての消費行動について問題を見いだして課題を設定し、解決策を構想し、実践を評価・改善し、考察したことを論理的に表現するなどして課題を解決する力を身に付けている。	よりよい生活の実現に向けて、金銭の管理と購入、消費者の権利と責任について、課題の解決に主体的に取り組んだり、振り返って改善したりして、生活を工夫し創造し、実践しようとしている。

4　指導と評価の計画(9時間)

〔1〕　自分や家族の消費生活　　　　　　　　　　　　1時間

〔2〕　多様な支払い方法に応じた計画的な金銭管理　　2時間

〔3〕　物資・サービスの選択・購入　　　　　　　　　2時間

〔4〕　消費者としての責任ある消費行動　　　　　　　4時間

※本題材では,「自立した消費者となるためには, どのような消費行動を取ればよいだろうか」を題材全体を貫く課題として設定している。

小題材	時間	○ねらい　・主な学習活動	評価規準 (評価方法)
自分や家族の消費生活	1	○自分や家族の消費生活について問題を見いだし, 課題を設定することができる。 ・自分の生活に必要な物資・サービス（電気・ガス・水道等も含む）の購入時に関わる問題点等を発表し合う。 ・自分の消費生活の課題を設定する。 自立した消費者となるためには、どのような消費行動を取ればよいだろうか	
多様な支払い方法に応じた計画的な金銭管理	2・3		
物資・サービスの選択・購入	4・5		略

消費者としての責任ある消費行動

6・7・8・9

第2問　中学校学習指導要領(平成29年3月)「第8節　技術・家庭」の家庭分野の内容について、問1、問2に答えなさい。

問1　「B　衣食住の生活」の(7)「衣食住の生活についての課題と実践」について、生徒が食生活、衣生活、住生活の中から問題を見いだして課題を設定し、その解決に向けてよりよい生活を考え、計画を立てて実践できるようにするため、指導に当たって考えられる活動を2つ書きなさい。

問2　「A　家族・家庭生活」の(3)「家族・家庭や地域との関わり」のア及びイとの関連を図り、家族関係をよりよくする方法や、高齢者など地域の人々と関わり協働する方法について課題を設定し、解決に向けて取り組む題材を構成した。

　　本題材の中で、高齢者など地域の人々と関わり、協働する方法について考え、課題をもって「地域の人々との協力・協働プロジェクト」の実践計画を工夫することができることをねらいとした学習活動を行う際、次の「地域の人々との協力・協働プロジェクト」計画書の「●計画の改善点」において、あなたは、生徒のどのような記述を、「思考・判断・表現」の評価における「十分満足できる」状況(A)と判断しますか。「記述の具体的な例」及び「判断した理由」を書きなさい。

【「地域の人々との協力・協働プロジェクト」計画書の一部】

●実践する地域の活動

　町ぐるみ大清掃

●実践日

　6月○○日(日)

●その活動場所と概要

　公民館とその周りの公園を，6月と11月の2回，地域の人々が朝早くに集まって，一斉に大掃除をする。

●実践計画

＜事前の準備＞

(1)　カレンダーに，町ぐるみ大清掃の日と自分や家族の予定を書き込み，声を掛け合ってみんなで取り組めるようにする。

(2)　当日の朝，軍手とビニール袋は家族を代表して自分が用意し，家の周りを掃いてから行こうと思う。

＜掃除場所＞

(1)　公園の周りのごみ拾いと草むしり

(2)　公民館の窓ふきや壁の掃除など高所作業

＜掃除方法＞

(省略)

●友達からのアドバイス

・ごみ袋の開閉など，細かい作業も代わって取り組むとよいのではないか。

・重いものを運ぶと助かるのではないか。

●計画の改善点

▼高校国語・特別支援(高等部)国語

【課題】

第1問　高等学校国語科においては,「古典の学習について,日本人と
　　して大切にしてきた言語文化を積極的に享受して社会や自分との関
　　わりの中でそれらを生かしていくという観点が弱く,学習意欲が高
　　まらない」ことが課題の一つとして指摘されている。こうした課題
　　を踏まえ,あなたが,共通必履修科目「言語文化」で授業を行うと
　　き,どのような指導を行うか,具体的に書きなさい。ただし,次の
　　条件を満たすこと。

1　上記の課題を踏まえて,生徒の学習意欲を高めるための指導の工
　　夫を明確にすること。

2　学習指導要領を踏まえた「書くこと」の領域の指導であること。

第2問　「現代の国語」における「書くこと」の領域の指導として,
　　「読み手の理解が得られるよう,論理の展開,情報の分量や重要度
　　などを考えて,文章の構成や展開を工夫すること」をねらいとした
　　単元「相手に伝わる紹介文を書こう」の授業を行うときの「単元の
　　指導と評価の計画表」を作成しなさい。ただし,作成に当たっては,
　　次の点に留意するとともに,解答用紙の様式にしたがうこと。

1　「単元の指導と評価の計画表」

(1)　「単元の目標」は,解答用紙に示した3点について設定することと
　　し,下に示す「2　高等学校学習指導要領(平成30年告示)(抜粋)」を
　　参考に,生徒に身に付けさせたい言語能力を明らかにすること。

(2)　「取り上げる言語活動」は,「2　高等学校学習指導要領(平成30年
　　告示)(抜粋)」を参考に,単元の目標を達成するのにふさわしいもの
　　を設定すること。

(3)　「単元の評価規準」は,1(1)で明らかにした,「単元の目標」に即
　　して設定すること。

(4)　5単位時間(1単位時間を50分とする。)で指導する計画とし,「単元
　　の目標」を踏まえた「各時間の目標」を設定すること。

(5) 「主な学習活動」の欄には，生徒の学習活動の概要が分かるように記入すること。

(6) 「評価の観点」は，各単位時間ごとに〇印を付けて示すこと。

2　高等学校学習指導要領(平成30年告示)(抜粋)

第1　現代の国語

1　目標

　　言葉による見方・考え方を働かせ，言語活動を通して，国語で的確に理解し効果的に表現する資質・能力を次のとおり育成することを目指す。

(1)　実社会に必要な国語の知識や技能を身に付けるようにする。

(2)　論理的に考える力や深く共感したり豊かに想像したりする力を伸ばし，他者との関わりの中で伝え合う力を高め，自分の思いや考えを広げたり深めたりすることができるようにする。

(3)　言葉がもつ価値への認識を深めるとともに，生涯にわたって読書に親しみ自己を向上させ，我が国の言語文化の担い手としての自覚をもち，言葉を通して他者や社会に関わろうとする態度を養う。

2　内容

〔知識及び技能〕

(1)　言葉の特徴や使い方に関する次の事項を身に付けることができるよう指導する。

　ア　言葉には，認識や思考を支える働きがあることを理解すること。

　イ　話し言葉と書き言葉の特徴や役割，表現の特色を踏まえ，正確さ，分かりやすさ，適切さ，敬意と親しさなどに配慮した表現や言葉遣いについて理解し，使うこと。

　ウ　常用漢字の読みに慣れ，主な常用漢字を書き，文や文章の中で使うこと。

エ　実社会において理解したり表現したりするために必要
　　な語句の量を増やすとともに，語句や語彙の構造や特色，
　　用法及び表記の仕方などを理解し，話や文章の中で使う
　　ことを通して，語感を磨き語彙を豊かにすること。
オ　文，話，文章の効果的な組立て方や接続の仕方につい
　　て理解すること。
カ　比喩，例示，言い換えなどの修辞や，直接的な述べ方
　　や婉曲的な述べ方について理解し使うこと。
(2)　話や文章に含まれている情報の扱い方に関する次の事項
　　を身に付けることができるよう指導する。
ア　主張と根拠など情報と情報との関係について理解する
　　こと。
イ　個別の情報と一般化された情報との関係について理解
　　すること。
ウ　推論の仕方を理解し使うこと。
エ　情報の妥当性や信頼性の吟味の仕方について理解を深
　　め使うこと。
オ　引用の仕方や出典の示し方，それらの必要性について
　　理解を深め使うこと。
(3)　我が国の言語文化に関する次の事項を身に付けることが
　　できるよう指導する。
ア　実社会との関わりを考えるための読書の意義と効用に
　　ついて理解を深めること。
〔思考力，判断力，表現力等〕
B　書くこと
(1)　書くことに関する次の事項を身に付けることができるよ
　　う指導する。
ア　目的や意図に応じて，実社会の中から適切な題材を決
　　め，集めた情報の妥当性や信頼性を吟味して，伝えたい

　　　　ことを明確にすること。
　イ　読み手の理解が得られるよう，論理の展開，情報の分
　　　量や重要度などを考えて，文章の構成や展開を工夫する
　　　こと。
　ウ　自分の考えや事柄が的確に伝わるよう，根拠の示し方
　　　や説明の仕方を考えるとともに，文章の種類や，文体，
　　　語句などの表現の仕方を工夫すること。
　エ　目的や意図に応じて書かれているかなどを確かめて，
　　　文章全体を整えたり，読み手からの助言などを踏まえて，
　　　自分の文章の特長や課題を捉え直したりすること。
(2)　(1)に示す事項については，例えば，次のような言語活動
　　を通して指導するものとする。
　ア　論理的な文章や実用的な文章を読み，本文や資料を引
　　　用しながらに自分の意見や考えを論述する活動。
　イ　読み手が必要とする情報に応じて手順書や紹介文など
　　　を書いたり，書式を踏まえて案内文や通知文などを書い
　　　たりする活動。
　ウ　調べたことを整理して，報告書や説明資料などにまと
　　　める活動。

〈解答用紙〉

科 目 名	現代の国語	単元名	「相手に伝わる紹介文を書こう」	配当時間	5 時間
単元の目標	(1) 知識及び技能				
	(2) 思考力、判断力、表現力等（書く能力）				
	(3) 学びに向かう力、人間性等				
取り上げる言語活動					

評価の観点	知識・技能	思考・判断・表現	主体的に学習に取り組む態度
単 元 の評 価 規 準			

時	各時間の目標	主 な 学 習 活 動	評価の観点		
			知・技	思・判・表	態度
1					

2					
3					
4					
5					

▼高校地理・特別支援(高等部)地理
【課題】

第1問　高等学校学習指導要領(平成30年3月)には，「第2節　地理歴史　第1　地理総合」の「2　内容」の「B　国際理解と国際協力」の中項目「(1)　生活文化の多様性と国際理解」について，次のように示されています。

> (1)　生活文化の多様性と国際理解
>
>   　　場所や人間と自然環境との相互依存関係などに着目して，課題を追究したり解決したりする活動を通して，次の事項を身に付けることができるよう指導する。
>
>   ア　次のような知識を身に付けること。
>
>   (ア)　世界の人々の特色ある生活文化を基に，人々の生活文化が地理的環境から影響を受けたり，影響を与えたりして多様性をもつことや，地理的環境の変化によって変容することなどについて理解すること。
>
>   (イ)　(省略)
>
>   イ　次のような思考力，判断力，表現力等を身に付けること。
>
>   (ア)　世界の人々の生活文化について，その生活文化が見られる場所の特徴や自然及び社会的条件との関わりなどに着目して，主題を設定し，多様性や変容の要因などを多面的・多角的に考察し，表現すること。

　このことを踏まえ，中項目「生活文化の多様性と国際理解」について，4単位時間(1単位時間は50分とする。)で授業を実施するとき，どのような指導と評価の計画を作成しますか。中項目のねらいを踏まえた中項目全体に関わる問い，4単位時間の学習活動，指導上の留意点及び評価方法等を書きなさい。ただし，次の点に留意すること。

＜留意する点＞

(1)　世界の人々の多様な生活文化の中から地理的環境との関わりの深い，ふさわしい特色ある事例を選んで設定すること。

(2)　単元など内容や時間のまとまりを見通した，「問い」を設定すること。

(3) 諸資料から，社会的事象等に関する様々な情報を効果的に収集し，読み取り，まとめる技能を身に付ける学習活動や言語活動に関わる学習を取り入れること。

(4) コンピュータや情報通信ネットワークなどの情報手段を積極的に活用すること。

第2問　第1問で作成した4単位時間の指導と評価の計画のうち，任意に選んだ1単位時間(1単位時間は50分とする。)について，当該授業の目標，本時の問い及び本時の流れを書きなさい。ただし，次の点に留意すること。

＜留意する点＞

(1) 「過程」の欄には，1単位時間の授業の流れが分かるように，導入や展開，まとめなどの過程を示し，必要な時間(分)をそれぞれ記入すること。

(2) 資料を活用する際には，どのような資料を用いるのかが分かるように，具体的に記入すること。

(3) 生徒の活動について，どのような活動をするのかが分かるように，具体的に記入すること。

▼高校日本史・世界史・特別支援(高等部)日本史・世界史

第1問　高等学校学習指導要領(平成30年3月)には，「第2節　地理歴史　第3　歴史総合」の「2　内容」の「B　近代化と私たち」の中項目「(3)　国民国家と明治維新」について，次のように示されています。

> (3)　国民国家と明治維新
> 　諸資料を活用し，課題を追究したり解決したりする活動を通して，次の事項を身に付けることができるよう指導する。
> 　ア　次のような知識を身に付けること。
> 　　(ア)　18世紀後半以降の欧米の市民革命や国民統合の動向，日本の明治維新や大日本帝国憲法の制定などを基に，立憲体制と国民国家の形成を理解すること。

> 　(イ)　(省略)
> 　イ　次のような思考力，判断力に表現力等を身に付けること。
> 　(ア)　国民国家の形成の背景や影響などに着目して，主題を
> 　　　設定し，アジア諸国とその他の国や地域の動向を比較し
> 　　　たり，相互に関連付けたりするなどして，政治変革の特
> 　　　徴，国民国家の特徴や社会の変容などを多面的・多角的
> 　　　に考察し，表現すること。
> 　(イ)　(省略)

　また，上記の小項目「ア(ア)」及び「イ(ア)」について，高等学校学習指導要領解説地理歴史編(平成30年7月)には，内容の取扱いについて，次のように示されています。

> 　学習に当たっては，(1)で表現した学習への問いを踏まえて生徒の学習への動機付けや見通しを促しつつ，イ(ア)の国民国家の形成の背景や影響などに着目し，小項目のねらいに則した考察を導くための主題を設定する。その主題を学習上の課題とするために，(中略)この小項目全体に関わる問いを設定して，生徒に提示する。これを踏まえ，アジア諸国とその他の国家や地域の動向を比較したり相互に関連付けたりするなどして，多面的・多角的に考察したり表現したりすることにより，立憲体制と国民国家の形成を理解する学習が考えられる。
>
> ※上記の(1)とは，「近代化への問い」のこと

　これらのことを踏まえ，(3)の小項目について，4単位時間(1単位時間は50分とする。)で授業を実施するとき，どのような指導と評価の計画を作成しますか。小項目のねらいを踏まえた小項目全体に関わる問い，4単位時間の学習活動，指導上の留意点及び評価方法等を書きなさい。ただし，次の点に留意すること。
＜留意する点＞

(1) 政治，経済，社会，文化，宗教，生活などの観点から諸事象を取り上げ，近現代の歴史を多面的・多角的に考察できるようにすること。

(2) 単元など内容や時間のまとまりを見通した「問い」を設定すること。

(3) 諸資料から，社会的事象等に関する様々な情報を効果的に収集し，読み取り，まとめる技能を身に付ける学習活動や言語活動に関わる学習を取り入れること。

(4) コンピュータや情報通信ネットワークなどの情報手段を積極的に活用すること。

第2問　第1問で作成した4単位時間の指導と評価の計画のうち，任意に選んだ1単位時間(1単位時間は50分とする。)について，当該授業の目標，本時の問い及び本時の流れを書きなさい。ただし，次の点に留意すること。

＜留意する点＞

(1) 「過程」の欄には，1単位時間の授業の流れが分かるように，導入や展開，まとめなどの過程を示し，必要な時間(分)をそれぞれ記入すること。

(2) 資料を活用する際には，どのような資料を用いるのかが分かるように，具体的に記入すること。

(3) 生徒の活動について，どのような活動をするのかが分かるように，具体的に記入すること。

▼高校公民・特別支援(高等部)公民

【課題】

第1問　高等学校学習指導要領(平成30年3月告示)には，「公共」の「2 内容」の「B　自立した主体としてよりよい社会の形成に参画する私たち」のアの(ウ)について，次のように示されています。

　　自立した主体としてよりよい社会の形成に参画することに向けて，現実社会の諸課題に関わる具体的な主題を設定し，幸福，正義，公正などに着目して，他者と協働して主題を追究したり解決したりする活動を通して，次の事項を身に付けることができるよう指導する。

ア　次のような知識及び技能を身に付けること。

　(ウ)　職業選択，雇用と労働問題，財政及び租税の役割，少子高齢社会における社会保障の充実・安定化，市場経済の機能と限界，金融の働き，経済のグローバル化と相互依存関係の深まり(国際社会における貧困や格差の問題を含む。)などに関わる現実社会の事柄や課題を基に，公正かつ自由な経済活動を行うことを通して資源の効率的な配分が図られること，市場経済システムを機能させたり国民福祉の向上に寄与したりする役割を政府などが担っていること及びより活発な経済活動と個人の尊重を共に成り立たせることが必要であることについて理解すること。

　また，高等学校学習指導要領解説公民編(平成30年7月)には，次のように示されています。

　　アの(ウ)の「職業選択」については，産業構造の変化やその中での起業についての理解を深めることができるようにすること。

　　現代社会の特質や社会生活の変化との関わりの中で職業生活を捉え，望ましい勤労観・職業観や勤労を尊ぶ精神を身に付けるとともに，今後新たな発想や構想に基づいて財やサービスを創造することの必要性が一層生じることが予想される中で，自己の個性を発揮しながら新たな価値を創造しようとする精神を大切にし，自らの幸福の実現と人生の充実という観点から，職業選択の意義について理解できるようにする。

　これらのことを踏まえ，「職業選択」について，3単位時間(1単位時

間は50分とする。)で授業を実施するとき，どのような指導計画を作成しますか。小項目のねらいを踏まえた小項目全体に関わる問い，3単位時間の学習活動，指導上の留意点及び評価方法等を書きなさい。ただし，次の点に留意するとと。

＜留意する点＞

(1)　単元など内容や時間のまとまりを見通した「問い」を設定すること。

(2)　諸資料から，社会的事象等に関する様々な情報を効果的に収集し，読み取り，まとめる技能を身に付ける学習活動を取り入れること。

(3)　言語活動に関わる学習を取り入れること。

(4)　コンピュータや情報通信ネットワークなどの情報手段を積極的に活用すること。

第2問　第1問で作成した3単位時間の指導と評価の計画のうち，任意に選んだ1単位時間(1単位時間は50分とする。)について，当該授業の目標，本時の問い及び本時の流れを書きなさい。ただし，次の点に留意すること。

＜留意する点＞

(1)　「過程」の欄には，1単位時間の授業の流れが分かるように，導入や展開，まとめなどの過程を示し，必要な時間(分)をそれぞれ記入すること。

(2)　資料を活用する際には，どのような資料を用いるのかが分かるように，具体的に記入すること。

(3)　生徒の活動について，どのような活動をするのかが分かるように，具体的に記入すること。

▼高校数学・特別支援(高等部)数学

【課題】

第1問　高等学校学習指導要領(平成30年3月告示)では，「数学I」の「2 内容」の「(3)　二次関数」に，次のように示されています。

> (3) 二次関数
> 　二次関数について，数学的活動を通して，その有用性を認識
> するとともに，次の事項を身に付けることができるよう指導す
> る。
> 　ア　次のような知識及び技能を身に付けること。
> 　　(ア)　二次関数の値の変化やグラフの特徴について理解する
> 　　　　こと。
> 　　(イ)　二次関数の最大値や最小値を求めること。
> 　　(ウ)　二次方程式の解と二次関数のグラフとの関係について
> 　　　　理解すること。また，二次不等式の解と二次関数のグラ
> 　　　　フとの関係について理解し，二次関数のグラフを用いて
> 　　　　二次不等式の解を求めること。
> 　イ　次のような思考力，判断力，表現力等を身に付けること。
> 　　(ア)　二次関数の式とグラフとの関係について，コンピュー
> 　　　　タなどの情報機器を用いてグラフをかくなどして多面的
> 　　　　に考察すること。
> 　　(イ)　二つの数量の関係に着目し，日常の事象や社会の事象
> 　　　　などを数学的に捉え，問題を解決したり，解決の過程を
> 　　　　振り返って事象の数学的な特徴や他の事象との関係を考
> 　　　　察したりすること。

　科目「数学Ⅰ」の「二次関数の最大・最小」の内容について授業を
実施するとき，配当時間が5単位時間(1単位時間は50分とする。)の指導
計画を，1単位時間ごとの学習内容が分かるように作成しなさい。

第2問　第1問で作成した5単位時間の指導計画のうち，任意に選んだ1
　　単位時間(1単位時間は50分とする。)の指導計画を作成しなさい。
　　　ただし，作成に当たっては，次の3つの事項に留意すること。
(1)　本時の学習の目標については，二次関数の式とグラフとの関係に
　　ついて，コンピュータなどの情報機器を用いてグラフをかくなどし

て多面的に考察する内容を踏まえて設定すること。

(2) 本時の学習の目標を実現するために，数学的活動を重視すること。

(3) 本時の学習の目標に照らして，生徒の学習の実現状況を適切に評価すること。

▼高校物理・特別支援(高等部)物理

【課題】

第1問　高等学校学習指導要領(平成30年3月告示)「物理基礎」の授業において，気柱の共鳴を利用して，おんさの振動数を測定する実験を行うとき，問1〜問3に答えなさい。

問1　この実験を行うとき，おんさと図に示した気柱共鳴装置のほかにどのようなものを準備しますか，書きなさい。

図

問2　この実験において，おんさの振動数を求めるまでの手順を箇条書きで書きなさい。なお，必要であれば図や式をかき加えてもよい。

問3　この実験において，おんさの振動数を正確に測定するために，あなたは生徒にどのような指示をしますか，1つ書きなさい。

第2問　「物理基礎」の大項目「物体の運動とエネルギー」の学習において，「力学的エネルギー」の中で「運動エネルギーと位置エネルギー」について授業を行うとき，次の留意事項を踏まえ「学習指導案」を作成しなさい。ただし，作成に当たっては，次の資料を参考

にすること。

1 留意事項

(1) 指導内容については，具体的な例を取り入れるとともに，基礎的・基本的な事項を重視すること。

(2) 「Ⅱ 単元の指導計画」や「Ⅲ 本時の目標」をもとに，本時1時間(1単位時間を50分とする。)の「Ⅳ 本時の指導計画」を作成すること。

(3) 「過程」の欄には，本時1時間の指導の流れが分かるよう，導入や展開，まとめなど，過程を示すこと。

(4) 「学習活動」及び「教師の働きかけ」の欄は，具体的に記入すること。

(5) 「評価の観点及び評価方法」の欄は，本時における「評価の観点(知識・技能，思考・判断・表現，主体的に学習に取り組む態度)」と「評価方法」を評価すべき場面で設定し，記入すること。

2 資料

高等学校学習指導要領(平成30年3月告示)(一部抜粋)

第2 物理基礎

1 目標

物体の運動と様々なエネルギーに関わり，理科の見方・考え方を働かせ，見通しをもって観察，実験を行うことなどを通して，物体の運動と様々なエネルギーを科学的に探究するために必要な資質・能力を次のとおり育成することを目指す。

(1) 日常生活や社会との関連を図りながら，物体の運動と様々なエネルギーについて理解するとともに科学的に探究するために必要な観察，実験などに関する基本的な技能を身に付けるようにする。

(2) 観察，実験などを行い，科学的に探究する力を養う。

> (3) 物体の運動と様々なエネルギーに主体的に関わり，科学的に探究しようとする態度を養う。
>
> 2 内容
>
> (1) 物体の運動とエネルギー
>
>   日常に起こる物体の運動についての観察，実験などを通して，次の事項を身に付けることができるよう指導する。
>
>   ア 物体の運動とエネルギーを日常生活や社会と関連付けながら，次のことを理解するとともに，それらの観察，実験などに関する技能を身に付けること。
>
>   (ウ) 力学的エネルギー
>
>   ⑦ 運動エネルギーと位置エネルギー
>
>   運動エネルギーと位置エネルギーについて，仕事と関連付けて理解すること。
>
>   イ 物体の運動とエネルギーについて，観察，実験などを通して探究し，運動の表し方，様々な力とその働き，力学的エネルギーにおける規則性や関係性を見いだして表現すること。

▼高校化学・特別支援(高等部)化学

【課題】

第1問　高等学校学習指導要領(平成30年3月告示)「化学基礎」の授業において，炭酸カルシウムを十分な量の塩酸と反応させ，炭酸カルシウムの物質量と発生する二酸化炭素の物質量との間にどのような関係が成り立つかを調べる実験を行うとき，問1〜問3に答えなさい。ただし，炭酸カルシウムの式量は100であるものとする。

問1　この実験を行うとき，炭酸カルシウムと塩酸のほかにどのようなものを準備しますか，書きなさい。

問2　この実験を行う手順を箇条書きで書きなさい。なお，必要であれば図や式をかき加えてもよい。

問3　この実験を安全かつ適切に行わせるために，あなたは生徒にどのような指示をしますか，1つ書きなさい。

第2問　「化学基礎」の大項目「物質の変化とその利用」の学習において，「化学反応」の中で「酸化と還元」について授業を行うとき，次の留意事項を踏まえ「学習指導案」を作成しなさい。ただし，作成に当たっては，次の資料を参考にすること。

1　留意事項
　(1)　指導内容については，具体的な例を取り入れるとともに，基礎的・基本的な事項を重視すること。
　(2)　「Ⅱ　単元の指導計画」や「Ⅲ　本時の目標」をもとに，本時1時間(1単位時間を50分とする。)の「Ⅳ　本時の指導計画」を作成すること。
　(3)　「過程」の欄には，本時1時間の指導の流れが分かるよう，導入や展開，まとめなど，過程を示すこと。
　(4)　「学習活動」及び「教師の働きかけ」の欄は，具体的に記入すること。
　(5)　「評価の観点及び評価方法」の欄は，本時における「評価の観点(知識・技能，思考・判断・表現，主体的に学習に取り組む態度)」と「評価方法」を評価すべき場面で設定し，記入すること。

2　資料
高等学校学習指導要領(平成30年3月告示)(一部抜粋)

第4　化学基礎
1　目標
物質とその変化に関わり，理科の見方・考え方を働かせ，見通しをもって観察，実験を行うことなどを通して，物質とその変化を科学的に探究するために必要な資質・能力を次のとおり育成することを目指す。

(1)　日常生活や社会との関連を図りながら，物質とその変化について理解するとともに，科学的に探究するために必要な観察，実験などに関する基本的な技能を身に付けるようにする。

(2)　観察，実験などを行い，科学的に探究する力を養う。

(3)　物質とその変化に主体的に関わり，科学的に探究しようとする態度を養う。

2　内容

(3)　物質の変化とその利用

　　物質の変化とその利用についての観察，実験などを通して，次の事項を身に付けることができるよう指導する。

ア　物質量と化学反応式，化学反応，化学が拓く世界について，次のことを理解するとともに，それらの観察，実験などに関する技能を身に付けること。

(イ)　化学反応

①　酸化と還元

酸化と還元が電子の授受によることを理解すること。

イ　物質の変化とその利用について，観察，実験などを通して探究し，物質の変化における規則性や関係性を見いだして表現すること。

▼高校生物・特別支援(高等部)生物

【課題】

第1問　高等学校学習指導要領(平成30年3月告示)「生物基礎」の授業において，3%過酸化水素水を用いて酵素カタラーゼの働きを調べる実験を行うとき，問1〜問3に答えなさい。

問1　この実験を行うとき，3%過酸化水素水のほかにどのようなものを準備しますか，書きなさい。

問2　この実験を行う手順を箇条書きで書きなさい。なお，必要であ

れば図をかき加えてもよい。

問3 この実験を安全かつ適切に行わせるために，あなたは生徒にど
のような指示をしますか，1つ書きなさい。

第2問 「生物基礎」の大項目「ヒトの体の調節」の学習において，
「免疫」の中で「免疫の働き」について授業を行うとき，次の留意
事項を踏まえ「学習指導案」を作成しなさい。ただし，作成に当た
っては，次の資料を参考にすること。

1 留意事項
  (1) 指導内容については，具体的な例を取り入れるとともに，基礎
  的・基本的な事項を重視すること。
  (2) 「Ⅱ 単元の指導計画」や「Ⅲ 本時の目標」をもとに，本時1
  時間(1単位時間を50分とする。)の「Ⅳ 本時の指導計画」を作成
  すること。
  (3) 「過程」の欄には，本時1時間の指導の流れが分かるよう，導入
  や展開，まとめなど，過程を示すこと。
  (4) 「学習活動」及び「教師の働きかけ」の欄は，具体的に記入す
  ること。
  (5) 「評価の観点及び評価方法」の欄は，本時における「評価の観
  点(知識・技能，思考・判断・表現，主体的に学習に取り組む態
  度)」と「評価方法」を評価すべき場面で設定し，記入すること。

2 資料
高等学校学習指導要領(平成30年3月告示)(一部抜粋)

> 第6 生物基礎
> 1 目標
>   生物や生物現象に関わり，理科の見方・考え方を働かせ，
> 見通しをもって観察，実験を行うことなどを通して，生物や
> 生物現象を科学的に探究するために必要な資質・能力を次の

とおり育成することを目指す。

(1) 日常生活や社会との関連を図りながら，生物や生物現象について理解するとともに，科学的に探究するために必要な観察，実験などに関する基本的な技能を身に付けるようにする。

(2) 観察，実験などを行い，科学的に探究する力を養う，

(3) 生物や生物現象に主体的に関わり，科学的に探究しようとする態度と，生命を尊重し，自然環境の保全に寄与する態度を養う。

2 内容

(2) ヒトの体の調節

ヒトの体の調節についての観察，実験などを通して，次の事項を身に付けることができるよう指導する。

ア ヒトの体の調節について，次のことを理解するとともに，それらの観察，実験などの技能を身に付けること。

(イ) 免疫

⑦ 免疫の働き

免疫に関する資料に基づいて，異物を排除する防御機構が備わっていることを見いだして理解すること。

イ ヒトの体の調節について，観察，実験などを通して探究し，神経系と内分泌系による調節及び免疫などの特徴を見いだして表現すること。

▼高校地学・特別支援(高等部)地学

【課題】

第1問 高等学校学習指導要領(平成30年3月告示)「地学基礎」の授業において，地層を観察する実習を行うとき，問1～問3に答えなさい。

問1 この実習を安全かつ適切に行うとき，ノートや筆記用具のほかにどのような器具や用具を用意しますか，書きなさい。

問2　観察した地層の様子を生徒が記録するとき，ノートにどのような スケッチや情報を書かせますか，まとめ方の一例を図を用いて示しなさい。

問3　この実習を安全かつ適切に行わせるために，あなたは生徒にどのような指示をしますか，2つ書きなさい。

第2問　「地学基礎」の大項目「変動する地球」の学習において，「地球の環境」の中で「日本の自然環境」について授業を行うとき，次の留意事項を踏まえ「学習指導案」を作成しなさい。ただし，作成に当たっては，次の資料を参考にすること。

1　留意事項
(1)　指導内容については，具体的な例を取り入れるとともに，基礎的・基本的な事項を重視すること。

(2)　「Ⅱ　単元の指導計画」や「Ⅲ　本時の目標」をもとに，本時1時間(1単位時間を50分とする。)の「Ⅳ　本時の指導計画」を作成すること。

(3)　「過程」の欄には，本時1時間の指導の流れが分かるよう，導入や展開，まとめなど，過程を示すこと。

(4)　「学習活動」及び「教師の働きかけ」の欄は，具体的に記入すること。

(5)　「評価の観点及び評価方法」の欄は，本時における「評価の観点(知識・技能，思考・判断・表現，主体的に学習に取り組む態度)」と「評価方法」を評価すべき場面で設定し，記入すること。

2　資料
高等学校学習指導要領(平成30年3月告示)(一部抜粋)

第8　地学基礎
1　目標
　　地球や地球を取り巻く環境に関わり，理科の見方・考え方

を働かせ，見通しをもって観察，実験を行うことなどを通して，地球や地球を取り巻く環境を科学的に探究するために必要な資質・能力を次のとおり育成することを目指す。

(1) 日常生活や社会との関連を図りながら，地球や地球を取り巻く環境について理解するとともに，科学的に探究するために必要な観察，実験などに関する基本的な技能を身に付けるようにする。

(2) 観察，実験などを行い，科学的に探究する力を養う。

(3) 地球や地球を取り巻く環境に主体的に関わり，科学的に探究しようとする態度と，自然環境の保全に寄与する態度を養う。

2 内容

(2) 変動する地球

変動する地球についての観察，実験などを通して，次の事項を身に付けることができるよう指導する。

ア 変動する地球について，宇宙や太陽系の誕生から今日までの一連の時間の中で捉えながら，次のことを理解するとともに，それらの観察，実験などに関する技能を身に付けること。また，自然環境の保全の重要性について認識すること。

(イ) 地球の環境

㋐ 日本の自然環境

日本の自然環境を理解し，それらがもたらす恩恵や災害など自然環境と人間生活との関わりについて認識すること。

イ 変動する地球について，観察，実験などを通して探究し，地球の変遷，地球の環境について，規則性や関係性を見いだして表現すること。

▼高校英語・特別支援(高等部)英語

【課題】

第1問　「英語コミュニケーションⅠ」は，五つの領域別に設定する目標の実現を目指した指導を通して，「知識・技能」及び「思考力，判断力，表現力等」の資質・能力を一体的に育成するとともに，その過程を通して，「学びに向かう力，人間性等」の資質・能力を育成することをねらいとして，五つの領域別の言語活動及び複数の領域を結び付けた統合的な言語活動を通して総合的に指導することが求められています。

　　このことを踏まえ，「英語コミュニケーションⅠ」の授業において，別紙に示す単元について4単位時間(1単位時間は50分とする。)を配当して授業を行うとき，任意の1単位時間について，「学習指導案」を日本語で作成しなさい。ただし，作成に当たっては，次の点に留意するとともに，解答用紙の様式にしたがうこと。

1　「本時の目標」については，4単位時間のうち，何単位時間目の指導案かを示すとともに，その該当する1単位時間の目標を少なくとも2つ設定することとし，その中で生徒に身に付けさせたい資質・能力を明らかにすること。

2　「生徒の学習活動」については，生徒の学習活動の概要が分かるようすること。英語を使用して自分自身の考えを伝え合うなどの言語活動を取り入れるとともに，他の教科等で学習した内容と関連付けるなど，英語を用いて課題解決を図る力を育成する工夫や既習の語句や文構造，文法事項などの学習内容を繰り返し指導し定着を図る工夫を具体的に記入すること。

3　「教師の活動及び指導上の留意点」については，話すことや書くことの指導における工夫や生徒が発話する機会を増やし他者と協働する力を育成する指導の工夫，生徒が学習の見通しを立てたり，振り返ったりして，主体的，自律的に学習することができる工夫を，教師が補助的に日本語を使用する場面があれば，その理由を具体的に記入すること。

4　評価については，生徒の学習状況を的確に捉え，教師が指導の改善を図るとともに，生徒が自らの学びを振り返って次の学びに向かうことができるようにすることに重点を置きつつ，「知識・技能」及び「思考・判断・表現」の評価の記録については，原則として単元や題材等のまとまりごとに，それぞれの実現状況が把握できる段階で行うこととしているが，本学習指導案においては，次のことに留意し，1単位時間で2つ以上の評価の観点を入れるように作成すること。

(1)　「評価の観点」の欄には，「知識・技能」は①，「思考・判断・表現」は②，「主体的に学習に取り組む態度」は③と，それぞれ記号を記入すること。

(2)　「評価方法」については，「評価の観点」ごとに，何をどのように評価するのかが分かるような評価方法を記入すること。

5　次の資料を参考にすること。

高等学校学習指導要領(平成30年7月告示)(抜粋)

第1　英語コミュニケーションⅠ

1　目標

　　英語学習の特質を踏まえ，以下に示す，聞くこと，読むこと，話すこと[やり取り]，話すこと[発表]，書くことの五つの領域別に設定する目標の実現を目指した指導を通して，第1款の(1)及び(2)に示す資質・能力を一体的に育成するとともに，その過程を通して，第1款の(3)に示す資質・能力を一体的に育成する。

2　内容

　(1)　英語の特徴やきまりに関する事項

　(2)　情報を整理しながら考えなどを形成し，英語で表現したり，伝え合ったりすることに関する事項

　(3)　言語活動及び言語の働きに関する事項

〈解答用紙〉

第1問　　日本語で解答しなさい。

「英語コミュニケーション I 」学習指導案

1　本時の目標（４単位時間のうち　　　　単位時間目）

2　本時の展開

時間(分)	指導過程	生徒の学習活動	教師の活動及び指導上の留意点	評価の観点	評価方法

第2問 「論理・表現I」の授業で行う言語活動を1つ取り上げ，その言語活動が，複数の領域を結び付けた統合的な言語活動，話すこと[やり取り]に係る言語活動，話すこと[発表]に係る言語活動，書くことに係る言語活動のいずれに該当するかを示した上で，その言語活動を取り入れるねらいや具体的な内容，指導上の留意点を，次の資料を参考にして120語以上の英語で書きなさい。

高等学校学習指導要領(平成30年7月告示)(抜粋)

第1 論理・表現I

1 目標

　英語学習の特質を踏まえ，話すこと[やり取り]，話すこと[発表]，書くことの三つの領域別に設定する目標の実現を目指した指導を通して，第1款の(1)及び(2)に示す資質・能力を一体的に育成するとともに，その過程を通して，第1款の(3)に示す資質・能力を育成する。

3 内容の取扱い

　コミュニケーションを図る資質・能力を育成するためのこれまでの総合的な指導を踏まえ，話したり書いたりする言語活動を中心に，情報や考えなどを表現したり伝え合ったりする能力の向上を図るように指導するものとする。

別紙

Lesson 3　How should we face the media ?

　In modern society, we are exposed to much information through mass media and social media. This is very convenient in that everybody can get information easily and quickly. However, it is doubtful whether we should allow ourselves to uncritically trust such information.

For instance, we often take it for granted that all the news articles we read in the newspaper are true. We believe that evidence is honestly collected, and that the article is written from a neutral and objective viewpoint. We often accept mass media without questioning.

Read and compare the same piece of news reported in several major newspapers. You will often find that the same story is reported differently in each one. If you compare a story that you have found in the Japanese news media with the same event reported in some foreign news media, you will probably realize that they are quite different. In other words, the news you read is carefully selected and controlled by the views and opinions of the editors or the newspaper companies.

We may be aware that the world is too complex for mass media to report the whole of a story, or even important stories. We need to tell ourselves that we are not getting the complete picture. We need not to lose our identity. We need to be aware that there are lots of events that the media is not reporting. There are opinions quite different from those reported in the papers.

It is important for us not to just be a passive receiver of information, but to think about and investigate issues for ourselves, and to communicate our own ideas with others. Unless we do this, our society will lack diverse views and opinions. On the contrary, we may come to think that the world presented in the media is the real world!

▼高校音楽・特別支援(高等部)音楽
【課題】
第1問　次の旋律を用いて，「音楽Ⅲ」で使用する四重奏曲に編曲し，記譜しなさい。ただし，それぞれの注にしたがって解答すること。

310

注1　楽器は，次の中から，<u>移調楽器1つ以上</u>を含む，<u>異なる楽器を2つ以上</u>選ぶものとする。

フルート　　　オーボエ　　　クラリネット(in B♭)　　　バス・クラリネット(in B♭)　　　ファゴット　　　ソプラノ・サクソフォーン(in B♭)　　　アルト・サクソフォーン(in E♭)　　　テナー・サクソフォーン(in B♭)　　　バリトン・サクソフォーン(in E♭)　　　トランペット(in B♭)　　　ホルン(in F)　　　トロンボーン　　　ユーフォニアム　　　テューバ　　　ヴァイオリン　　　ヴィオラ　　　チェロコントラバス

注2　楽器を選ぶ際には，その楽器の音域，音部記号，調性，特性を考慮すること。

注3　必要に応じて旋律を移調してもよい。

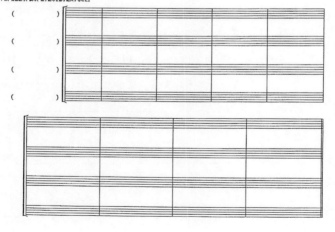

（下書き用）
1パート名、音部記号、調号、拍子記号を必ず記入すること。

第2問 「音楽I」における鑑賞の授業について，問1，問2に答えなさい。

問1 「題材名」「題材設定の理由」「題材の目標」「教材とするもの」「評価の観点」を下記のとおりとし，2時間配当(1単位時間は50分とする)の指導計画書を作成しなさい。

ただし，「教材とするもの」については，必要に応じて，その他のアジア地域の諸民族の音楽を加え，その名称と国名を点線の下に書き加えること。

[指導計画書]

(1) 題材名	アジア地域の諸民族の音楽を味わおう
(2) 題材設定の理由	アジア地域の諸民族の音楽は、発声法や楽器など独自の発展を遂げているものが数多く存在する。様々な音楽を通してその魅力を味わわせたい。
(3) 題材の目標	ア　音楽表現の共通性と固有性について考え、音楽の良さや美しさを自ら味わって聴く。 イ　曲想や表現上の効果と音楽の構造との関わりについて理解する。 ウ　音楽の特徴と文化的・歴史的背景、他の芸術との関わりについて理解する。
(4) 教材とするもの	・ケチャ（インドネシア） --
(5) 評価の観点	ア　音楽表現の共通性と固有性について考え、音楽の良さや美しさを自ら味わって聴くことができる。 イ　曲想や表現上の効果と音楽の構造との関わりについて理解している。 ウ　音楽の特徴と文化的・歴史的背景、他の芸術との関わりについて理解している。
(6) 指導計画 （各時の内容）	第1時
	第2時

問2　問1の(6)の第1時の学習指導案を解答用紙の様式にしたがって作
　成しなさい。

〈解答用紙〉

本時の目標			
	指導内容	学習活動	◇指導上の留意点　◎評価
導　入 （　） 分			
展　開 （　） 分			
まとめ （　） 分			

▼高校保健体育・特別支援(高等部)保健体育

【課題】

第1問　令和4年度(2022年度)の入学生から年次進行で実施される高等
　　学校学習指導要領解説(保健体育編)(平成30年7月)における科目「体
　　育」の「球技」について，問1，問2に答えなさい。

問1　「ゴール型」として取り扱う運動種目のうち，「バスケットボー
　　ル」,「サッカー」以外に示されている運動種目を2つ書きなさい。

問2　「球技」における入学年次の次の年次以降の「知識」に関する指
　　導内容の「競技会の仕方」について，理解できるようにする具体的
　　な内容を2つ書きなさい。

第2問　科目「保健」の指導に当たっては，健康課題を解決する学習
　　活動を重視して，思考力，判断力，表現力等を育成していくととも
　　に，「保健」で身に付けた知識及び技能を生かすことができるよう
　　に健康に関する関心や意欲を高めることが重要である。

　　　このことを踏まえ，科目「保健」の「現代社会と健康」における
　　「精神疾患の予防と回復」を単元として，次の「単元の指導計画」
　　に基づき，5単位時間で指導する際，その3時間目の学習指導案を次
　　の点に留意して作成しなさい。

・1単位時間は50分とすること。

・評価規準については，1観点とすること。

・記入に当たっては解答用紙の様式に従うこと。

【単元の指導計画】

1　単元の目標

　ア　精神疾患の予防と回復には，運動，食事，休養及び睡眠の調和のとれた生活を実践するとともに，心身の不調に気付くことが重要であること。また，疾病の早期発見及び社会的な対策が必要であることを理解できるようにする。

　イ　現代社会と健康について，課題を発見し，健康や安全に関する原則や概念に着目して解決の方法を思考し判断するとともに，それらを表現することができるようにする。

　ウ　精神疾患の予防と回復についての学習に主体的に取り組もうとすることができるようにする。

2　単元の評価規準

	知識	思考・判断・表現	主体的に学習に取り組む態度
単元の評価規準	・精神疾患は，精神機能の基盤となる心理的，生物的，または社会的な機能の障害などが原因となり，認知，情動，行動などの不調により，精神活動が不全になった状態であることについて理解したことを言ったり書いたりしている。 ・うつ病，統合失調症，不安症，摂食障害などを適宜取り上げ，誰もが罹患しうること，若年で発症する疾患が多いこと，適切な対処により回復し生活の質の向上が可能であることなどについて理解したことを言ったり書いたりしている。 ・精神疾患の予防と回復には，身体の健康と同じく，適切な運動，食事，休養及び睡眠など，調和のとれた生活を実践すること，早期に心身の不調に気付くこと，心身に起こった反応については体ほぐしの運動などのリラクセーションの方法でストレスを緩和することなどが重要であることについて理解したことを言ったり書いたりしている。 ・心身の不調時には，不安，抑うつ，焦燥，不眠などの精神活動の変化が，通常時より強く，持続的に生じること，心身の不調の早期発見と治療や支援の早期の開始によって回復可能性が高まることについて理解したことを言ったり書いたりしている。 ・人々が精神疾患について正しく理解するとともに，専門家への相談や早期の治療などを受けやすい社会環境を整えることが重要であること，偏見や差別の対象ではないことなどについて理解したことを言ったり書いたりしている。	・現代社会と健康における事象や情報などについて，健康に関わる原則や概念を基に整理したり，個人及び社会生活と関連付けたりして，自他や社会の課題を発見している。 ・精神疾患の予防と回復について，習得した知識を基に，心身の健康を保ち，不調に早く気付くために必要な個人の取組や社会的な対策を整理している。 ・現代社会と健康について，自他や社会の課題の解決方法と，それを選択した理由などを話し合ったり，ノートに記述したりして，筋道を立てて説明している。	・精神疾患の予防と回復について，課題の解決に向けての学習に主体的に取り組もうとしている。

	知識	思考・判断・表現	主体的に学習に取り組む態度
学習活動に即した評価規準	①精神疾患は、精神機能の基盤となる心理的、生物的、または社会的な機能の障害などが原因となり、認知、情動、行動などの不調により、精神活動が不全になった状態であることについて理解したことを言ったり書いたりしている。②うつ病、統合失調症、不安症、摂食障害などを適宜取り上げ、誰もが罹患しうること、若年で発症する疾患が多いこと、適切な対処により回復し生活の質の向上が可能であることなどについて理解したことを言ったり書いたりしている。③精神疾患の予防と回復には、身体の健康と同じく、適切な運動、食事、休養及び睡眠など、調和のとれた生活を実践すること、早期に心身の不調に気付くこと、心身に起こった反応については体ほぐしの運動などのリラクセーションの方法でストレスを緩和することが重要であることについて理解したことを言ったり書いたりしている。④心身の不調時には、不安、抑うつ、焦燥、不眠などの精神活動の変化が、通常時より強く、持続的に生じること、心身の不調の早期発見と治療や支援の早期の開始によって回復可能性が高まることについて理解したことを言ったり書いたりしている。⑤人々が精神疾患について正しく理解するとともに、専門家への相談や早期の治療などを受けやすい社会環境を整えることが重要であること、偏見や差別の対象ではないことなどについて理解したことを言ったり書いたりしている。	①現代社会と健康における事象や情報などについて、健康に関わる原則や概念を基に整理したり、個人及び社会生活と関連付けたりして、自他や社会の課題を発見している。②精神疾患の予防と回復について、習得した知識を基に、心身の健康を保ち、不調に早く気付くために必要な個人の取組や社会的な対策を整理している。③現代社会と健康について、自他や社会の課題の解決方法と、それを選択した理由などを話し合ったり、ノートなどに記述したりして、筋道を立てて説明している。	①精神疾患の予防と回復について、課題の解決に向けての学習に主体的に取り組もうとしている。

4　指導と評価の計画

時間	ねらい・学習活動	評価規準		
		知識	思考判断表現	態度
1 精神疾患の特徴	**（ねらい）精神活動が不全になった状態について理解できるようにする。** （学習活動） 1　精神機能の発達について、健康に関する資料などを見て理解する。 2　自分の心がどのように発達してきたのかワークシートにまとめる。 3　精神活動が不全になった状態がどのような状態か、グループで話し合い、まとめる。	①	①	
2 精神疾患の特徴	**（ねらい）うつ病、統合失調症、不安症、摂食障害などを適宜取り上げ、誰もが罹患しうること、若年で発症する疾患が多いことについて理解できるようにする。** （学習活動） 1　ストレスを感じる場面についてグループで話し合い、その原因を分類し、まとめる。 2　ストレスが原因で起きる体の変化について、グループで話し合い、発表し合う。 3　年代別のストレスや精神疾患との関係について話し合い、まとめる。	②		①

3 精神疾患への対処	(ねらい) 調和のとれた生活を実践することや、ストレスを緩和することなどが重要であることについて理解できるようにする。 （学習活動）		
4 精神疾患への対処	(ねらい) 心身の不調の早期発見と治療や支援の開始の重要性について理解できるようにする。 （学習活動） 1 心身の不調を感じた時に、どのような行動をとるのが望ましいか、グループで話し合い、まとめる。 2 自分が住む町の主な医療機関や相談機関について調べ、利用方法などをまとめる。 3 早期発見・早期治療のメリットについてまとめる。	④	②
5 精神疾患への対処	(ねらい) 専門家への相談や早期の治療などを受けやすい社会環境を整えることについて、今、自分たちができることを説明できるようにする。 （学習活動） 1 精神疾患について、どのような社会的支援が必要かグループで話し合い、まとめる。 2 自分の意見をワークシートにまとめ、グループ内で発表し合う。	⑤	③

〈解答用紙〉

第2問

単位時間の指導案（3／5時間）
  (1) 本時のねらい
      調和のとれた生活を実践することや、ストレスを緩和することなどが重要であることに
  ついて理解できるようにする。
  (2) 本時の展開

段階	学習内容と学習活動	教師の指導・支援	評価規準評価方法

▼高校家庭・特別支援(高等部)家庭
【課題】
第1問　高等学校学習指導要領(平成30年3月告示)で示されている専門
　　教科の科目「課題研究」の「内容」の「(5)　学校家庭クラブ活動」
　　において，地域と連携した地域の保育について考えさせる活動を指
　　導するとき，次の留意事項に基づき「目標及び指導と評価の流れ」
　　を作成しなさい。また，作成に当たっては，資料を参考にすること。

[留意事項]
1　5単位時間(1単位時間は，50分とする。)で指導する計画とすること。
　　なお，事前学習として1単位時間，実際の活動として連続する3単位
　　時間，事後学習として1単位時間の配当とすること。
2　活動を行う際に生徒が移動する時間は，5単位時間に含めないこと。
3　5単位時間の「単元の目標」を記入すること。
4　5単位時間の「単元の評価規準」を記入すること。
5　活動を行う第2〜4時(3単位時間)についてのみ，以下の内容を記入
　　すること。
　(1)　「施設等」については，活動を実施する具体的な施設等を記入
　　　すること。(記入例：○○町民センター，○○高等学校)
　(2)　「本時の目標」を記入すること。
　(3)　「授業の概要」を記入すること。ただし，生徒の学習活動が分
　　　かるようにすること。
　(4)　「評価の観点」の欄には，「知識及び技能」，「思考力・判断力・
　　　表現力等」，「主体的に学習に取り組む態度」から，この時間にお
　　　いて重視する評価の観点を記入すること。
　(5)　「おおむね満足できる状況と判断される生徒の実現状況の具体
　　　例」の欄には，設定した本時の目標について，生徒がどのような
　　　学習状況を実現すればよいのかを，「(4)　「評価の観点」」で記入
　　　したそれぞれの観点ごとに，具体的に記入すること。

第2問　「家庭基礎」では，自立した生活者として必要な衣食住の生活
や生活における経済の計画等などの実践力の定着を図るための学習
活動を充実することが求められています。

　このことを踏まえ，共通教科の科目「家庭基礎」の「食生活と健
康」の内容のまとめの学習として，ライフステージに応じた栄養の
特徴に配慮した自己や家族の食事の工夫について，グループにより
探究する活動を取り入れた1単位時間(1単位時間は，50分とする。)の
授業における「本時の目標」，「主な内容」，「学習効果を高めるため
に工夫する点」を説明しなさい。

[資料]
1　高等学校学習指導要領(平成30年3月告示)

> 第3章　主として専門学科において開設される各教科
> 第5節　家庭
> 第2　課題研究
> 1　目標
> 　　家庭の生活に関わる産業の見方・考え方を働かせ，実践
> 的・体験的な学習活動を行うことなどを通して，生活の質
> の向上や，社会を支え生活産業の発展を担う職業人として
> 必要な資質・能力を次のとおり育成することを目指す。
> (1)　生活産業の各分野について体系的・系統的に理解する
> 　　とともに，相互に関連付けられた技術を身に付けるよう
> 　　にする。
> (2)　生活産業に関する課題を発見し，生活産業を担う職業
> 　　人として解決策を探究し，科学的な根拠に基づいて創造
> 　　的に解決する力を養う。
> (3)　課題を解決する力の向上を目指して自ら学び，生活産
> 　　業の発展や社会貢献に主体的かつ協働的に取り組む態度
> 　　を養う。

2　内容

　　1に示す資質・能力を身に付けることができるよう，次の〔指導項目〕を指導する。

〔指導項目〕

(1)　調査，研究，実験

(2)　作品製作

(3)　産業現場等における実習

(4)　職業資格の取得

(5)　学校家庭クラブ活動

3　内容の取扱い

(1)　内容を取り扱う際には，次の事項に配慮するものとする。

　　ア　生徒の興味・関心，進路希望等に応じて，〔指導事項〕の(1)から(5)までの中から，個人又はグループで生活産業に関する適切な課題を設定し，主体的かつ協働的に取り組む学習活動を通して，専門的な知識，技術などの深化・総合化を図り，生活産業に関する課題の解決に取り組むことができるようにすること。なお，課題については，(1)から(5)までの2項目以上にまたがるものを設定することができること。

　　イ　課題研究の成果について発表する機会を設けるようにすること。

▼高校情報・特別支援(高等部)情報

【課題】

第1問　高等学校学習指導要領(平成30年告示)では，「情報Ⅰ」の「2内容」の「(4)　情報通信ネットワークとデータの活用」のアの(ウ)及びイの(ウ)に，次のように示されています。

> (4) 情報通信ネットワークとデータの活用
> ア 次のような知識及び技能を身に付けること。
> （ウ） データを表現，蓄積するための表し方と，データを
> 収集，整理，分析する方法について理解し技能を身に付
> けること。
> イ 次のような思考力，判断力，表現力等を身に付けること。
> （ウ） データの収集，整理，分析及び結果の表現の方法を
> 適切に選択し，実行し，評価し改善すること。

　「情報Ⅰ」の「(4) 情報通信ネットワークとデータの活用」のアの(ウ)及びイの(ウ)の内容について授業を実施するとき，配当時間が4単位時間(1単位時間は50分とする。)の指導計画を，1単位時間ごとの学習内容が分かるように作成しなさい。

第2問　第1問で作成した4単位時間の指導計画のうち，任意に選んだ1単位時間(1単位時間は50分とする。)の指導計画を作成しなさい。
　　　　ただし，作成に当たっては，次の2つの事項に留意すること。
(1)　本時の学習の目標を実現するために，比較，関連，変化，分類などの目的に応じた分析方法があることも扱うこと。
(2)　本時の学習の目標に照らして，生徒の学習の実現状況を適切に評価すること。

▼高校農業・特別支援(高等部)農業
【課題】
第1問　科目「農業と環境」において，高等学校学習指導要領(平成30年3月告示)で示されている「2　内容　(1)　「農業と環境」とプロジェクト学習」を指導するとき，あなたは，どのようなことに留意しますか，具体的な事例をあげて説明しなさい。

第2問　高等学校学習指導要領(平成30年3月告示)の科目「総合実習」における,「2　内容　(1)　栽培と飼育,環境等に関する基礎的な実習」について,次の資料のとおり示されています。

　このことについて,2単位時間(1単位時間は50分とする。)で指導するとき,あなたはどのような指導計画を作成しますか。指導のねらいと,1単位時間ごとの指導の流れが分かるように,評価も含めた指導計画を書きなさい。

　ただし,作成に当たっては,次の資料を参考にすること。

[資料]高等学校学習指導要領解説(農業編)(平成30年7月)一部抜粋

第3節　総合実習
　第2　内容とその取扱い
　　2　内容
　　　(1)　栽培と飼育,環境等に関する基礎的な実習
　　　　　ここでは,「農業と環境」をはじめ,関連科目における基礎的な突習を実践的・体験的に実施して,習得した知識の確認や検証,技術の習熟を図ることができるようにすることをねらいとしている。
　　　栽培・飼育・加工利用分野における基礎的な知識と技術については,農業生物として,作物,野菜,果樹,草花,畜産などの各生産分野を取り上げるとともに,栽培・飼育のしくみと育成環境や,栽培・飼育管理の実際,収穫物の加工と利用,出荷,食品製造などに関する基礎的な知識と技術や環境要素の調査などの方法とその実際について取り上げて指導する。

▼高校工業・特別支援(高等部)工業
【課題】
第1問　高等学校学習指導要領(平成30年3月告示)に示された科目「工

業技術基礎」の目標には，次のように示されています。

　工業の見方・考え方を働かせ，実践的・体験的な学習活動を行うことなどを通して，工業の諸課題を適切に解決することに必要な基礎的な資質・能力を次のとおり育成することを目指す。
(1)　工業技術について工業のもつ社会的な意義や役割と人と技術との関わりを踏まえて理解するとともに，関連する技術を身に付けるようにする。
(2)　工業技術に関する課題を発見し，工業に携わる者として科学的な根拠に基づき工業技術の進展に対し解決する力を養う。
(3)　工業技術に関する広い視野をもつことを目指して自ら学び，工業の発展に主体的かつ協働的に取り組む態度を養う。

　このことを踏まえ，あなたは，科目「工業技術基礎」において，「2　内容　(2)　加工技術」の単元を指導するとき，どのような点に留意して指導しますか。具体的な事例を挙げて書きなさい。ただし，授業時数は連続3単位時間(1単位時間を50分とする。)とすること。
　なお，作成に当たっては，次の＜留意事項＞1，2を踏まえること。

＜留意事項＞
1　相互に関連する実験や実習内容を取り上げるよう留意し，工業の各分野に関する要素を総合的に理解できるよう工夫して指導すること。
2　日常生活に関わる身近な製品の製作例を取り上げ，工業技術への興味・関心を高めさせるとともに，工具や器具を用いた加工及び機械や装置類を活用した加工を扱うこと。

第2問　高等学校学習指導要領(平成30年3月告示)に示された科目「実習」の「3　内容の取扱い　(1)　ア，イ」には，次のように示されています。

> ア　安全に配慮するとともに，生徒の興味・関心，進路希望等
> 　　に応じて実習内容を重点化することや生徒が実習内容を選択
> 　　できるようにするなど，弾力的に扱うこと。
> イ　工業の各分野に関する日本の伝統的な技術・技能，安全衛
> 　　生や技術者として求められる倫理，環境及びエネルギーへの
> 　　配慮などについて，総合的に理解できるよう工夫して指導す
> 　　ること。

　このことを踏まえ，あなたは，科目「実習」において，どのように授業を展開しますか。任意の実習テーマを設定し，指導のねらいと，1単位時間ごとの指導の流れが分かるように，指導計画を作成しなさい。

　また，本時における評価について，評価の観点を「思考・判断・表現」と設定した場合の「おおむね満足できると判断される状況」を書きなさい。ただし，授業時数は連続3単位時間(1単位時間を50分とする。)とすること。

▼高校商業・特別支援(高等部)商業
【課題】
第1問　高等学校学習指導要領(平成30年3月告示)「第3節　商業」の科目「ビジネス・コミュニケーション」では，「3　内容の取扱い」において，内容の「(2)　ビジネスマナー　ウ　接客に関するビジネスマナー」については，「販売活動における接客の心構えと方法及びホスピタリティの概念と重要性について扱うこと」としています。このことを踏まえ，「接客に関するビジネスマナー」の授業を実施するとき，配当時間が5単位時間(1単位時間は50分)の指導計画を，1単位時間ごとの主な学習活動，留意点等(教師の指導)，評価の観点，及び具体的な評価方法について記載し，作成しなさい。

　なお，作成に当たっては，生徒に身に付けさせたい資質・能力と

して，次の事項に留意すること。

○　留意事項

(1)　ビジネスマナーについて実務に即して理解するとともに，関連する技術を身に付けること。

(2)　ビジネスの場面を分析し，科学的な根拠に基づいて，場面に応じてビジネスマナーを実践し，評価・改善すること。

(3)　ビジネスマナーについて自ら学び。ビジネスにおける他者への対応に主体的かつ協働的に取り組むこと。

第2問　第1問で作成した5単位時間のうち，任意に選んだ1単位時間(1単位時間は50分)について，販売活動における接客の心構えと方法及びホスピタリティの概念と重要性について扱い，ビジネスの場面を想定した実習を取り入れるとともに，生徒の興味・関心を引き出すことができるような学習活動と教師の指導内容を，具体的に記載しなさい。

　　　ただし，評価については省略するものとする。

▼高校水産・特別支援(高等部)水産

【課題】

第1問　高等学校学習指導要領(平成30年3月告示)で示されている科目「水産海洋基礎」の「2　内容　(1)　海のあらまし」では，海の成り立ち，海の物理的・化学的要素，海の生物，海が地球環境や人間の生活に果たす役割，偉人，文化，産業，資源，関連法規などについて取り上げ，それぞれの基礎的な事項とともに，海，水産物及び船と生活の関わりについて理解させ，海に関する学習に興味・関心をもたせることをねらいとしています。

　　　このことを踏まえ，単元「海と食生活・文化・社会」における，水産物に含まれるタンパク質や有効成分が食生活に果たす意義について，3単位時間(1単位時間は50分とする。)で指導するとき，あなた

はどのような指導計画を作成しますか。また，指導したことをどの
ように評価しますか。指導のねらいを書き，各単位時間の指導内容，
評価方法が分かるように指導計画の概要を書きなさい。ただし，次
の点に留意すること。

＜留意する点＞

(1) 「主な学習活動」の欄には，自身が設定した指導のねらいを踏ま
え，具体的な事例を通して理解させるよう，記入すること。

(2) 「教師のはたらきかけ(指導上の留意点)」の棚には，生徒の理解が
深まるように工夫する事項等を記入すること。

(3) 「評価の観点及び評価方法」の欄には，評価の観点を記載すると
ともに，具体的な評価方法を明確に記入すること。

なお，作成に当たっては，次の資料を参考にすること。

[資料]

○　高等学校学習指導要領解説(水産編)(平成30年7月)一部抜粋

第1章　水産科の各科目

第1節　水産海洋基礎

第2　内容とその取扱い

2　内容

(1)　海のあらまし

イ　海と食生活・文化・社会

海と人間生活の関わりの歴史からなる海洋文化，日本
人の水産物を中心とする特徴的な和食の文化，水産物に
含まれるタンパク質や有効成分が食生活に果たす意義に
ついて理解できるよう指導する。また，水産物以外の海
洋資源など，海に由来する資源等が人間の生活に果たす
役割や影響などについても扱う。

第2問　科目「課題研究」においては，個人又はグループで水産や海
洋に関する適切な課題を設定し，主体的かつ協働的に取り組む学習

活動を通して，専門的な知識，技術などの深化・総合化を図り，水産や海洋に関する課題の解決に取り組むことが求められています。このことを踏まえ，「漁場をはじめとする海洋の環境保全」に関する課題に取り組ませる際，あなたはどのような工夫をしますか，書きなさい。

▼高校福祉・特別支援(高等部)福祉

【課題】

第1問　高等学校学習指導要領(平成30年3月告示)で示されている科目「社会福祉基礎」の「2　内容　(2)　人間関係とコミュニケーション」では，人間関係を構築するための技法，基本的なコミュニケーションの技法，社会福祉援助技術の概要に関する学習活動を通し，人間関係の形成やコミュニケーション及び社会福祉援助活動の意義や役割などとともに，援助活動に必要な組織のマネジメントとして運営管理・人材管理・リーダーシップなどについても理解させることをねらいとしています。

　　このことを踏まえ，単元「コミュニケーションの基礎」における，人間関係を構築するための基礎的な技法について，3単位時間(1単位時間は50分とする。)で指導するとき，あなたはどのような指導計画を作成しますか。また，指導したことをどのように評価しますか。指導のねらいを書き，各単位時間の指導内容，評価方法が分かるように指導計画の概要を書きなさい。ただし，次の点に留意すること。

＜留意する点＞

(1)　「主な学習活動」の欄には，自身が設定した指導のねらいを踏まえ，具体的な事例を通して理解させるよう，記入すること。

(2)　「教師のはたらきかけ(指導上の留意点)」の欄には，生徒の理解が深まるように工夫する事項等を記入すること。

(3)　「評価の観点及び評価方法」の欄には，評価の観点を記載するとともに，具体的な評価方法を明確に記入すること。

　　なお，作成に当たっては，次の資料を参考にすること。

[資料]

○　高等学校学習指導要領解説(福祉編)(平成30年7月)一部抜粋

第1章　福祉科の各科目

第1節　社会福祉基礎

第2　内容とその取扱い

2　内容

(2)　人間関係とコミュニケーション

ア　人間関係の形成

ここでは，対人援助に必要な人間の理解や人間関係を構築するために必要な共感やラポール，傾聴や受容，自己覚知や他者理解などについて扱う。

イ　とコミュニケーションの基礎

ここでは，対人援助に必要な人間の理解や人間関係を構築するための技法として，言語コミュニケーションや非言語コミュニケーションなどを取り上げ，コミュニケーションの意義や役割とともに基本的な技法について扱う。

ウ　社会福祉援助活動の概要

(以下，省略)

第2問　科目「介護総合演習」においては，介護実習や事例研究，調査などについて，個人又はグループで適切な課題を設定し，地域福祉や福祉社会に関する課題の解決に取り組むことが求められています。

このことを踏まえ，生徒の身近な地域や生活上の課題の解決に取り組ませる際，あなたはどのような工夫をしますか，書きなさい。

▼養護教諭

【課題】

第1問　次の事例について，問1，問2に答えなさい。

> 　　高校1年生のKさんが，球技大会のサッカーの試合中にヘディ
> ングした際，相手チームの選手とぶつかり，後頭部を地面に打
> ちました。

問1　保健室に連絡が入り，Kさんのところに駆けつけたあなたは，頭
　　　部外傷発生時の対応としてどのようなことを確認するか，具体的に
　　　書きなさい。

問2　受傷直後の異常はなく，保健室で2時間程度安静を保ち，経過観
　　　察を継続しました。その後も異常が認められなかったため，保護者
　　　の迎えを待ち，帰宅させることとしましたが，あなたは，Kさんと
　　　保護者に頭部外傷後の留意点として，どのようなことを説明するか，
　　　具体的に書きなさい。

第2問　次の事例について，問1，問2に答えなさい。

> 　　A小学校では，健康診断の結果，肥満傾向児童(肥満度20％以
> 上)が昨年度よりも増加し，全国の出現率と比較しても高い傾向
> がみられたことや，体調不良を訴える児童の多くに睡眠不足が
> みられたことなどから，より健康な生活を送るために生活習慣
> を改善するための指導の充実を図ることとしました。

問1　児童の生活習慣の実態を把握し，課題を整理することを目的に，
　　　全校児童を対象としたアンケート調査を実施する場合，どのような
　　　項目を設定するか，具体的に書きなさい。

　　　なお，項目については，運動，食事，休養及び睡眠など様々な観
　　　点から設定し，項目数は8項目とすること。

問2　保護者に対し，食に関する正しい知識と望ましい食習慣を身に
　　　付けることの必要性を伝える保健だよりを作成する場合，朝食，栄

養バランス及び間食について，それぞれ記載する内容を具体的に書きなさい。

▼栄養教諭

【課題】

第1問　小学校家庭科における食に関する指導では，食生活を家庭生活の中で総合的に捉えるという家庭科の特質を生かし，食に関する実践的・体験的な活動を通して，健康で安全な食生活を実践するための基礎を培うことが求められています。

　　このことを踏まえ，次の学級担任と連携したティーム・ティーチングの授業について，本時の学習過程の「展開」と「終末」を具体的に書きなさい。なお，授業時間は45分とする。

第6学年○組　家庭科学習指導案(略案)

○月○日(○)第○校時

指導者　T1　○○　○○

T2　○○　○○

1　題材名　「休日の昼食の献立を考えよう」

　　家庭科B　(3)(イ)　食品の栄養的な特徴が分かり，料理や食品を組み合わせてとる必要があることを理解すること。

2　題材の目標

　　休日の昼食の献立作成を通して，栄養を考えた食事について理解する。(知識・技能)

　　日常の食生活から問題を見いだし課題をもって，米飯及びみそ汁，おかずを中心とした昼食の献立を工夫する。(思考・判断・表現)

　　自分の食生活をふり返り，自分の食生活をよりよくしようと取り組もうとする。(主体的に学習に取り組む態度)

3　食育の視点　望ましい栄養や食事のとり方を理解し，食品の組み合わせや栄養的なバランスを考え，食べようとする。【心身の健康】

4 題材の評価規準

知識・技能	思考・判断・表現	主体的に学習に取り組む態度
・体に必要な栄養素の種類と主な働きについて理解している。 ・食品の栄養的な特徴が分かり、料理や食品を組み合わせてとる必要があることを理解している。 ・献立を構成する要素が分かり、1食分の献立作成の方法について理解している。	・1食分の献立の栄養バランスについて問題を見出し課題を設定し、様々な解決方法を考え実践を評価・改善し、考えたことを表現するなど、課題を解決する力を身に付けている。	・家族の一員として、生活をよりよくしようと、休日の昼食について、課題の解決に向けて主体的に取り組んだり、振り返って改善したりして、生活を工夫し、実践しようとしている。

5 題材の指導計画(全3時間)

(1) 献立の立て方を考えよう(1時間)

○主な学習活動	□教師の主な働きかけ
○給食の献立の主食、主菜、副菜に使われている食材を調べ、栄養のバランスを確かめる。 ○米飯とみそ汁を中心とした1食分の献立を考え、留意点などを話し合う。	□給食にたくさんの食品が使われていることに着目させ、主食、主菜、副菜の組み合わせにより栄養のバランスがよくなることに気付かせる。

(2) 休日の献立を考えよう(1時間(本時))

① 本時の目標

昼食の献立作成を通して、日常の食生活から問題を見いだし課題をもって、米飯及びみそ汁、おかずを中心とした献立を考える。

② 本時の学習過程

	「○」主な学習活動 「・」児童の反応	□教師の主な働きかけ		評価規準 評価方法
		T1（学級担任）	T2（栄養教諭）	
導入	○前時の学習をもとに日常生活を振り返り、休日の昼食についての問題を見いだし、課題を見付ける。 ・食品数が少ない。 ・野菜がない。 ＜学習課題＞ 自分の課題をもとに、栄養バランスのとれた休日の昼食の献立を考えよう。	□事前に行った自分の食生活調べを基に、各自の問題点を考えさせる。	□栄養のほかに、色どりや味のバランスに着目した気付きを価値付ける。	（略）
展開				
終末				

(3) 立てた献立を見直そう(1時間)

○主な学習活動	□教師の主な働きかけ
○他の児童のアドバイスなどをもとに、休日の昼食の献立の主菜・副菜を見直す。 ・ゆで野菜に季節の野菜を入れてみよう。 ・色どりのために、食品を追加しよう。	□栄養教諭が、旬の食材や地場産物などの具体的なアドバイスを行う。 □家庭での実践につながるよう、学級通信で保護者に協力を求める。

第2問 栄養教諭は学校給食調理員に調理指導を行うとともに、衛生管理責任者として、施設及び設備の衛生、食品の衛生及び学校給食

調理員の衛生の日常管理等に当たることとなっています。このことを踏まえ，学校給食調理員と打合せを行う際に用いる調理指示書について，問1，問2に答えなさい。

問1　調理方法の　　　　について，豚肉の生姜焼きの調理方法を参考に，混合だしのとり方，みそ汁の調理方法を記入しなさい。

問2　下線部のほうれんそうともやしを茹でる際のそれぞれの調理のポイントを答えなさい。また，茹でてから水冷するまでの工程における衛生管理のポイントを2点答えなさい。

■　食数：小学校　　200人分(単独調理場)
■　学校給食調理員：4人
■　調理時間：8時30分～12時00分

■調理指示書

献立名	使用食品名	数量	切り方※	調理方法
ごはん	精白米　うるち米	(略)		
みそ汁	だいこん　皮つき生		せん切り	<混合だしのとり方>
	油揚げ　生		せん切り	
	米みそ淡色辛みそ			
	昆布（だし用）			<みそ汁の調理方法>
	かつお節（だし用）			
	水			
豚肉の生姜焼き	豚かたロース		スライス	1　①～⑦を合わせて調味液を作る。
	脂身つき　生		(ひとり1枚)	2　肉を1の調味液に漬ける。
	清酒　普通酒		①	3　天板に油をしき、1の肉を並べ
	こいくちしょうゆ		②	オーブン200℃で10分焼く。
	本みりん		③	※　中心温度75℃1分間以上確認
	車糖　上白糖		④	4　配食する。
	しょうが　生		⑤　すりおろし	
	たまねぎ　生		⑥　すりおろし	
	りんご　生		⑦　すりおろし	
	米ぬか油			
ほうれんそうと	ほうれんそう　生		2.5cm切り	1　ほうれんそうともやしをそれぞ
もやしの	りょくとうもやし　生		ざく切り	れ茹でて、冷却する。
じゃこ和え	しらす干し　半乾燥品			2　①～③を合わせる。
	清酒　普通酒		①	3　しらす干しを2で煮る。
	こいくちしょうゆ		②	4　水切りした、ほうれんそう・もやし
	本みりん		③	を3で和える。
				5　配食する。
牛乳	普通牛乳			

◆個人面接Ⅰ(2次試験)　面接官2人　20分

▼幼稚園・小学校教諭

【質問内容】

□健康状態や人間関係。

□趣味。

・体育館で行ったため，周りの声も聞こえてきた。一般的事項については，みな同じ質問であった。

▼小学校教諭

【質問内容】

□志望理由(北海道志望／小学校志望の理由)。

□北海道のよさ。

□地域との連携をどのようにするか。

□教育実習をしているか。

□ICTをどのように活用していくか。

□ICTを子どもの前で使ったことはあるか。

□生徒指導の3機能とは。

□子どもの何を一番伸ばしたいか。

□信頼できる友達は何人いるか。

□健康状況，勤務地希望について

□休日は何をしているか。

□自己PR。

▼中学社会

【質問内容】

□身体の健康度合い。

□ストレスチェック。

□なぜ札幌市志望なのか。

□教育実習ではどのようなことを学んだか。

□生徒指導で気をつけることは。

▼中学数学
【質問内容】
□教師を生涯の職にしようと思った理由。
□教育実習で印象に残っていること。
□生徒の関わる中で印象に残っていること。
□気になるニュース
　→ニュースはどのように見ているか。
　→どのように情報を取捨選択しているか。
□緊張しているか。
　→どのようなときに緊張しているか。
　→父兄に話すことも多いがどのように緊張を克服していくか。
□父兄に話すときに1番大切なことは何か。
□勤務地に希望はあるか。

▼中学保体
【質問内容】
□面接が行われるまでの待機時間に何を考えていたか。
□なぜ北海道か。
　→それは他の自治体でもできるのではないかとさらに突っ込まれた。
□志望理由。
□あなたには友達は何人いるか。
　→その友達はどのような友達か。その友達と最近どのような話をしたか。
□あなたの特技は何か。
　→その特技を始めたきっかけは何か。
□どのような教員でありたいと考えているか。
□全道で勤務可能か。
・面接Ⅰでは，比較的自分自身のことについて深く聞かれると思う。面接対策をする際には自己分析をしっかりとすることが良いであろ

う。

・1つの質問に対して2～3回追質問されたので，本番でしっかりと答えられるように深堀して自分で考え，答えを導き出せるように対策をしておくことが望ましい。

▼中高理科

【質問内容】

□過去5年間で大きなけがや病気はあったか。

□他の自治体の併願状況。

□自分の長所。

□もし部活動の顧問になるならどの部活を担当できるか。

□あなたはいつストレスを感じるか。

□ストレスを感じたときはどのように解消するか。

□(人の上に立つようなリーダーを多くやっていたと言ったら)教員になったら新人として逆に下になると思うが，それについてはどのように思うか。

□札幌市が取り組んでいることで何か興味があるものはあるか。

　→それをどのように自分の授業にするか。

□学力があまり高くない生徒に対して，どのようにアプローチするか。

　→(模型を使うと言ったら)具体的に範囲を上げてどのようにするか。

□教育公務員として働くことになるが，守らなければいけない義務とは。

□教員を目指したきっかけは何かあるか。

□今までで一番困ったことは何かあるか。

□今まで挫折経験はあるか。

▼高校数学

【質問内容】

(面接官1)

□教員を志望した理由。

□エンカレッジスクールとはどのような学校か。

□Microsoft Office Specialist Masterの資格について，どれくらいの難易度の資格か。

□アルバム委員とはどんな委員会か。

□高校時代に経験した部活動は。

□大学時代に経験した活動(サークルなど)は何か。

　→有志とは何か。

□どのようなボランティアを経験しているか。

□介護の仕事はどのようなことをしたか。

□市民推進サポーターとはどのようなものか。

□教育実習でICTを使った授業を行ったか(行ってどうだったか)。

□職場で，自分とそりの合わない教員がいたことはあるか。

　→どのように対処するか。

□東京でそれだけ勤務したのになぜ北海道を受験するのか。

□北海道にある大学に通っているようだが，なぜか。

□北海道以外にどこかの自治体を受験しているのか。

　→もう結果は出ているのか。

□どこでも勤務することはできるか。

　→島しょやへき地の勤務は可能か。

□自分の趣味は何か。

□勤務条件として優先することは何か。

(面接官2)

□ほかにやりたいと思った職業はあるか。

・最初の面接は，他の受験者の面接時間がかかってしまっていたので，開始時間が変更となった。

・試験開始までの間は，係員の指示に従って待機して，面接開始時間は20分程遅れたようである。

・誘導の指示に従って面接試験の試験室まで行き，面接を行う。ドアは開いてあり，ノックをせずに入れるようになっていた。空いている扉の前に立ち，「失礼いたします」と言って礼をしてから座席に

向かう。
・マスクを外してくださいと言われ一度はずし，受験番号と名前を聞かれたので，答えてから座席に着席をする。

▼高校理科
【質問内容】
□高校生が将来を見いだせない現状について，なぜだと思うか。
□ICTに関してスキルはあるか。
　　→ICTが高校で広まった際に，どんなことをやってみたいか。
□手話，展示などに精通しているか。
□友人は多いか。
□赴任地の希望について
□他の自治体を受験しているか。
□専門分野の魅力。
　　→科学の魅力を授業でどう伝えていくか。
□学び合う授業をどう実現するか。
□観点別評価をどうしていくか。
□生徒とのコミュニケーションをどう取っていくか。
□ストレスを感じた経験。
□同僚とうまくやっていくためには。
□気になる教育ニュースは。

▼高校英語
【質問内容】
□教員の志望理由。
□自分の性格，長所，短所について。
　　→他の人からどう言われるか。
□英語科の志望理由。
□教育実習はどうだったか。
□どういう教員になりたいか。

□配属地の限定はあるか。

□医師にかかっているか。

・個人面接はⅠとⅡの2回実施されるが，Ⅱが先に実施される場合もある。

・服装はクールビズで問題なし。清潔感ある服装ならよし。高校の室内なので，室内靴を用意。

・圧迫面接ではなかった。面接官，受付，補助担当職員は丁寧に応対してくれた。

・「礼に始まり，礼に終わる」。目礼で構わないから，お辞儀を忘れないように。

▼高校英語

・2日に分けて個人面接ⅠとⅡの2種類の面接を行う。

・Ⅰは人物に関して，Ⅱでは教科指導など専門的な内容に関する面接だと，最初に説明された。

・面接官は2人とも極めて友好的な雰囲気だった。

▼養護教諭

【質問内容】

□昨日はよく眠れたか。

□養護教諭を目指したきっかけ。

□正看護師の資格について，いつどのように取得したか。

□養護教諭と看護師の両方の道があったと思うが迷わなかったか。

□現在の仕事内容について。

□中学生と高校生で対応に違いはあるか。

□私立から公立に勤務したいと思った理由。

□趣味はあるか(それのどのような所が好きか，など)。

□意見の合わない同僚がいた場合どうするか。

□どのような保健室の掲示物を作っているか。

□健康状態について。

□道内どこでも働けるか。

□小学校，中学，高校，特支の中で，勤務希望の順位はあるか。

□学生時代の部活動について。

□これまで行った救急対応で一番大変だったことは。

□養護教諭として大事にしていることは。

・個人面接ⅠとⅡは，別の日に実施されたが，内容はほぼ同じだった。

・自分の面接時間までは控え室で待つか，一旦会場外に出ていてもよい。

・暑いため上着は脱いで入室可。荷物は入室したら入口横の机に置く。

・入室したら受験科目，受験番号，名前を言って，本人確認のため一度マスクを外す。

・終了後はそのまま帰宅してよい。

▼養護教諭

【質問内容】

□どの校種がいいか順番をつけなさい。

□どこでも勤務可能か。

□部活の担当はできるか。

□嫌いなタイプはどんな人か。

　→その人への対処法

□短所とその改善点。

□友人は多いか。

　→友人といるときのあなたの立ち位置は。

◆個人面接Ⅱ(2次試験)　面接官2人　20分

　▼中学社会

【質問内容】

□これから求められる教育・学校の役割とは。

□コロナ禍での対話的な学びとは。

□道徳教育の役割。

▼中学数学
□主体的に学ぶ姿勢の評価方法。
□部活動の意義。
□ICTの活用法を2つ挙げなさい。
□不登校になりかけている生徒への対応。
□いじめの対応。
□「まほうのかいわ」(＊)を実践しているか。
・「札幌市学校教育の重点」を中心に。
・教室で行われ，面接官は校長先生のような男性2人。
・面接官は終始真顔で，私が答えるたびに，「それも大事だけどこう
　だよね」と言われてしまい萎縮した。
＊：札幌市が配布している「さっぽろっ子『学び』のススメ」の中で
　推奨されている，子どもの意欲を高めるための合言葉。

▼中学保体
【質問内容】
□体育分野で興味持った分野は何か。
□運動が嫌いな生徒にどのような支援，言葉がけをするか。
□ICT機器を活用するメリットは何か。
　→自分の動きを見るのが恥ずかしい生徒がいた場合はどのように対
　　応するか。
□教員がやってはいけないことは何か。
□部活で大変だったことは何か。
□意見が食い違った時にどのようなことを意識しているか。
□教育実習の生徒指導で大変だったことは何か。
□長所と短所を述べよ。
　→その長所を教員としてどのように生かしていくか。
□大学の部活動で没頭したことは何か。

□最近気になっているニュースは何か。

　→それについてあなたはどう感じるか。

□あなたの好きな言葉は何か。

　→その言葉をどのように生かしているか。

・面接Ⅱでは，受験生がしっかりと教育現場に立った時にやっていけるかというところを見られていると感じた。また，授業を実際に行っていく中で生徒のつまずきを想定しているかどうかも見られていると感じた。大切なのは，教員としての熱意を伝えられるかどうかだと思う。

・面接対策では，しっかりと自己分析しておくと，想定していなかった質問が来た時にも，自分の軸がしっかりと立てられていることから落ち着いて答えることができると実感した。深く自己分析をすることをお勧めする。

・面接の雰囲気は比較的に話しやすかった。うなずきながら話を聞いてくれていた。

・限られた時間で面接官を納得させられるように，北海道の良さをしっかり説明できるようにしておくことが必要。

▼中高理科

【質問内容】

□1回目の面接はどうだったか。

□札幌に来たことはあるか。

　→いつ来たのか。

□札幌市では課題探究的な学習というものを行っているが，あなたならどのように授業をするか。

　→グループ活動をする上で何に留意するか。

□札幌市ではキャリア教育に力を入れているが，どのように(自分なりに)アプローチをするか。

□札幌市ではICT教育に力を入れているが自分なりにどのように授業するか。

□札幌市では家庭との連携に力を入れているが，あなたは具体的にどのように関わっていくか。

□あなたは教育をする中で何が一番大事だと思うか。

→(コミュニケーションと答えたら)今は新型コロナウイルスの影響でマスクをしているから，なかなか表情が読み取りにくいがコミュニケーションを取るときに何を心掛けるか。

□(高校志望だと言ったら)中学生と高校生の対応を違いはどのようなものが挙げられるか。

・個人面接Ⅱでは，ほとんど札幌市の重点措置から質問された。

・知識が問われるのではなく，「札幌市でこのようなことをしているが，あなたはどのように考えますか」と聞かれる。

▼高校数学

【質問内容】

(面接官1)

□市民推進委員サポーターとはどんな仕事か。

□自分の性格について説明しなさい。

□自分のよいところはどんなところか。教員として向いているところはどこか。

□ストレスの発散はどのようにしているか。

→ストレスの発散方法について，どう思うか(現在の自分と過去との違いについて)。

□教員がしてはいけないこと(禁則事項)を答えなさい。

→ほかに教員がしてはいけないことは何か。

□最近の教育で関心のあるニュースについで述べなさい。

→その問題について，どのような対策を取るか。

(面接官2)

□所有している教員免許の種類は。

□(受検している教科である)数学の教科の魅力について。

□現在勤務している学校について。

□これまでの生徒指導上の経験で，一番大変だったことは何か。

□生徒に対して指導をする上で，どんなことを心掛けてきたか。

・前日は時間変更があったが，2日目は時間通り面接が行われていた。

・少し早く会場に行ったので，共用の待合室で20分程度待った後に，面接室付近の待合席に行った。

・面接票の確認をしてから面接室前の座席に座り，受検区分，受検番号，氏名を言うように指示され，「高等学校数学，受検番号○○，○○です。」と答えて着席する。

▼養護教諭

【質問内容】

□昼食はしっかりとれたか。

□養護教諭になろうと思ったきっかけ。

□大学時代，特に力を入れて取り組んでいた分野は何か。

□生徒を指導する上で大切にしていることは何か。

□個人情報の取り扱いで気をつけていることは何か。

□教育関連で最近気になっているニュースは何か(タイトルのみ)。

□好きな言葉。

□学生時代の部活動と，そこから学んだことは何か。

□ICT教育に関して，自分が取り組めることは何か。

▼養護教諭

【質問内容】

□生徒指導とは何か。

□生徒指導で気をつけるべきものは。

□保護者との信頼関係の築き方。

　　→意見が違ったらどうするか。

□高校生は悩みを相談してこないがどう対応するか。

□ゼミは何をしているか。

　　→なぜそのゼミに入ったのか。

・何を答えても「そうは言っても，やはり意見が合わなかったり…」
と追質問があった。

◆実技試験(2次試験)
▼小学校教諭，特別支援学校小学部
【英語課題】
□リスニング検査
【1】 次のNo.1〜No.4について，対話を聞き，その最後の文に対する応
答として適切なものを選びなさい。

No.1〜No.4 （選択肢はすべて放送されます。)

【2】 次のNo.1〜No.3について，対話や文章を聞き，対話や文章に関す
る質問の答えとして適切なものを選びなさい。

No.1 ア Keep the book longer than two weeks.
イ Return the book right now.
ウ Get a library card.
エ Borrow more than two books.

No.2 ア He wants to work at the ticket office.
イ He wants to see a special exhibit.
ウ He goes to the museum often.
エ He will travel to Muncie City.

No.3 ア Her father found a book that helped her.
イ She studied advanced math.
ウ She found some practice tests.
エ Her father found someone to teach her.

【3】これから放送される高級食材であるトリュフについての講義を聞
き，次のワークシートの空欄No.1〜No.3について，講義の内容に関
する答えとして適切なものを選びなさい。

【ワークシート】

Truffles

O 〔Prices〕

	for one kilogram	
white truffles	between $2,000 and $4,850	
black truffles		No.1

O 〔The way to find truffles〕

Where	under the ground near the roots of some kinds of trees	
How	People use dogs because	No.2

O 〔An event about truffles in 1992〕

No.3

No.1 ア $300

イ between $300 and $3,300

ウ $3,300

エ between $300 and $1,200

No.2 ア They are better at seeing truffles than pigs.

イ They do not eat truffles.

ウ They can walk faster than pigs.

エ They are easier to teach than pigs.

No.3 ア People began eating black truffles in the U.S.

イ The most expensive truffles in the world was sold.

ウ A farmer grew European black truffles for the first time in North
Carolina.

エ People started using dogs to find truffles in Oregon, California,
and Washington.

【音楽課題】

□ピアノ伴奏付き歌唱

〈実施方法〉

1　課題曲(1曲)が与えられる。

2　持参した楽譜(伴奏のついた楽譜も可)を使用して演奏する。

3　若干の準備時間が与えられる(1分程度)。ピアノを使って和音，伴奏等の練習をしてもよい。

4　主旋律に歌詞を付けて歌いながらピアノ演奏する。

※演奏途中でつまずきがあった場合は，その箇所から引き続き演奏する。最初からのやり直しは認められない。

おぼろ月夜

文部省唱歌

まきばの朝

文部省唱歌

1 だーいちめんに たちーこめた ま
きばのあさ のきりーのうみ
ポプラなみーきーのうーっすりと く
ろいそこからいさましくか
ねがなーるなるカーンカーンと

もみじ

文部省唱歌

1 あきのゆうひに てるーやま もみーじ
こいもうすいも かずーある なかに
まつをいろどる かえーでやーつたは
やまのふもとの すそーもよう

【体育課題】

※例年，水泳の実技試験もあるが，2021年度に引き続き2022年度も，新型コロナウイルス感染症対策のため実技が中止となった。

▼幼稚園・小学校

【英語課題】

□リスニング検査

・校内放送で行われ，聞き取りづらい部分があるため，環境が悪くても聞き取れるように練習するとよい。

▼中高英語・特別支援(中学部・高等部)英語

【課題1】

□自由会話

日常的なことについて自由に会話をする。

【課題2】

□英問英答

(1) 英文課題1つが示され，黙読する(2分間)。

(2) 黙読の後，英文を音読する。試験官が英文の内容に関する質問をするのでそれに答える。

〈英文課題〉

Interview Test A

Our bodies run on a natural 24-hour clock. This is known as the circadian rhythm and it includes factors such as daylight which tells our body when to sleep or wake. The circadian rhythm also affects our metabolism and cognition.

However, this delicate balance can be disrupted with people working unusual hours and by the introduction of new technologies. When the body's natural rhythm and lifestyle is disturbed, it can have very negative effects such as disrupting hormonal balances. Night shift workers in particular are affected by this.

In order to reduce these negative effects, individual workers need to make sure that they stay healthy, and employers and healthcare workers should also encourage them to take care. To get into enough good quality sleep, three meals per day and regular exercise such as running are important. Avoiding blue light for 2 to 3 hours before sleeping is also important. And some shift workers often skip meals or eat sugary snacks at work and don't get enough sunlight. Employers need to support workers by offering them healthier food, more intensive lighting and to encourage better lifestyle habits.

Interview Test B

In recent years, great advancements have been made in technology. A hundred years ago, it would have been impossible to imagine that we can order a hot meal and have it delivered to our doorstep at the click of a button.

Although these advancements have made our lives considerably easy, there are also some disadvantages. For example, social media aims to connect us no matter where we are in the world, yet many of us may not communicate with the people around us. Many of us are so glued to our phones that we rarely interact with one another. As a result, many people cannot effectively communicate and often don't use non-verbal forms of communication like body language and eye-contact.

In a similar way, having access to anything we want has made us lazy in many ways. We no longer wish to perform daily tasks because AI technology can do it for us. We are so reliant on AI technology that it's almost impossible to live without it.

We may need to start asking ourselves if technology is serving us or if we are serving technology.

Interview Test C

Global warming has been a buzz word for several years and although there is a lot that needs to be done, some progress has been made in changing this situation. For one, people are becoming more aware of this serious problem and people are taking action in their daily lives to make small changes. There is also more information on this problem with people being educated on practices that don't harm the environment.

The support and involvement of celebrities has also made this a cause people are motivated to take on. With pressure from the local citizens, the government is also being forced to make changes and reduce the harmful effects industrial activities have on the environment.

Several countries such as New Zealand and the UK have reduced their emissions over the years, while other countries try to phase out the use of fossil-fuel vehicles and coal. There are also stricter laws that regulate the amount of greenhouse gases a company is allowed to emit.

So if we all work together, we could make a difference and solve this problem.

▼高校英語
・1人ずつ，入室から退室まで英語で行う。
・着席した直後に「どこから来たのか?」などの会話。→その後，事前に机の上に置いてあった英文を音読。→その後，その内容に関して英語で質疑応答。
・終始マスクを装着した状態で行うので，面接官の口が見えず，言葉が聞き取れない場面があった。

▼高校英語
【課題1】
□自由会話
・今日の体調はどうか，前日に受けた試験は難しかったかなどの話題。
・受け答えは全部英語である。
【課題2】
□英問英答

・A4用紙に英文課題が印字されている。

・英文を2分間黙読後，音読する。

・課題の英文から5問質問され，それに答える。

・英検1級，TOEIC860点以上は試験免除。取れるなら取ったほうがいい。

▼中高音楽・特別支援(中学部・高等部)音楽

【課題】

□ピアノ演奏

1　課題曲(1曲)が与えられる。

2　準備時間(3分程度)。ピアノを使って和音，伴奏等の練習をしてもよい。

3　原調のまま，伴奏を付けて演奏する。

4　移調先が示されるので，移調し，先に演奏した曲に伴奏を付けて演奏する。

※主旋律の楽譜を見ながら伴奏を付けて演奏する。さらにその後には移調して演奏する。

D

E

F

Moderato

□視唱

1　楽譜が与えられ，目を通す(1分程度)。

2　調性の希望を聞かれる(音域にあわせる)。試験官がはじめの和音を

　　弾いてくれる。
　3　階名唱をする(移動ド唱法，固定ド唱法のどちらでもよい)。
　　Moderato

　▼中高保体・特別支援(中学部・高等部)保体
　※2021年度に引き続き2022年度も，新型コロナウイルス感染症対策の
　　ため，実技が中止となった。

2021年度

◆個人面接Ⅰ(2次試験)　面接官2人　20分
〈北海道〉
　▼小学校教諭
　【質問内容】

□志望動機
□北海道と新潟どっちも受かったらどちらへ行くか。
□休みのすごし方
□ストレス解消法
□なぜ小学校なのか
□中学時代の部活
□自分の性格をどう思うか。
□臨採の高校教員時代の思い出
□民間に勤めていたときのことで，教員として生かせること。
□最近の教育的ニュース

▼小学校教諭
【質問内容】
□教員を志望する理由
□教育実習での学び，今後に生かしたいこと。
□高校時代に頑張ったこと(部活など)。
□友人関係について

▼小学校教諭
【質問内容】
□会場までの交通手段
□よく眠れたか。
□前職の仕事内容
□前職の仕事の苦労
□特に勉強していること。
□特別支援の担任として意識していること。
□部活で学んだこと。
□気になるニュース
□好きな言葉はあるか？
□期限付き教員として働くなかで大変なこと。

・コロナ対策のため，ドアはあけっぱなしで面接実施

▼中学家庭
【質問内容】
□なぜ北海道を受験したか。
□地元から離れてもいいか。
□自立をさせるために生徒にどのようなことを促すか。
□北海道の教育問題は何か。
　　→どのように対応しているか。
□北海道以外どこを受験しているか。
□地元が合格した場合どうするか。
□なぜ中学家庭科か。
□教師になりたいと思ったきっかけは何か。
□短所は何か。
□ボランティアではどんなことを学んだか。
□高校の部活を教員として何に生かせるか。
□自己PR
・面接ⅠもⅡも同じ内容を聞かれました。

▼中学保体
・基本的に自己推薦書についてたくさん聞かれる。
・自分のアピールしたいことを前もって準備することをおすすめします。

▼中学保体

(マスク着用)

【質問内容】
□志望動機
□なぜ北海道か。
□どんなクラスにしたいか。
□大学で何を学んだか。
□休みの日は何をしているか。
□趣味
□運動嫌いの生徒はどうするか。
□困った時どうするか。
□何を一番に伝えたいか。
□北海道の子どもの弱点

▼中学美術
【質問内容】
□志望動機(北海道・中学校)
□部活について
□資格について
□美術の専門は何か。
□ストレス解消法
□コロナ対策，思い出作りなどをどうするか。
□心に残っている言葉

▼高校理科
【質問内容】
□北海道を受験したのは地元だからか。
□教育実習で学びたいこと。
□特技や持っている資格は。
　→それをどう教育に生かせると思うか。
□サークルの活動で学んだこと。
□苦手な人とどのように関わっているか。

　　　→苦手な生徒がいた場合も同じような対応をするのか。
□他の自治体の受験状況について。
□既往症の有無
□友達は多い方か，少ない方か。
□最後に一言
・Ⅱに比べて堅い雰囲気だった。

▼高校地歴
【質問内容】
□志望動機
□バイトで苦労，失敗したこと。
□なぜ北海道なのか。
□教員としてやりたいこと。
□資格はどういう経緯で取得したか。
　　　→教員としてどう生かすか。
□友人，ぱっと思いつくのは何人？
　　　→友人からどう言われているか(性格について)。
□併願は？
　　　→もし北海道が受からなかったら。
□最近うれしかったこと，楽しかったことは。
□5年以内に病気やケガは。
□全道で勤務可能か。

▼高校地歴
【質問内容】
□教員を志望した理由。
　　　→どうやって生徒の将来の選択肢を広げるか。
□北海道を選んだ理由
　　　→東京で視野を広げたというのはどのような経験からか。

　　→(インターンとか企業説明会と答えたら)就活していたのか。
□なぜ地歴(地理の先生)を希望したのか。
　　→地理の面白いところは。
　　→大学で専門的に何を学んだか。
　　→研究について詳しく教えてください。
□司書教諭の免許を取った理由。
□連盟長ってどんなことをしていたのか。
□(特技の)料理は何故特技にしたか。
□健康か。
□過去に大きな病気をした事はあるか。
□障害等お持ちですか。
□道内は広いけれどどこでも勤務できるか。
□他の自治体は受験しているか。

▼高校地歴

個人面接・面接室の様子

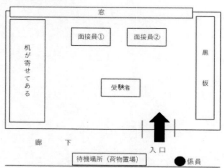

【質問内容】
□アイスブレイク(どうやって会場まで来たか?)
□志望理由
□自分の志望理由を教員としてどう実践するか。
□教育実習で学んだこと。
□教育実習で大変だったこと，どう乗り切ったか。

□北海道で勤務したい理由。

□北海道出身ではないが，地元ではできないのか。

□ラグビーのレフェリーをやって役に立ったこと。

□レフェリーの資格を教員としてどう生かせるか。

□友人と言われて何人くらい思い浮かぶか。

□友人からどう見られているか。

　　→そのエピソードは。

□苦手だなと思う性格，そういう人とどう接するか。

□最近一番楽しかったこと。

□職歴や健康状態等の確認

□併願でどちらも受かったら。

・本人確認以外，常時マスク着用。

▼高校公民

【質問内容】

□なぜ北海道を志望したか。

□北海道のどこの勤務になっても大丈夫か。

□今までで一番の経験は？

　　→それをどのように生かしていきたいか

□なぜ教師を志望したか。

□部活動で培ったことは。

□緊張しているか。

・個人面接が2回行われる。

・基本的に自己推薦書から質問される。

▼特別支援小学部

【質問内容】

□志望動機

□北海道の理由

□実習で学んだこと

→学生(児童)だった時と，実習で社会人としての時の違いをどのように感じたか。

□今日どうやって来たのか

□余暇の過ごし方

□特支の志望理由

□学級経営で大切にしたいこと。

　→具体的にこれがしたいというものはあるか。

□特技をどのように学校で生かすか。

□今後，どのように力を高めたいか。

□理想の教師像

　→具体的に説明。

・面接Ⅰ，Ⅱと2つ行った。

・内容はどちらも自己推薦書からです。

▼特別支援小学部

◯ 面接官 ◯

◯ 受験生

【質問内容】

□志望動機

□経歴

□自己推薦書

□障害種別(対応・希望)

□道内どこでもよいか。

・面接官とかなり距離が離れている。

・マスク着用。

▼養護教諭

【質問内容】

□教員志望理由

□養教として子どもにどのように関わるか。

□北海道の志望理由

□趣味は何か。

□特技について。

□大学で授業以外に活動したこと。

□人からどのような人だと言われるか。

□体調，希望校種，併願はしているか。

□何かボランティアはしたか。

　　→どんな内容か

▼養護教諭

□教員を志望する理由

□北海道で勤務したい理由

□志望の校種を1番から順に言って下さい。

□過去5年間の通院歴(受診歴)

□ストレス解消法

□北海道は広いがどこでも勤務可能か。

□大規模校，小規模校それぞれどのように勤務するか。

□他の自治体の受験状況と志望順位またその理由。

□一人暮らしをするにあたり勤務も大変になったときどうするか。

▼養護教諭

【質問内容】

□養護教諭の志望理由

□北海道の志望理由

□へき地勤務は大丈夫か。

□趣味は何か。

□ボランティアの内容

□ストレスには強いか。

□大事にしている言葉はあるか。

□苦手な同僚とどのようにつき合っていくか。

・個人面接Ⅰでは，健康状態，希望校種の順位など，事務的な内容が多かった。

・面接ⅠとⅡで同じことを聞かれたので，共有などはされていないようだ。

▼養護教諭

・自己推薦書の内容をかなり読まれていると感じた。

・志望動機などについては，記入してあるので，あまりきかれず，推薦書の中で，疑問におもったこと(これはどんな内容のボランティア？　具体的に何したいということ？)などを質問された。きっかけ，行ったこと，学んだことを詳しくきかれた。

▼養護教諭

【質問内容】

□北海道に来てみてどうか。

□養護教諭を志望した理由を教えてください。

□養護教諭という職はどのようにして知ったか。

□北海道を志望した理由を教えてください。

□実際に北海道に来てみて，イメージどおりだったか。

□北海道に来て何を食べたか。

　　→他に何を食べたいか。

□北海道出身の友人から話を聞く機会も多かったようだが，北海道の良いところだけでなく大変なところも聞いているか。

□北海道って冬は何度くらいか知っているか。

□部活動を頑張ったようだが，何かエピソードがあれば教えてください。

□自己推薦書に，仲間から精神面での相談を受ける機会も多かったとあるが，エピソードがあれば教えてください。

□あなたはその時どのように相談に乗ったか。

□あなたの周りにはどんな人が多いか。

□あなたはどのようなタイプの人が苦手か。

□苦手な人と意見が合わなかったときにどうするか。

□体育会系の部活なので周りにいる人は気が強い人が多いか。

□あなたは周りからどのように思われているか。

□ボランティアについて書かれているが，何をしていたのか教えてください。

□ボランティアを通して何を学んだか。

□希望校種について，小中高特で優先順位を教えてください。

□勤務地はどこでも大丈夫か。

□他の自治体は受けているか。

　　→その自治体の合否は

　　→優先順位は

　　→その理由は

□自己推薦書に書かれている資格はどうして取ろうと思ったのか。

□何か趣味はあるか。

□好きな言葉は何か。

□この言葉はどのようにして知ったのか。

・ひたすら待機。体育館にパイプ椅子が並べられてシーンとした雰囲気の中ただ座って待った。

・帰宅して時間になったらまた来るでもOK。

・10分前に実施教室の前に集合。13:15～順番に面接開始。24人ずつくらい。最終は17:00くらい

〈札幌市〉

　▼中学国語

　【質問内容】

　□教員を目指した理由

　□大学で力を入れたこと

364

□行っていたボランティアについて。
□持つことのできる部活動。

▼特別支援小学部
【質問内容】
□手話，点字はどの程度できるか。
□地方公務員の身分上の義務について。
□不祥事を起こすのはなぜだと思うか。
□休みはどのように過ごしているか。
・ひたすら待機。体育館にパイプ椅子が並べられてシーンとした雰囲
　気の中ただ座って待つ。
・帰宅して時間になったらまた来るでもOK。
・10分前に実施教室の前に集合。13:15〜順番に面接開始。24人ずつく
　らい。最終は17:00くらい。

◆個人面接Ⅱ(2次試験)　面接官2人　20分
〈北海道〉
　▼小学校教諭
【質問内容】
□大学で学んだこと(卒論や研究室活動)。
□教員を志望する理由(面接Ⅰより詳しく)
□気になる教育に関するニュース。
□子どもの自己肯定感を高めるためには(志望理由書から)。

　▼小学校教諭
【質問内容】
□志望動機
□前職での仕事について。
□苦手なタイプの人はどんな人か。

□職場で意見が合わないときはどうするか。

□北海道のどこでもよいか。

□趣味

・社会人からの転職で，期限付き教員(特別支援担任)をしていたから
か，前職の仕事内容や現在学校で何が大変で，どう乗りこえている
かを中心にきかれた。

・法規や学習指導要領については一切きかれなかった。

▼中学保体

・教育について深い知識を聞かれた(中1ギャップ，防災教育，評価な
ど)。

▼高校理科

【質問内容】

□(自己推薦書の内容を受けて)先生から言われて嬉しかったことや印
象に残っている言葉は。

□どうして高校なのか。

□どんな授業をやっていきたいか。

□化学の面白さはどこにあるか。

□どんな風に苦手な生徒にもわかる授業にするか。

□大学の研究内容について。

□理想の教員像は?

□教育実習で楽しみにしていることは?

□学級に不登校の生徒がいた場合の対応。

□不登校の生徒の親とも連絡が取れない場合の対応。

□最近の教育に関するニュースや記事で印象に残っているものについ
て。

・始まる前に「あなたが勉強してきたことを十分に発揮できることを
期待しています」と言われた。

・面接官は頷きながら聞くような話しやすい雰囲気になっていた。

・どちらの面接も対策本にあるような基本的な内容だった。
・自分の考えをしっかり準備しておくことが大切だと感じた。

▼高校地歴
【質問内容】
□なぜこの区分，教科，科目を受験したのか。
　　→その答えに対する質問。
□教育実習で得たもの／失敗したこと
　　→これに対する指導教員の助言は。
　　→教員としてどう活用するか。
□ボランティアから何を得たか。
□友達からどう見られているか。
□好きな言葉，座右の銘は。
　　→これを教員としてどう活用するか。
□苦手なタイプの人と意見が分かれたら。
□不安，心配，ストレスなことはあったか。
□関心をもった最近のニュースは。

▼高校地歴
【質問内容】
□大学でどんなこと研究したか。
　　→それをどう教育に生かすか。
□発達障害を持った子に教える際どうするか。
□教育実習はどこでしたか。
　　→教育実習で学んだことと失敗した事は。
　　→授業でどう生徒を理解するか。
　　→失敗したことを克服するためにはどうするか。
□理想の教師像は？
　　→生徒との距離感とは。
　　→生徒との距離感を保つために気をつけることは。

□気になっている世間のニュースは。

　　→(コロナ関連と答えて)休校後の生徒にどう接するか。

□長所

　　→具体的なエピソードは。

□短所

　　→具体的なエピソードは。

・「～したい」,ではなく「～します」と答える方がよい。

▼高校地歴

【質問内容】

□アイスブレイク(緊張している？　教採は何回目？)

□ラグビー部の経験

□入部理由

□楽しかったこと

□辛かったこと

□ラグビーの経験を教員としてどう生かすか。

□友人からどう見られているか。

　　→そのエピソードは？

□教育実習で学んだこと。

　　→世界史が苦手な生徒に対しどんな指導をするか。

　　→教育実習で上手くいかなかったこと。

　　→これに対する回答は現時点で見つかっているか。

　　→指導教員からかけられた言葉で印象に残っているもの。

□学校行事の実行委員長は自分から進んでやったのか。

□高校時代の経験は相乗効果を生んだか。

□高校時代の経験は教員としてどう生きるか。

□自分の長所を教員としてどう生かすか。

□授業・担任・部活,バランスよくやらなくてはいけないけれど自信
　はあるか。

□学生時代にストレスや不安を感じたこと。

□ストレスをどうやって解消したか。
・新型コロナ感染防止のため，マスクをつけて面接をすることになる。表情がわかりにくくなる分は声の高低や大小でカバーしていこう。練習の際は，マスクを着用してやってみると慣れるかもしれない。
・出願時に提出する自己推薦書に基づく質問が多いので，試験前に読み返し，想定質問を自分で作って備えよう。一つの事柄に対して様々な角度から聞かれる。それゆえ，準備量がモノをいう。大学の就職支援センターを活用したり学生同士で面接練習したりして，第三者の視点を多く取り入れよう。
・自分の経験を教員としてどう実践するか，そこまで落とし込んで準備しておくと，本番でも慌てず堂々としゃべれる。

▼特支
□自己推薦書
□特支志望理由
□自分の長所・短所
□人間関係の円滑な方法(考え方)

▼養護教諭
□教員志望理由
□養教はどんな存在か。
□理想の養教像
□ボランティアでの学び。
□子どもとかかわる中で困ったこと。
□気になるニュース
□苦手な人との関わり
□ストレス解消法
□長所，短所，人から言われる性格
□少人数学校の養教としてどのように働くか。
・個人面接ⅠとⅡがあるが，個人的にはあまり違いはなかったように

思う。Ⅰでは希望校種やへき地勤務について等事務的な確認があった。

▼養護教諭
□養護教諭を目指したきっかけ。
□自己推薦書に書いたこと以外に頑張ったことがあったら教えて下さい。
□東日本大震災について，被災状況。
□会場までどのようにきたか(道外だったためいつきたか)。
□どのような時に充実感を感じるか。
□特技は何か，なぜ好きなのか。
□ボランティアでどのようなことを学んだか。
□どのような保健室経営をしたいか。
・個人面接Ⅰは教員になったことを見据えた内容で，個人面接Ⅱは出願時に提出した自己推薦書に書いた内容について聞かれた。

▼養護教諭
【質問内容】
□コミュニケーションをとるのは苦手か。
□初対面の人と話すときに工夫することは。
□休みの日は何をしているか。
□困ったら相談する人は？
・面接Ⅱは人物重視だと感じた。専門的なことは全く聞かれず，人物をみられているように感じた。

▼養護教諭
【質問内容】
□緊張しているか。朝ごはんは食べられたか。
□養護教諭を志望した理由は？
□大学で学んだ中で，1番頑張ったことや分野など。

　　→なぜか?
□卒業論文のテーマは。
　　→進捗状況は。
□教育実習ではどのようなことを頑張りたいか。
　　→(2時間分の保健指導をやる予定と話したら)どのように授業を進め
　　　ていこう，など考えていることはあるか。
□部活で仲間とぶつかることはなかったか。
□部活を通して学んだことを学校現場でどう生かしていきたいか。
□北海道を志望した理由は。
□(北海道出身の友人からも北海道の話を聞いていて…と話したら)北
　海道の良いところしか聞いていないのではないか。
□部活を頑張ってきたなら，体育の先生の方がいいのではないか。
□関東出身のようですが，田舎の方は不便だけど大丈夫か。
　　→(大丈夫です。と答えたら)なぜ大丈夫と言えるの。
□田舎だと人も少ない。その中で人間関係が上手くいかなかったら，
　あなたはどうするか。
□ストレス解消法は
□色々な生徒がいるけど大丈夫か。
□残りの大学生活で頑張りたいと思っていることは。
□好きな言葉は。
　　→その言葉はどういう意味か。
　　→その言葉によって，こんな時にこう頑張れた，あるいはこれから
　　　こうしていきたいみたいなものはあるか。

●書籍内容の訂正等について

　弊社では教員採用試験対策シリーズ（参考書，過去問，全国まるごと過去問題集），公務員試験対策シリーズ，公立幼稚園・保育士試験対策シリーズ，会社別就職試験対策シリーズについて，正誤表をホームページ（https://www.kyodo-s.jp）に掲載いたします。内容に訂正等，疑問点がございましたら，まずホームページをご確認ください。もし，正誤表に掲載されていない訂正等，疑問点がございましたら，下記項目をご記入の上，以下の送付先までお送りいただくようお願いいたします。

---

① **書籍名，都道府県（学校）名，年度**
　（例：教員採用試験過去問シリーズ　小学校教諭 過去問　2025年度版）
② **ページ数**（書籍に記載されているページ数をご記入ください。）
③ **訂正等，疑問点**（内容は具体的にご記入ください。）
　（例：問題文では"ア～オの中から選べ"とあるが，選択肢はエまでしかない）

〔ご注意〕

○ 電話での質問や相談等につきましては，受付けておりません。ご注意ください。

○ 正誤表の更新は適宜行います。

○ いただいた疑問点につきましては，当社編集制作部で検討の上，正誤表への反映を決定させていただきます（個別回答は，原則行いませんのであしからずご了承ください）。

●情報提供のお願い

　協同教育研究会では，これから教員採用試験を受験される方々に，より正確な問題を，より多くご提供できるよう情報の収集を行っております。つきましては，教員採用試験に関する次の項目の情報を，以下の送付先までお送りいただけますと幸いでございます。お送りいただきました方には謝礼を差し上げます。

（情報量があまりに少ない場合は，謝礼をご用意できかねる場合があります）。

◆あなたの受験された面接試験，論作文試験の実施方法や質問内容

◆教員採用試験の受験体験記

送付先

○電子メール：edit@kyodo-s.jp

○FAX：03-3233-1233（協同出版株式会社　編集制作部 行）

○郵送：〒101-0054　東京都千代田区神田錦町2-5
　　　　　　　　協同出版株式会社　編集制作部 行

○HP：https://kyodo-s.jp/provision（右記のQRコードからもアクセスできます）

※謝礼をお送りする関係から，いずれの方法でお送りいただく際にも，「お名前」「ご住所」は，必ず明記いただきますよう，よろしくお願い申し上げます。

教員採用試験「過去問」シリーズ

北海道・札幌市の
論作文・面接 過去問

編　集	Ⓒ 協同教育研究会
発　行	令和6年1月10日
発行者	小貫　輝雄
発行所	協同出版株式会社
	〒101-0054　東京都千代田区神田錦町2‐5
	電話　03－3295－1341
	振替　東京00190－4－94061
印刷所	協同出版・POD工場

落丁・乱丁はお取り替えいたします。